ग़रीबी और अकाल

नोबेल पुरस्कार से सम्मानित अर्थशास्त्री प्रो. अमर्त्य सेन ने अर्थशास्त्र को दर्शन तथा नैतिकता से जोड़कर एक नया आयाम दिया है। अकाल पड़ने के कारणों पर उनके विचारों ने पुरानी धारणाओं को बदलकर गरीबी संबंधी मान्यताओं के नये सिद्धांत स्थापित किये हैं।

प्रो. अमर्त्य सेन की महत्वपूर्ण पुस्तकें

- भारतीय अर्थतंत्र : इतिहास और संस्कृति
- हिंसा और अस्मिता का संकट
- आर्थिक विकास और स्वातंत्र्य
- आर्थिक विषमताएँ
- गरीबी और अकाल
- भारत विकास की दिशाएँ
- भारतीय राज्यों का विकास

ग़रीबी और अकाल

नोबेल पुरस्कार से सम्मानित
अमर्त्य सेन

राजपाल

अनुवाद

भवानीशंकर बागला

₹ 435

ISBN : 9788170283034

संस्करण : 2025

GARIBI AUR AKAAL (Economics) by Amartya Sen

(Hindi edition of *Poverty and Famines*)

ऑक्सफोर्ड यूनिवर्सिटी प्रेस, नई दिल्ली की अनुमति से प्रकाशित

मुद्रक : जी.एस. ऑफसेट, दिल्ली

राजपाल एण्ड सन्ज़

1590, मदरसा रोड, कश्मीरी गेट, दिल्ली–110006

फोन : 011–23869812, 2386[illegible]483, 23867791

website : www.rajpalpublishing.com

e-mail : sales@rajpalpublishing.com

www.facebook.com/rajpalandsons

अमियदास गुप्त

को समर्पित

जिन्होंने मुझे अर्थशास्त्र से

परिचित और उसमें मेरा

प्रवेश कराया

यह पुस्तक

नोबेल पुरस्कार से सम्मानित प्रख्यात अर्थशास्त्री एवं चिन्तक प्रो. अमर्त्य कुमार सेन की यह रचना ग़रीबी की समस्या और अकालों के भुक्तभोगी सामाजिक वर्गों की दुर्दशा के कारण एवं निवारण पर उनके मौलिक चिन्तन का सहज परिचय कराती है। इस अध्ययन के लिए उन्हें अन्तर्राष्ट्रीय श्रम संगठन ने आमंत्रित किया था। इस संगठन का उद्देश्य यही था कि 'विश्व रोजगार कार्यक्रम' के स्वरूप के निर्धारण के लिए विश्व समुदाय के आर्थिक उत्पीड़न के शिकार अंगों की समस्याओं, उनके कारणों और संभव निवारणों के लिए कोई तर्कसंगत एवं वस्तुस्थिति पर आधारित सिद्धान्त प्राप्त हो सके। प्रो. सेन ने अकालग्रस्त अर्थव्यवस्थाओं के अध्ययन के माध्यम से आर्थिक उत्पीड़न एवं दरिद्रता की समस्या के अनेक अनचीन्हे पहलुओं को उजागर किया है।

इस रचना में एक ओर तो विद्वान अर्थशास्त्री ने ग़रीबी के स्वरूप, इसकी पहचान और इसके प्रसार को मापने की उचित विधियों की समीक्षा करते हुए एक नई विधि का प्रतिपादन किया है। वह नई विधि, सेनविधि, समाज के विभिन्न समूहों के बीच सापेक्ष अभावों और वंचनाओं के आधार पर उन समूहों के अपने दृष्टिकोण के अनुरूप ही गरीबी के स्तर का निर्धारण करती है। इसकी सबसे बड़ी विलक्षणता है समाज के गरीब वर्गों के बीच आन्तरिक आय के बंटवारे के स्वरूप में आ रहे परिवर्तनों को मूल्यांकन का आधार बनाना।

इनसे पूर्व के अर्थशास्त्री या तो गरीबी रेखा का निर्धारण कर अपने कर्त्तव्य की इतिश्री मान लेते थे या फिर उस रेखा के आधार पर गरीबों की संख्या का अनुमान लगा कर संतुष्ट हो जाते थे। प्रो. सेन का आग्रह है कि गरीब लोग कितने अभावग्रस्त हैं और उनकी दशा में किस दिशा में परिवर्तन आ रहे हैं, इन दो बातों पर विचार किए बिना गरीबी की समस्या का सही निदान सम्भव नहीं होगा, और सही निदान के अभाव में सही उपचार कैसे हो पाएगा ?

इस पुस्तक में प्रो. अमर्त्य सेन ने अकालग्रस्त अर्थव्यवस्थाओं में अतिपीड़ित समुदायों की दशाओं को दूसरा मुख्य मुद्दा माना है। उन्होंने 1943 के बंगाल के अति भयावह अकाल—जिसका उनके किशोर-मन पर बहुत गहरा प्रभाव पड़ा था—को अपने अध्ययन का आदि-बिन्दु माना है। उन्होंने प्रत्यक्षतः यह देखा था कि किस प्रकार अन्न के भरे भण्डारों के दरवाजों पर भूखे-नंगे लोग तड़प-तड़प कर मरे थे एवं कानून-व्यवस्था के रखवाले इन दरिद्रों के जीवन की रक्षा से कहीं अधिक महत्वपूर्ण

अनाज को उनके पेट में जाने से बचाने को मानते थे। इसी सन्दर्भ में औपनिवेशिक प्रशासकों की मानसिकता पर भी उन्होंने बहुत करारे प्रहार किए।

बंगाल के बाद प्रो. सेन ने 1968 से 1974 के मध्य अफ्रीका महाद्वीप के अनेक देशों में पड़े अकालों का अध्ययन किया। साथ ही पुनः बंगलादेश की इसी अवधि में हुई अकालग्रस्तता को भी उन्होंने अपने अध्ययन की विषयवस्तु बनाया। प्रो. सेन ने पाया है कि किसी भी अकालग्रस्त अर्थव्यवस्था में कुल उत्पादन और प्रति व्यक्ति उत्पादन में गिरावट नहीं आयी। यही नहीं, औसत पोषक तत्व उपभोग में भी गिरावट के स्थान पर किंचित वृद्धि के ही प्रमाण मिले हैं। अतः परंपरागत चिन्तन, जिसमें केवल 'खाद्यान्न की उपलब्धता में ह्रास' के आधार पर ही अकाल या आर्थिक संकट की उपस्थिति का निदान होता है, के आधार पर तो इन सभी देशों में आलोच्य वर्षों में अकाल पड़े ही नहीं थे। फिर भी बड़े पैमाने पर भूख के मारे लोगों ने सड़कों-गलियों में दम तोड़ दिये !

आखिर ऐसा क्यों हुआ ? इस प्रश्न पर विचार करते हुए प्रो. सेन का आग्रह है कि समाज में आय-सम्पत्ति और उन पर आधारित क्रय शक्ति के माध्यम से खाद्य सामग्री पर अधिकार कर सकने की क्षमता—'विनिमय अधिकारिता' में हुए परिवर्तन ही इन भीषण जनहानियों की समीक्षा कर सकती है। उन्होंने इस बात की ओर भी ध्यान खींचा है कि कई बार तो अकालवर्षों में वास्तव में उत्पादन बढ़ा भी है, बाहरी सहायता के कारण औसत उपभोग स्तर सुधरा है, खाद्य पदार्थों की कीमतें स्थिरप्राय भी रही हैं—बल्कि इथोपिया तथा अफ्रीका के साहेल क्षेत्र के देशों में तो पशुधन आश्रित आहार सामग्री के सस्ते होने के प्रमाण भी मिले हैं। फिर भी समाज के अच्छे-ख़ासे बड़े समुदायों का खाद्य सामग्री पर से अधिकार छिन गया। इसके कारणों की समीक्षा करते हुए उन्होंने पाया कि कहीं तो समाज के ग़रीबतम समुदाय की सम्पत्ति माटी के मोल बिक गई, तो कहीं उनके लिए रोज़गार के दरवाज़े भी बंद हो गए। इन सभी कारणों का मिला-जुला प्रभाव यह रहा कि समाज के आर्थिक दृष्टि से सबसे कमजोर वर्ग और दीन-हीन दशा को प्राप्त ही भूखों मरने को बाध्य हो गए। कहीं सरकारों के पास खाद्य भण्डार नहीं थे तो कहीं इनका राहत कार्यों के लिए प्रयोग करने की बहुत उत्सुकता नहीं थी। अंतर्राष्ट्रीय सहायता भी बहुधा अकाल के भीषणतम काल के बीतने के बाद ही पहुँची।

अन्ततः प्रो. अमर्त्य सेन अधिकारिताओं में बदलाव के आधार पर अभावों की समीक्षा करते हुए इस पुस्तक का समापन कर रहे हैं। उनकी इस रचना का एक और महत्वपूर्ण पक्ष यह है कि उन्होंने अधिक जटिल तकनीकी व्युत्पत्तियों एवं सूत्रों आदि का निरूपण परिशिष्टों में ही किया है। अतः रचना के मुख्य अध्यायों में पाठक को बोझिलता की अनुभूति नहीं होती। आशा है, हिन्दी के पाठक, जिन्हें पहली बार इन विद्वान लेखक के विचारों को पढ़ने का अवसर मिल रहा है, इनसे अवश्य लाभान्वित होंगे।

—भवानीशंकर बागला

भूमिका

ग़रीबी के विषय में बहुत-सी बातें तो स्पष्ट ही होती हैं। इसके नग्नतम स्वरूप को जानने एवं इसके उद्‌गम स्रोत को पहचानने के लिए न तो किसी सुविकसित कसौटी की आवश्यकता है, न किसी चातुर्यपूर्ण मापन कला की और न ही गहरी छानबीन की। किंग लियर की तर्ज़ पर बेचारे फ़टेहाल दरिद्रों, जिनके सिर पर छाया व पेट में टुकड़ा नहीं पड़ा हो और जिनका शरीर असमर्थता के भारी बोझ का वहन करते-करते झुक चला हो, उनके विषय में दुरूह एवं विशाल, विद्वताप्पूर्ण अध्ययन के प्रति असहिष्णुता स्वाभाविक ही होगी। फिर जैसे लियर ने ही नेत्रहीन ग्लोसेस्टर से कहा था, 'इस दुनिया को देखने के लिए आँखों की जरूरत ही नहीं होती'—वस्तुतः ग़रीबी एवं फटेहाली या दुर्दशा की अवस्था में कुछ भी छिपा हुआ नहीं होता—सभी कुछ पूर्णतः सुस्पष्ट रहता है।

किन्तु ग़रीबी से जुड़ी हर बात इतनी सरल भी नहीं होती। जैसे ही हम ग़रीबी के अत्यन्त निकृष्ट या नग्नतम स्वरूप से ज़रा-सा परे हटते हैं, ग़रीबों की पहचान एवं ग़रीबी का निदान दोनों ही जटिल हो जाते हैं। यहाँ अनेक विधियों का प्रयोग हो सकता है (जैसे जैवशास्त्रीय अपर्याप्तता या सापेक्ष अभाव आदि का)। प्रत्येक विधि से जुड़ी कुछ तकनीकी समस्याएँ भी होती ही हैं। फिर, ग़रीबी के व्यापक चित्रण के लिए तो ग़रीबों की पहचान से आगे भी बहुत कुछ जानना होगा। जिन्हें ग़रीब माना गया है उन्हीं के लक्षणों के सामूहिक स्वरूप को व्यक्त करने में भी लक्षणों के 'समूहन' (Aggregation) की समस्या सुलझानी पड़ सकती है। और अन्त में, ग़रीबी के कारणों का निदान तो और भी कठिन कार्य सिद्ध होता है। यद्यपि ग़रीबी के तात्कालिक कारण तो स्वयंसिद्ध-से होते हैं, वे किसी विश्लेषण के मोहताज नहीं होते, और अन्तिम कारण इतने अस्पष्ट एवं विचित्र हो सकते हैं कि उनका निदान सदैव सन्देहास्पद ही रहता है। फिर भी इन दोनों ध्रुवों के बीच बहुत से पड़ाव होते हैं जिनकी खोजबीन से

हमें उपयोगी जानकारी प्राप्त हो सकती है। पिछले कुछ समय से भूख एवं भुखमरी की चर्चा के सन्दर्भ में तो इस समस्या का महत्त्व और भी बढ़ गया है।

प्रस्तुत निबन्ध इन्हीं प्रश्नों से जुड़ा है। इस शोध में सारा ध्यान भुखमरी के सामान्य स्वरूप एवं अकाल की स्थिति में इसके और भयावह स्वरूप पर ही केन्द्रित है। प्रथम अध्याय में ही 'अधिकारिता व्यवस्था' से जुड़ी आधारभूत विश्लेषण पद्धति का सामान्य स्वरूप प्रस्तुत किया गया है। ग़रीबी की अवधारणाओं पर चर्चा से पूर्व ही इस विषय को उठाने का हमारा उद्देश्य यही है कि हम इसे अपने निबन्ध का सबसे महत्त्वपूर्ण अंग मानते हैं। अध्याय 2 एवं 3 में गरीबी की अवधारणा एवं उसके मापन की समस्याएँ निबद्ध हैं। भुखमरी की समस्या का सामान्य निरूपण अध्याय-4 में और 'अधिकारिता विधि' का विश्लेषण अध्याय-5 में किया गया है। तत्पश्चात् विश्व के विभिन्न भागों से अकाल की परिस्थितियों के अध्ययन आते हैं : बंगाल का व्यापक अकाल, 1943 (अध्याय-6); इथोपिया के अकाल, 1973-75 (अध्याय-7); 1970 के दशक के आरम्भ में अफ्रीका के साहेल देशों के अकाल (अध्याय-8); और बंगलादेश का अकाल, 1974 (अध्याय-9) ! अध्याय-10 में हम अधिकारिता व्यवस्थाओं से सम्बद्ध अभाव एवं वंचना के सामान्य मुद्दों को उठाते हुए 'अधिकारिता विश्लेषण विधि' को ठोस या वस्तुपरक स्वरूप में निबद्ध कर रहे हैं।

इस अध्ययन में चार तकनीकी परिशिष्ट भी सम्मिलित हैं। परिशिष्ट-1 में विनिमय अधिकारिताओं का विधिवत् स्वरूप निखारा गया है, यह सारी अधिकारिता व्यवस्था का एक बहुत ही महत्त्वपूर्ण आयाम भी है। परिशिष्ट-2 में कुछ प्रतिमानों के उद्धरण द्वारा अकाल की अवस्था के निर्माण-विकास में विनिमय अधिकारिताओं की विफलता के योगदान को उजागर किया गया है। परिशिष्ट-3 में गरीबी के आकलन की चर्चा हुई है। इस सम्बन्ध में प्रयुक्त एवं सुझाए गए अनेक मापकों का यहाँ विश्लेषण एवं मूल्यांकन किया गया है। अन्तिम परिशिष्ट-4 में बंगाल के व्यापक अकाल 1943 में जनहानि के स्वरूप का मूल्यांकन किया गया है।

यह शोध कार्य अन्तर्राष्ट्रीय श्रम संगठन (ILO) के 'विश्व रोज़गार कार्यक्रम' के लिए किया गया है। मैं इस संगठन का अत्यन्त आभारी हूँ कि उन्होंने मेरे प्रति अत्यन्त सहनशीलता का परिचय दिया—इस कार्य में उनके अनुमान एवं मेरी अपनी अपेक्षा से कहीं अधिक समय लग गया। 'आय वितरण एवं रोज़गार कार्यक्रम' से सम्बद्ध फ़ैलिक्स पॉकर्ट (Felix Paukert) सहित अनेक विशेषज्ञों से उपयोगी वार्तालाप हुए हैं। मैं उन

सभी का आभारी हूँ। अनेक विद्वानों एवं विशेषज्ञों से मेरी इस शोध काल में व्यापक चर्चाएँ हुई हैं, मुझे उनसे अनेक प्रकार की जानकारियाँ, सुझाव एवं परामर्श प्राप्त हुए हैं। मैं उन सबका ऋणी हूँ।

मैंने अपनी अनेक पूर्व प्रकाशित रचनाओं का भी इस कार्य में सहारा लिया है।

अन्त में एक बात और। परिशिष्टों-1, 2, 3 में कुछ गणितीय अवधारणाओं एवं चिह्नों का प्रयोग अवश्य हुआ है, किन्तु निबन्ध के मुख्य पाठ को पूर्णतः अनौपचारिक स्वरूप में ही प्रस्तुत किया गया है। जिन्हें भी विश्लेषण विधि की आन्तरिक एवं विशद संरचना को समझना है, उन्हें परिशिष्टों का सहारा लेना ही पड़ेगा। किन्तु परिशिष्टों में प्रवेश किए बिना भी इस प्रबन्ध की मुख्य चिन्तनधारा को समझने में कोई कठिनाई नहीं आयेगी, ऐसा मेरा विश्वास है। इस पुस्तक की विषयवस्तु के महत्त्व को देखते हुए मेरा प्रयास है कि यह अधिक-से-अधिक पाठकों को सुलभ एवं बोधगम्य हो सके। सम्भवतः यह मेरा आत्माभिमान ही है कि मुझे लगता है कि इस निबन्ध में उठाए गए अनेक मुद्दे व्यावहारिक नीतियों के निर्धारण में भी उपयोगी सिद्ध हो सकते हैं।

–अमर्त्य सेन

अनुक्रम

1.

ग़रीबी और अधिकारिताएं

अधिकारिता और स्वामित्व

जब कुछ लोगों के पास पर्याप्त भोजन नहीं होता, तब उन्हें भुखमरी से ग्रस्त कहा जाता है। इसका कारण यह नहीं होता कि खाने को पर्याप्त भोजन नहीं है। यह हो सकता है कि दूसरी स्थिति पहली स्थिति का एक कारण हो, परन्तु यह अनेक सम्भव कारणों में से एक होता है। यह तथ्यात्मक अन्वेषण का विषय है कि भुखमरी का खाद्य आपूर्ति से कोई संबंध है अथवा नहीं, यदि है तो किस प्रकार।

खाद्य पदार्थों की आपूर्ति में एक वस्तु अथवा वस्तुओं के एक समूहविशेष पर ही सारा ध्यान केन्द्रित रहता है। दूसरी ओर, भुखमरी की बात में व्यक्तियों और वस्तुओं के सम्बन्ध महत्त्वपूर्ण बन जाते हैं। अपनी इच्छा से भूखे रहने वालों को अलग रखते हुए यह बात तो स्पष्ट ही होती है कि भुखमरी की बात व्यक्तियों के खाद्य पदार्थों पर स्वामित्व की ही बात है। अतः भुखमरी के स्वरूप को सही रूप से समझने के लिए हमें समाज में स्वामित्व की संरचना को ठीक-ठीक समझना होगा।

स्वामित्व सम्बन्ध एक प्रकार के अधिकारिता (Entitlements) अर्थात् अधिकार का दावा अथवा हकदारी के सम्बन्ध होते हैं। अतः भुखमरी के विश्लेषण के लिए अधिकारिता की व्यवस्था को समझना होगा। यह बात ग़रीबी के सन्दर्भ में और भी स्वाभाविक हो जाती है। अकाल या दुर्भिक्ष काल में तो यह स्वयंसिद्ध-सी ही प्रतीत होती है।

अधिकारिता का सम्बन्ध एक प्रकार के स्वामित्व को किसी वैधता के नियम के अनुसार, अन्य प्रकार के स्वामित्व से जोड़ देता है। इस सम्बन्ध में उत्तरोत्तरता (Recursive Relation) का गुण होता है। इसके अनुसरण से हम बार-बार स्वामित्व सम्बन्धों को जोड़ सकते हैं। उदाहरण के लिए, बाज़ार व्यवस्था पर ग़ौर करें— मैं एक डबल-रोटी का स्वामी हूँ। मेरा यह स्वामित्व क्यों स्वीकार्य हुआ ? क्योंकि मैंने अपने कुछ रुपए देकर इसे प्राप्त किया है। पर वे रुपए मेरे कैसे हुए ? क्योंकि मैंने

अपनी एक बांस की बनी छतरी बेच कर उन्हें पाया था। पर उस छतरी पर मेरा स्वामित्व क्योंकर हुआ ? क्योंकि मैंने अपनी भूमि पर उगे बाँसों पर अपने श्रम से उस छतरी को बनाया है। उस भूमि पर मेरा स्वामित्व क्योंकर हुआ ? मैंने उसे अपने पिताजी से उत्तराधिकार में पाया है।...इस शृंखला में अधिकारिता की प्रत्येक कड़ी किसी अन्य कड़ी का सहारा लेकर स्वामित्व का औचित्य सिद्ध करती है। अपने श्रम के फल का उपभोग करने की मूलभूत अधिकारिता की बात भी इसी में आती है।

एक निजी स्वामित्व वाली बाज़ार व्यवस्था में अन्य बातों के अतिरिक्त ये अधिकारिताएँ तो सहज स्वीकार्य होती हैं :

(1) **व्यापार-आधारित अधिकारिता :** अपनी किसी वस्तु के बदले में अन्य इच्छुक व्यक्तियों से व्यापारिक आधार पर पाई गई वस्तुओं पर स्वामित्व की अधिकारिता;

(2) **उत्पादन-आधारित अधिकारिता :** अपने संसाधनों, अथवा इच्छुक व्यक्तियों से सामान्य व्यापार प्रक्रिया द्वारा प्राप्त संसाधनों के प्रयोग से उत्पादित वस्तुओं पर स्वामित्व की अधिकारिता;

(3) **अपने श्रम पर आधारित अधिकारिता :** व्यक्ति का अपने श्रम की शक्ति पर पूरा अधिकार होता है, इसी कारण उसे अपने श्रम के प्रयोग से सुलभ व्यापार-आश्रित एवं उत्पादन अधिकारिताएँ भी प्राप्त रहती हैं।

(4) **उत्तराधिकार एवं हस्तांतरण अधिकारिता :** वैध अधिकारी द्वारा स्वेच्छा से प्रदान की गई वस्तुओं पर प्राप्तकर्ता को स्वामित्व का पूरा अधिकार होता है। कई बार यह अधिकार दाता की मृत्यु के पश्चात् ही प्रभावी हो पाता है।

अधिकारिता के ये सभी सम्बन्ध बहुत ही स्पष्ट और सीधे समझ में आने वाले हैं। किन्तु अनेक और भी अधिकारिताएँ हैं जिनका स्वरूप काफ़ी जटिल है। कई बार व्यक्ति को किसी सम्पत्ति के प्रयोग का अधिकार तो होता है, पर, वह उसे किसी अन्य को हस्तान्तरित नहीं कर सकता। कभी-कभी देश में प्रचलित वंशानुगत परम्परा के अनुसार किसी को अपने दूर के रिश्तेदारों की उस सम्पत्ति पर भी उत्तराधिकार मिल जाता है जिसे उन्होंने किसी अन्य को नहीं दिया हो। कहीं-कहीं किसी चीज़ की खोज या पाए जाने (पड़ी हुई मिलने) के कारण भी हमें उस पर अपना हक़ जमाने का अधिकार मिल जाता है। किन्हीं विशेष परिस्थितियों में बाज़ार-आश्रित अधिकारिताओं में राशन या कूपन व्यवस्था के अधिकार भी शामिल हो जाते हैं। दूसरे महायुद्ध के दौरान ब्रिटेन में ऐसा ही हुआ था।

स्वामित्व के सम्बन्धों का स्वरूप आर्थिक व्यवस्था के गुणधर्मों के अनुसार बदलता रहता है। समाजवादी अर्थव्यवस्था उत्पादक साधनों (Means of Production) पर निजी स्वामित्व को स्वीकार नहीं करती। वहाँ उत्पादन-आश्रित अधिकारिताएँ व्यक्ति

के अपने श्रम से अति सामान्य औज़ारों और कच्चे माल से हुए उत्पादन तक ही सीमित रह जाती हैं। इसके विपरीत पूँजीवादी व्यवस्था में तो उत्पादन साधनों का निजी स्वामित्व उसके अपने अस्तित्त्व की एक आधारभूत मान्यता ही होती है। फिर भी, समाजवादी व्यवस्था की भाँति ही पूँजीवाद भी एक व्यक्ति पर किसी दूसरे के अधिकार को कदापि मान्यता नहीं दे सकता–जबकि ग़ुलाम प्रथा में यह एक सहज स्वीकार्य व्यवस्था रही है। समाजवादी व्यवस्था में उत्पादन के लिए किसी व्यक्ति की सेवाएँ भाड़े पर प्राप्त करने पर प्रतिबन्ध लगाए जा सकते हैं। पूँजीवाद में यह तो नहीं होता, पर दीर्घ अवधि के श्रम अनुबंधों की अनुमति वहाँ भी नहीं मिलती किन्तु सामन्तवादी एवं औपनिवेशिक बागानों में (Feudal systems and colonial plantation industries) तो यह बन्धुआ मज़दूरी व्यवस्था एक आम बात रही है।

विनिमय अधिकारिता

बाज़ार व्यवस्था में व्यक्ति अपने अधिकार की वस्तुओं का अन्य वस्तुओं से विनिमय कर सकता है। यह विनिमय व्यापार, उत्पादन या फिर दोनों के मिले-जुले स्वरूप के माध्यम से हो सकता है। अतः अपने अधिकार की वस्तुओं के बदले में अन्य वस्तुओं के जिन संयोजनों को कोई व्यक्ति प्राप्त कर सकता है, उनके समुच्चय को हम उस व्यक्ति की 'विनिमय अधिकारिता या हक़दारी' का नाम दे सकते हैं।

प्रत्येक स्वामित्व समूह के आधार पर अनेक विनिमय अधिकारिताओं का निर्धारण हो सकता है। इस निर्धारण प्रक्रिया को ही विनिमय अधिकारिता निरूपण (Exchange Entitlement Mapping) कहा जाता है। इसे हम संक्षेप में E-निरूपण कहेंगे। यह सम्बन्ध प्रत्येक स्वामित्व अवस्था के आधार पर जिन-जिन सम्भावनाओं की प्राप्ति सहज हो सके, उनकी पहचान कराता है। यदि वास्तविक स्वामित्व के आधार पर प्राप्त विनिमय अधिकारिताओं के समुच्चय में खाद्य पदार्थों की पर्याप्त मात्रा का समावेश सम्भव नहीं हो पाता तो निश्चय ही व्यक्ति को भुखमरी का सामना करना पड़ जाएगा। अतः ग़ैर-हकदारी के हस्तान्तरणों (दान आदि) के अभाव में E-निरूपणों का स्वरूप उन स्वामित्व समूहों की प्रत्यक्ष पहचान करा सकता है जिनमें भुखमरी से बच पाना सम्भव नहीं होता। ऐसे स्वामित्व समूहों को हम 'भुखमरी समुच्चय' (Starvation sets) का नाम दे सकते हैं। इन E-निरूपणों, भुखमरी समुच्चयों तथा उनसे जुड़ी संकल्पनाओं पर हमने अध्याय-5 में व्यापक चर्चा की है। इनका विधिवत् विश्लेषण परिशिष्ट -1 में किया गया है। यहाँ हम इसके अन्तर्निहित विचारों पर ही चर्चा कर रहे हैं।

स्वामित्व समूह के आधार पर किसी व्यक्ति की विनिमय अधिकारिताओं को निर्धारित करने वाले तत्त्वों पर इन कारकों का विशेष प्रभाव रहता है :

(1) क्या व्यक्ति रोज़गार पा सकता है ? यदि हाँ, तो कितने समय तक तथा

किस मज़दूरी की दर पर ?

(2) अपनी ग़ैर-श्रम सम्पत्तियों को बेचकर व्यक्ति क्या कुछ कमा सकता है, तथा वह जो कुछ ख़रीदना चाहता है, उसकी लागत क्या होगी ?

(3) अपनी श्रमशक्ति और अपने व अपने ख़रीदे हुए संसाधनों से वह क्या कुछ उत्पादित कर सकता है ?

(4) संसाधनों एवं साधन सेवाओं की लागत और उत्पादन को बेच कर क्या कुछ प्राप्त हो सकता है ?

(5) उसे किस प्रकार की सामाजिक सुरक्षा सुविधाएँ उपलब्ध हैं तथा उसके कर आदि दायित्व क्या हैं ?

किसी व्यक्ति की भुखमरी से बच पाने की क्षमता उसके स्वामित्व अधिकार और विनिमय अधिकारिता निरूपणों पर निर्भर रहती है। खाद्य पदार्थों की आपूर्ति में व्यापक कमी से खाद्य की कीमतें बढ़ जाती हैं। उनका व्यक्ति की विनिमय अधिकारिताओं पर विपरीत प्रभाव पड़ता है। इसी कारण व्यक्ति को भुखमरी की समस्या का सामना करना पड़ सकता है। यद्यपि इस प्रकार खाद्य-न्यूनता उसे भुखमरी की दशा में पहुँचा सकती है किन्तु इस दशा का तात्कालिक कारण उसकी विनिमय अधिकारिता में आई गिरावट ही होती है।

यही नहीं, विनिमय अधिकारिता में खाद्य आपूर्ति की कमी के अतिरिक्त अन्य कारणों से भी गिरावट आ सकती है। उदाहरण के लिए, खाद्य उत्पादन एवं आपूर्ति स्थिर रहते हुए भी यदि समाज का कोई वर्गविशेष अधिक सम्पन्नता की अनुभूति के कारण अधिक खाद्य पदार्थों की ख़रीदारी कर उनकी कीमतों को बढ़ाने का कारण बन जाए तो अन्य वर्गों के लिए विनिमय अधिकारिताओं पर विपरीत प्रभाव में किसी तरह का सन्देह नहीं रहता। कुछ आर्थिक परिवर्तन व्यक्ति की रोज़गार पाने की क्षमता पर दुष्प्रभाव के माध्यम से उसकी विनिमय अधिकारिताओं पर बुरा असर डाल सकते हैं। इसी प्रकार उसकी मज़दूरी दर कीमतों की अपेक्षा पिछड़ सकती है। या फिर उसके उत्पादन में प्रयोज्य संसाधनों के दाम अधिक तेज़ी-से बढ़ सकते हैं। जनसंख्या की तुलना में खाद्य आपूर्ति की भाँति ही ये उपर्युक्त प्रभाव भी विनिमय अधिकारिताओं पर अपनी छाप अवश्य छोड़ते हैं।

उत्पादन की विधाएँ

स्वाभाविक रूप से समाज की उत्पादन विधाएँ (Modes) और उसकी आर्थिक वर्ग व्यवस्था में व्यक्ति का अपना स्थान उसकी (व्यक्ति की) विनिमय अधिकारिताओं पर गहरा असर डालते हैं। व्यक्ति के वर्ग द्वारा ही यह तय होता है कि उसके स्वामित्व का स्वरूप-प्रसार क्या है। यदि सभी व्यक्तियों के लिए एक समान E-निरूपण मान्य हों तो भी उनकी वास्तविक विनिमय अधिकारिताओं में उनके स्वामित्व अधिकारों

के कारण काफ़ी अन्तर आ सकते हैं।

यदि स्वामित्व अवस्थाएँ समान हों तो भी विनिमय अधिकारिताएँ भिन्न हो सकती हैं। यहाँ व्यक्ति को सुलभ आर्थिक अवसरों की भूमिका महत्त्वपूर्ण हो जाती है। यह अवसरों की सुलभता समाज की उत्पादन विधा और उत्पादन सम्बन्धों (Production relations) में व्यक्ति के अपने 'स्थान' पर निर्भर करती है। उदाहरणतः, एक किसान और भूमिहीन श्रमिक के बीच का अन्तर तो भूमि पर स्वामित्व के अधिकार का अन्तर है परन्तु स्वामित्व अधिकार से शून्य बटाईदार की अवस्था (या उत्पादन सम्बन्धों में स्थान) किसी सामान्य भूमिहीन मज़दूर से भिन्न होती है। यह अन्तर भू-स्वामित्व का अन्तर नहीं वरन् उनकी एकमात्र सम्पत्ति (श्रम) के प्रयोग के स्वरूप के कारण पैदा होता है। भूमिहीन मज़दूर को मज़दूरी मिलती है पर बटाईदार कृषि करता है तथा उत्पादन के एक हिस्से पर उसका अधिकार होता है।

इस अन्तर के प्रभाव उन दोनों के प्रतिफलों के स्तरों में साफ़-साफ़ देखे जा सकते हैं। हो सकता है कि सामान्यतः उन दोनों की आर्थिक दशा समानप्राय हो, किन्तु संकटकाल में उनकी विनिमय अधिकारिताओं में बहुत ही व्यापक अन्तर आ सकते हैं। उदाहरण के लिए, किसी चक्रवात में फ़सलों की व्यापक हानि के कारण प्रत्येक खेत में श्रम की आवश्यकता कम होने से कुछ श्रमिकों को हटाया जा सकता है। वे पूरी तरह से अपनी आमदनी खो बैठते हैं, किन्तु बटाईदार कम मज़दूरी के आधार पर किसी भी काम को करता रहेगा—उसकी हक़दारी (उत्पादन की मात्रा में हिस्सा) भी उत्पादन में गिरावट के कारण कम हो जाती है—पर वह पूरी तरह से बेरोज़गार और आयहीन नहीं होता।

यही नहीं, अगर उस खेत में गेहूँ या चावल जैसी खाद्य फ़सल उगाई गई हो तो बटाईदार अपने हिस्से में आए अनाज का सीधे ही उपयोग कर सकता है—वह चक्रवात के फलस्वरूप व्यापक रूप से फ़सलों की हानि के कारण अनाज के दामों में आए उछाल से भी बचा रहता है। किंतु कृषि मज़दूर को तो अपनी मौद्रिक मज़दूरी से बाज़ार में सुलभ विनिमय की हक़दारी पर ही निर्भर करना होगा। जब अत्यन्त अपूर्ण पूँजी बाज़ार की व्यवस्था में अकाल के कारण सापेक्ष कीमतों में बहुत अधिक उतार-चढ़ाव आ रहे हों और खाद्यान्नों की कीमतें विशेष रूप से प्रभावित हो रही हों तो फिर बटाईदार होना कृषि मज़दूरी से कहीं बेहतर सिद्ध होता है। स्टिग्लिट्ज़ (Stiglitz) ने बटाईदार की अधिक उत्पादन जोखिम तथा नियत मज़दूरी वाले कृषि मज़दूर की अवस्थाओं का सापेक्ष अध्ययन किया है[1]। किन्तु रोज़गार सुनिश्चित होने पर भी खाद्य कीमतों में व्यापक वृद्धि की दशा में नियत मज़दूरी से व्यक्ति को कोई

1. Stiglitz, J.E. (1974) : "Incentives and Risk Sharing in Share-cropping", *Review of Economic Studies*, p. 41

'सुरक्षा' नहीं मिल पाती। इसके विपरीत खाद्य उत्पादन में बटाई अंश के कारण विनिमय हकदारी में कुछ सुरक्षा लाभ अवश्य निहित रहता है।

इसी प्रकार अकाल आदि के कारण कीमतें बढ़ने पर बटाईदारों की अपेक्षा सामान्य मज़दूरों की भांति ही सेवाएँ प्रदान करने वाले नाई, रिक्शा-मज़दूर तथा अपना उत्पादन बेचने वाले मोची, जुलाहे आदि पर भी दुष्प्रभाव ही पड़ता है। यह दुष्प्रभाव उस दशा में भी स्पष्ट दिखाई पड़ते हैं जबकि बटाईदारों और इन सभी श्रमिकों-कारीगरों के सामान्य जीवन-निर्वाह स्तरों में कोई ख़ास अन्तर नहीं होता।

सामान्य ग़रीबी, नियमित भुखमरी या अकाल आदि के प्रभावों की सही समझ-बूझ के लिए समाज के स्वामित्व अधिकारों के स्वरूप और विनिमय अधिकारिताओं तथा उनकी अन्तर्निहित शक्तियों पर ग़ौर करना आवश्यक है। इसके लिए उत्पादन विधाओं की प्रकृति, आर्थिक वर्ग संरचना और उनके अन्तर्सम्बन्धों का सूक्ष्म अध्ययन आवश्यक हो जाता है। इस निबन्ध में वास्तविक अकाल अवस्थाओं के विश्लेषण में इन मुद्दों को और अधिक सुस्पष्ट एवं स्थूल स्वरूप प्राप्त होगा।

सामाजिक सुरक्षा एवं रोज़गार की अधिकारिताएँ

विनिमय अधिकारिताएँ केवल बाज़ार के लेन-देन पर आश्रित नहीं रहतीं। इन पर सरकार द्वारा सामाजिक सुरक्षा कार्यक्रम के अन्तर्गत प्रदान सुविधाओं आदि का भी प्रभाव पड़ता है। ऐसे कार्यक्रम में बेरोज़गारों को सहायता, वृद्धों को पेंशन, और ग़रीबों को कुछ लाभ आदि प्राप्त हो सकते हैं। ये सब भी व्यक्ति की विनिमय अधिकारिताओं का हिस्सा होते हैं—पर ये तभी उपलब्ध होते हैं जब व्यक्ति अन्य प्रकार की विनिमय अधिकारिताओं से वंचित रह जाता है। बेरोज़गारी भत्ता तभी मिलता है जब व्यक्ति को सामान्य दर पर रोज़गार नहीं मिल पाता। जैसे ही व्यक्ति किसी पूर्व-निश्चित ग़रीबी रेखा से ऊपर उठता है, उसे विशेष ग़रीबी सुविधाएँ मिलनी बन्द हो जाती हैं। ये सामाजिक सुरक्षा प्रावधान बाज़ार के विनिमय तथा उत्पादन प्रक्रियातन्त्र के प्रतिपूरक होते हैं। इन दोनों से मिलकर ही निजी स्वामित्वपूर्ण बाज़ार व्यवस्था में किसी व्यक्ति की विनिमय अधिकारिताओं का निर्धारण होता है।

भुखमरी के सन्दर्भ में तो सामाजिक सुरक्षातन्त्र का महत्त्व और भी अधिक हो जाता है। अमीर विकसित देशों में अकाल नहीं पड़ते। इसका कारण वहाँ के सभी लोगों का अमीर होना नहीं है। यह ठीक है कि जब तक लोगों के पास रोज़गार होता है, उन्हें अच्छी-ख़ासी आमदनी मिलती है। पर बहुत-से लोग बहुत लम्बे समय तक इस अवस्था का लाभ नहीं उठा पाते। यदि सामाजिक सुरक्षातन्त्र नहीं होता तो उस दशा में उनकी सारी सम्पत्ति पर आधारित विनिमय अधिकारिताएँ उनके निर्वाह के लिए शायद ही पर्याप्त हो पातीं। जिस प्रकार के उच्च बेरोज़गारी स्तर ब्रिटेन और अमेरिका में दिखाई पड़ रहे हैं, उनके रहते अगर सामाजिक सुरक्षातन्त्र नहीं

होते तो व्यापक भुखमरी और अकाल की स्थिति सहज ही उत्पन्न हो जाती। इन आशंकाओं से बचाव अंग्रेज़ों की उच्च आय या सम्पत्ति और अमेरिकियों की सम्पन्नता के कारण नहीं हो रहा। वस्तुतः उनके सामाजिक सुरक्षातन्त्र ही न्यूनतम आवश्यक स्तर की विनिमय अधिकारिताओं की उपलब्धि सुनिश्चित कर इन समस्याओं से समाज को बचाए रखते हैं।

इसी प्रकार चीन जैसे समाजवादी देशों में भी प्रति व्यक्ति खाद्य पदार्थ उपलब्धता में व्यापक वृद्धि के बिना ही भुखमरी पर नियंत्रण सम्भव हो पाया है। वास्तव में वहाँ खाद्यान्न के उत्पादन में भारी वृद्धि का दौर भुखमरी के मिटने के बाद ही आया है। भुखमरी का निर्मूलन अधिकारिता व्यवस्था में आए एक बदलाव को दिखाता है। यह बदलाव है भुखमरी से बचाए रखने वाली विनिमय अधिकारिता दिला सकने योग्य मज़दूरी की दर पर रोज़गार की गारन्टी।

खाद्य आपूर्ति और भुखमरी

पिछले कुछ समय से विश्व की खाद्य आपूर्ति के जनसंख्या से पिछड़ने की बहुत चर्चा रही है। किन्तु वर्तमान काल में इस विचार की सम्पुष्टि आंकड़ों के आधार पर नहीं हो पा रही। वस्तुतः अफ्रीका के कुछ भाग को छोड़ शेष विश्व में हर स्थान पर खाद्यान्न उत्पादन वृद्धि दर जनसंख्या के समान अथवा अधिक ही पाई गई है। किन्तु इसका अर्थ यह नहीं है कि दुनिया से भुखमरी को व्यवस्थित रूप से मिटाया जा रहा है। हमने अभी यही चर्चा की है कि भुखमरी खाद्यान्न की आपूर्ति नहीं बल्कि विनिमय अधिकारिताओं पर निर्भर करती है। वस्तुतः संसार के कई भयावह दुर्भिक्ष उन वर्षों में भुगतने पड़े हैं जिनमें खाद्यान्न की प्रति व्यक्ति उपलब्धता में कोई ख़ास कमी नहीं आई थी। यह बात अध्याय-6, 7 तथा 9 के विश्लेषण में बहुत ही सशक्त रूप से स्पष्ट होगी।

यह कहना कि भुखमरी समग्र खाद्य आपूर्ति नहीं बल्कि उसके वितरण पर भी निर्भर है, अपने-आप में ठीक तो है पर इससे हमें कुछ ख़ास मदद भी नहीं मिलती। फिर यह सवाल उठता है कि समाज के विभिन्न वर्गों में खाद्य सामग्री का बँटवारा किन बातों पर निर्भर करता है ? हकदारी विश्लेषण विधि से हमारा ध्यान सीधे ही स्वामित्व संरचना से जुड़े प्रश्नों की ओर चला जाता है। साथ-ही-साथ हम उन कारकों और प्रभावों पर भी सहज ही ध्यान दे पाते हैं जिनसे विनिमय अधिकारिताओं का निरूपण होता है (देखें परिशिष्ट-1, 2 तथा अध्याय-5-10)। खाद्य आपूर्ति का भुखमरी के प्रचलन पर प्रभाव भी अधिकारिताओं के माध्यम से ही अधिक स्पष्ट दिखाई पड़ता है। यदि विश्व का प्रत्येक आठवाँ व्यक्ति भुखमरी से पीड़ित है तो इसका कारण यही है कि वह पर्याप्त खाद्य सामग्री पर अपनी अधिकारिता स्थापित नहीं कर पाया है—यहाँ खाद्य आपूर्ति के अपर्याप्त होने का कोई विशेष मतलब नहीं निकलता !

इस शोधकार्य में प्रयुक्त अधिकारिताओं की विधि बहुत ही व्यापक है—मेरा तो यह आग्रह है कि भुखमरी और ग़रीबी के आकलन में इस विश्लेषण विधि का प्रयोग करना अपरिहार्य है। फिर भी यह विधि किसी सीमा तक विचित्र-सी प्रतीत होती है। इसका कारण यही है कि हमारी चिन्तन परंपरा पर 'क्या विद्यमान है' की पकड़ बहुत गहरी है जबकि अधिकारिता की इस विधि में 'कौन किस चीज़ पर नियंत्रण पा सकता है' पर बल दिया गया है। सदियों से खाद्य सामग्री और जनसंख्या के अनुपात ने हमारे चिंतन को सम्मोहित कर हमें दिग्भ्रमित रखा है। आज भी यह अकाल नियंत्रण नीतियों पर अपनी छाप पूर्ववत् बनाए हुए है।

2.

ग़रीबी की अवधारणाएं

ग़रीबी की अवधारणा की विशेषताएं

कभी कलकत्ता में मृत्युशय्या पर पड़े प्रसिद्ध वैज्ञानिक जे.बी.एस. हाल्डेन ने एक कविता लिखी थी : 'कैंसर भी एक विचित्र वस्तु है'। ग़रीबी की विचित्रता भी कुछ कम नहीं है। इसके प्रति एक नज़रिया यह भी है : ''लोगों को इतना ग़रीब नहीं होने देना चाहिए कि उनसे घिन आने लगे, या वे समाज को नुकसान पहुँचाने लगें ! इस नज़रिए में ग़रीबों के कष्ट और दुःखों का नहीं बल्कि समाज की असुविधाओं और लागतों का महत्व अधिक प्रतीत होता है। ग़रीबी की समस्या उसी सीमा तक चिन्तनीय है जहाँ तक कि उसके कारण, जो ग़रीब नहीं हों उन्हें भी समस्याएँ भुगतनी पड़ती हैं।''[1]

ग़रीबी में निर्वाह दुखद हो सकता है किंतु उसके कारण यदि अन्य लोगों को, जो ग़रीब नहीं हैं, घिन आए या कष्ट हो तो इससे बुरी बात क्या होगी ! मानव को मात्र संसाधन बना डालने का प्रयास इससे बढ़कर क्या होगा !

ग़रीबी की किसी अवधारणा में सबसे पहली विशिष्टता तो यही होगी कि हम अपने सरोकार को स्पष्ट करें। अर्थात् हम 'किस' व्यक्ति पर अपना ध्यान उस अवधारणा द्वारा केन्द्रित करते हैं। उपभोग के मानदंडों (Consumption Norms) या 'ग़रीबी की रेखा' के निर्धारण से इस प्रश्न का निदान किसी सीमा तक तो हो ही जाता है। इसके अनुसार जो व्यक्ति इस ग़रीबी रेखा से नीचे हों, या जिनका उपभोग 'मानक' स्तर से नीचे रह जाए, उन्हें ग़रीब कहा जाएगा। पर यहाँ ग़रीबी की अवधारणा को लेकर कुछ प्रश्न उठते हैं : (1) क्या यह अवधारणा केवल ग़रीबों के हितों से सम्बन्धित है ? (2) क्या इसका सम्बन्ध केवल ग़ैर-ग़रीबों से है ? अथवा; (3) क्या इस अवधारणा में ग़रीबों और ग़ैर-ग़रीबों, दोनों ही वर्गों के हितों का ध्यान

---

1. Prof. M. Rein, 1971, *Problems in the Definition and Measurement of Poverty.*

रखा गया है ?

यह बहुत ही विद्रूप सी बात होगी कि ग़रीबी की अवधारणा में केवल ग़ैर-ग़रीबों के हितों के प्रति जागरूकता की झलक हो। अतः उपर्युक्त प्रश्न (2) को तो पूरी तरह से नकार देना ही उचित होगा। प्रश्न (3) काफ़ी व्यापक और निर्बन्ध लगता है। यही इसका आकर्षण भी है। इस विषय में कोई सन्देह नहीं कि ग़रीबों की विपन्नता अमीरों की खुशहाली पर अवश्य प्रभाव डालती है पर क्या इन प्रभावों को ग़रीबी की अवधारणा में प्रमुखता मिलनी चाहिए ? या कि उन्हें ग़रीबी के अन्य सम्भव प्रभावों में सम्मिलित किया जाना चाहिए ? मेरा मत है कि इन्हें अन्य प्रभावों का ही अंग मानना चाहिए क्योंकि ग़रीबी तो ग़रीबों का ही स्वाभाविक लक्षण है, न कि अमीरों का। कुछ इस तरह की दलील भी दी जा सकती है : अगर वास्तविक आय में कमी हो और सभी ग़रीबों की दुर्दशा में वृद्धि हो तो इसे हम ग़रीबी की 'संवृद्धि' कहेंगे, भले ही इसके साथ अमीरों पर पड़ने वाले दुष्प्रभाव कुछ कम हुए हों (अर्थात् उन्हें अब ग़रीबों के दर्शन से घिन कुछ कम हो गई हो)।

पहले प्रश्न में निहित ग़रीबी की अवधारणा इस बात को बिलकुल अस्वीकार नहीं करती कि ग़रीबों की दुर्दशा के लिए अन्यों की अवस्था भी उत्तरदायी हो सकती है। इसका आग्रह तो मात्र यही है कि ग़रीबी की अवधारणा का ध्यान-केन्द्र केवल ग़रीबों की अवस्था होनी चाहिए, इस पर पड़ने वाले प्रभाव चाहे जिस भी स्रोत से आए हों। ग़रीबी के कारणों और उसके प्रभावों का अध्ययन अत्यंत आवश्यक है। ग़रीबों की ही दशा के रूप में ग़रीबी की अवधारणा का निरूपण इन प्रश्नों—कारणों और प्रभावों—के विवेचन के महत्व को कम नहीं करता। आगे इस पुस्तक में हम इन प्रश्नों पर और विस्तार से विचार करेंगे।

यह बात जान लेना भी बहुत उपयोगी होगा कि कई बार हम ग़रीबी का निरूपण ग़रीबों की दुर्दशा नहीं बल्कि सारे देश की सापेक्ष समृद्धि के सन्दर्भ में करते हैं। यह निरूपण देश के सभी नागरिकों की जीवन दशा से सम्बन्ध रखता है। किसी देश को ग़रीब देश कहना इसी प्रकार के विचार द्वारा सम्भव हो पाता है। किन्तु यह एकदम अलग तरह का चिन्तन-मनन होगा। इस बात को समझ लेने के बाद विश्लेषण में किसी प्रकार के भ्रम की गुंजायश नहीं रहती।

ग़रीबों की पहचान और केवल उन्हीं की जीवन दशा के बारे में चिन्तन पर सहमत हो जाना ही पर्याप्त नहीं है। अभी-भी बहुत कुछ करना बच रहता है। एक तो ग़रीबों के 'समूहन' (Aggregation) की समस्या ही है—यहाँ हम ग़रीबों को एक 'समूह' का स्वरूप प्रदान करने का प्रयास करते हैं। अतः ग़रीबी का कोई-न-कोई मोटा या सर्वग्राही अथवा व्यापक मानदंड गढ़ना आवश्यक हो जाता है। कुछ अध्ययन परम्पराओं में तो गरीबों की संख्या को सारी जनसंख्या के अनुपात के रूप में अभिव्यक्त करना ही पर्याप्त समझा गया है।

इसे व्यक्ति गणनानुसार (Head-Count Ratio)—H कहा जाता है। इसकी दो प्रमुख त्रुटियाँ हैं। एक तो H में इस बात पर कोई ध्यान नहीं दिया जाता कि ग़रीबों की आय ग़रीबी रेखा से कितनी नीचे है। यदि सभी ग़रीबों की आमदनी को और कम कर दिया जाए तथा अमीर अप्रभावित रहें तो इस व्यक्ति गणनानुपात के अनुसार तो समाज में ग़रीबी का मान अपरिवर्तित ही रहेगा। दूसरे, इस मान में ग़रीबों के बीच आय के वितरण पर कोई ध्यान नहीं दिया जाता। यदि किसी ग़रीब की आय का कुछ हिस्सा अपेक्षाकृत अच्छी हालत वाले व्यक्ति को दे दिया जाए, तो भी यह अनुपात स्थिर रहता है। इन दो त्रुटियों के कारण व्यापक रूप से प्रयुक्त मान H नितान्त अनुपयुक्त हो जाता है। इस मान पर आश्रित ग़रीबी की अवधारणा की अपनी स्वीकार्यता और उपयुक्तता भी सन्देहास्पद ही रहेगी।

इस अध्याय में हम ग़रीबी के मापन पर विचार नहीं कर रहे, यह कार्य अगले दो अध्यायों और परिशिष्ट-3 में किया जाएगा। किंतु प्रत्येक 'मान' किसी-न-किसी विश्लेषणात्मक अवधारणा पर आधारित होता है और यहाँ हमारा वास्ता ग़रीबी की अवधारणा से जुड़े सामान्य विचारों से ही है। यदि यह दलील सही है तो ग़रीबी की संकल्पना में दो पृथक्-पृथक्, पर किंचित परस्पर-सम्बन्धित बातें अवश्य सम्मिलित होंगी : (1) व्यक्तियों के किसी समूह को ग़रीब की संज्ञा देने की विधि (जिसे 'ग़रीबी की पहचान' करने की विधि भी कहा जा सकता है), तथा (2) ग़रीब व्यक्तियों के लक्षणों को सामूहिक स्वरूप प्रदान कर एक सामान्य स्वरूप का निर्धारण करने की विधि (इसे 'ग़रीबी-समूहन' कहा जा सकता है)[1]। अगले दो अध्यायों में हमारा ध्यान इन्हीं दो विधियों के निर्माण-परिमार्जन पर ही केन्द्रित होगा—पर इससे पूर्व इन दोनों विधियों के लिए कुछ आवश्यक मुद्दों पर चर्चा करना उपयोगी रहेगा। इस अध्याय के शेष भाग में हम इन्हीं मुद्दों पर कुछ बातचीत करेंगे।

ग़रीबी की अवधारणा के प्रति विभिन्न दृष्टिकोणों में हमें उन अंतर्निहित मुद्दों की बहुत ही स्पष्ट छवि देखने को मिलती है। कुछ समय से इनमें से कुछ दृष्टिकोणों की कार्यविधि की तो काफ़ी आलोचना भी हुई है किन्तु कुछ ऐसे भी हैं जिनकी पर्याप्त समीक्षा नहीं हो पाई है। इस अध्याय में हम उन सभी विधियों के मूल्यांकन में उनकी आलोचनाओं की समीक्षा भी करेंगे।

जीवशास्त्रीय दृष्टिकोण

सीबॉम रॉनट्री (Seebohm Rowntree 1901) ने यॉर्क नगर की ग़रीबी के अपने

1. ये दोनों बातें एक-दूसरे से जुड़ी हुई भी हैं—किन्हीं लक्षणविशेष के आधार पर हम किसी व्यक्ति को ग़रीब के रूप में पहचानते हैं और फिर उनके सभी सांझे लक्षणों को उनकी सामूहिक छवि का आधार मानते हैं।

सुविख्यात विश्लेषण में उन परिवारों को 'प्राथमिक ग़रीबी' (Primary poverty) से ग्रस्त बताया है जिनकी कुल आय 'शारीरिक क्षमता' मात्र को बनाए रखने के लिए नितान्त आवश्यक वस्तुएँ भी सुलभ नहीं करा पाती। इसमें कोई आश्चर्य नहीं होना चाहिए कि ग़रीबी रेखा के निर्धारण में बार-बार जीवित रहने या कार्यक्षमता बनाए रखने की जीवशास्त्रीय न्यूनतम आवश्यकताओं की बात उठती रही है। ग़रीबी की सबसे बड़ी विभिषिका भुखमरी ही तो है।

पिछले कुछ वर्षों से इस जीवशास्त्रीय विधि पर तीखे प्रहार हुए हैं। इसके प्रयोग से अनेक समस्याएँ जुड़ी हैं। एक तो लोगों की शारीरिक रचना, जलवायु की परिस्थितियों और कार्य करने के ढंग आदि में भारी अन्तर पाए जाते हैं। यहाँ तक कि किसी क्षेत्र-विशेष में रह रहे समुदाय-विशेष की पोषण आवश्यकताओं की 'सुनिश्चित' मात्रा का निर्धारण भी सरल नहीं होता। देखा गया है कि लोग बहुत ही कम पोषक तत्वों के आधार पर भी जीवित रह लेते हैं। जैसे-जैसे उनके आहार में सुधार होता है, जीवन की आशा में भी संवृद्धि प्रारंभ हो जाती है। विश्व में शारीरिक समृद्धि या शरीर के आकार (Physical opulence) में भी पोषण वृद्धि के साथ-साथ सुधार दिखाई पड़ रहा है। भोजन-आहार में सुधार और वृद्धि के फलस्वरूप अमेरिकी, यूरोपीय एवं जापानी लोगों की देहयष्टि और आकार में काफ़ी सुधार हुए हैं। अतः 'न्यूनतम पोषण आवश्यकताओं' (Minimum nutritional requirements) की विभाजन रेखा का निर्धारण तर्कसंगत कम, मनमानीपूर्ण अधिक हो जाता है। यह बात किसी भी समाज या क्षेत्र में इस विभाजन रेखा के निरूपण को लेकर कही जा सकती है। दूसरा न्यूनतम पोषण आवश्यकताओं के आधार पर न्यूनतम आहार आवश्यकताओं का निर्धारण भी कम समस्याकारी नहीं है। यह तो वस्तुओं के चयन पर निर्भर करेगा। एकरेखीय प्रोग्रामन समस्या[1] के रूप में 'आहार' का निर्धारण तो काफ़ी सरल रहता है—हम सहज ही न्यूनतम लागत पर निर्धारित पोषण प्रदान करने वाले आहार का निर्धारण कर लेते हैं। किंतु इस प्रकार के न्यूनतम लागत आहार की प्रासंगिकता स्पष्ट नहीं हो पाती। यह आहार वस्तुतः बहुत कम लागत पर तैयार हो सकता है पर इसे खाना कौन चाहेगा ? वास्तव में आम आदमी कभी-भी अपने भोजन की लागत न्यूनतम करने का प्रयास करता नहीं दीखता। लोगों की सामान्य खानपान की आदतें ही आय के उस न्यूनतम स्तर का निर्धारण कर पाएँगी जिनसे कि पूर्वनिश्चित न्यूनतम पोषण आवश्यकताएँ पूरी हो पाएँ।

तीसरा मुद्दा यह है कि ग़ैर-खाद्य पदार्थों को लेकर तो इन न्यूनतम आवश्यकताओं का निर्धारण और भी कठिन हो जाता है। यहाँ सामान्यतः यह मानकर काम चलाया

1. Linear programming की पुस्तकों में 'आहार समस्या' या Diet problem के रूप में न्यूनतम लागत पर पूर्व निर्धारित पोषण देने में सक्षम आहार की रचना पर काफ़ी विचार किया जाता है।

जाता है कि लोग अपनी आय का एक निश्चित हिस्सा ही खाद्य पदार्थों पर ख़र्च करते हैं। इस तरह से न्यूनतम आहार लागत के आधार पर न्यूनतम आवश्यक आय के स्तर का निर्धारण किया जाता है। किन्तु आहार पर ख़र्च होने वाला आय-अंश लोगों की आदतों और संस्कृति ही नहीं, वस्तुओं और सेवाओं की उपलब्धता एवं उनकी सापेक्ष कीमतों पर भी निर्भर करता है। अतः अक्सर इस सम्बन्ध में बनाई गई मान्यताएँ व्यवहार की कसौटी पर खरी नहीं उतरतीं। लॉर्ड बीवरिज (Lord Beveridge) द्वारा द्वितीय महायुद्ध के दौरान न्यूनतम आय की आवश्यकता का अनुमान केवल इस कारण ग़लत सिद्ध हो गया कि उन दिनों इंग्लैण्ड के लोग अपनी आय का बहुत ही कम हिस्सा आहार पर ख़र्च कर रहे थे।

इन समस्याओं के चलते मार्टिन रेन (Martin Rein) का यह कथन ठीक ही लगता है कि निर्वाह के आधार पर ग़रीबी के निरूपण की किसी भी विधि को बहुत ही तर्कसंगत ढंग से चुनौती दी जा सकती है। किन्तु जीवशास्त्रीय अवधारणाओं पर आधारित प्रत्येक विचार को सफलतापूर्वक चुनौती देने के पश्चात् भी यह प्रश्न तो उठ ही जाता है कि इससे हमें हासिल क्या हुआ ? क्या उन विधियों को पूरी तरह नकार दिया जाए ? अथवा क्या उनसे कुछ-न-कुछ निकाल पाना सम्भव हो पाएगा ? हमारा मत है कि उन विधियों से हम कुछ-न-कुछ अवश्य पा सकते हैं।

एक महत्वपूर्ण बात यह है कि जब पोषण आवश्यकता का विचार ही अपने आप में सुगठित नहीं है, तो फिर उस पर आधारित ग़रीबी की संकल्पना में सुनिश्चितता कहाँ से आएगी ? वस्तुतः दोनों ही विचारों में कुछ-न-कुछ अस्पष्टता निहित होती है—प्रश्न यह उठता है कि इनकी अस्पष्टताएँ कहाँ तक एक-दूसरे से जुड़ी हुई होती हैं ? अतः मुद्दा यह नहीं है कि पोषण आवश्यकता का विचार सुस्पष्ट नहीं है—प्रश्न यह है कि इसमें निहित अस्पष्टताएँ उचित प्रकार की हैं या नहीं ?

दूसरे, यह जानने के लिए कि किसी व्यक्ति को पर्याप्त पोषणदायी आहार मिल रहा है या नहीं, इस बात की जानकारी आवश्यक नहीं होती कि इस आहार को ख़रीद पाने योग्य आय भी उसे सुलभ है या नहीं। यह जानना ही पर्याप्त रहता है कि किसी व्यक्ति को पर्याप्त पोषण मिल रहा है अथवा नहीं। ग़रीब देशों में भी इस प्रकार की प्रत्यक्ष पोषण जानकारी नमूना सर्वेक्षणों (Sample surveys) द्वारा प्राप्त की जा सकती है—इस तरह से ग़रीबी की पहचान में आय के स्तर की मध्यस्थता आवश्यक नहीं रहती।

तीसरे, यदि हम आय की मध्यस्थता वाले मार्ग का ही अनुसरण करें तो भी पोषण के मानदंडों को ग़रीबी की कसौटी बनाना इतना कठिन नहीं होता। समाज के सामान्य उपभोग स्वरूप से यहाँ हमें काफ़ी सहायता मिल सकती है। वास्तविक आदतों और व्यवहार के 'साहचर्य' (Proximity) के आधार पर आवश्यक पोषणदायी आय स्तर का निर्धारण हो सकता है। इस बारे में अध्याय-3 में और विस्तार से

चर्चा होंगी।

अन्ततः यह भी कहा जा सकता है कि कुपोषण ग़रीबी की समस्या का केवल एक आयाम है किन्तु अनेक विकासशील देशों के लिए तो यही आयाम सबसे अधिक महत्वपूर्ण होता है। अतः ग़रीबी की किसी भी संकल्पना में कुपोषण का महत्व बहुत अधिक होना स्वाभाविक ही है। इस महत्व की प्रतिष्ठा या उसके स्वरूप का सही स्थान निश्चित करना अभी बाकी है—पर यह कह देना कि पोषण विधि अपने-आप में पूरी तरह अस्वीकार्य-प्राय है, तो नितान्त भ्रमपूर्ण कुतर्क ही होगा।

विषमता विधि

"ग़रीबी वास्तव में विषमता (Inequality) का ही एक स्वरूप है।" इस विचार में भी कुछ सत्याभास प्रतीत होता है। आख़िर अमीरों की कुछ आय ग़रीबों में बंट जाने से समाज की ग़रीबी में काफी कमी आ ही सकती है। यहां तक कि ग़रीबी रेखा का निरूपण भी कुछ इस तरह से होना चाहिए कि समाज में विद्यमान वास्तविक परिस्थितियों में रहते हुए ग़रीबी सबसे ग़रीब वर्ग तथा शेष समाज के बीच असमानता को साफ़-साफ़ उजागर कर सके।

ग़रीबी को विषमता का स्वरूप प्रदान करने वाले तर्कों की समीक्षा करते हुए मिलर एवं रोबी[1] (Miller and Roby) का कहना है :

"ग़रीबी के सवाल को 'स्तर' से जोड़ने का अर्थ है ग़रीबी को विषमता का ही एक मुद्दा मान लेना। इस प्रकार हम ग़रीबी रेखा के निर्धारण से जुड़ी अर्द्ध-वैज्ञानिक (Pseudo-Scientific) निश्चितता से भी बच सकते हैं। वस्तुतः हम समाज के न्यूनतम दस या बीस प्रतिशत लोगों और शेष समाज के बीच बंटवारे की प्रकृति और आकार का अध्ययन कर सकते हैं। इस तरह से प्रत्येक स्तरीय आयाम पर उन निम्नतम-वर्गीय लोगों और अन्य वर्गों के बीच की खाई को पाटना ही हमारी नतियों का ध्येय बन जाता है।

इस विधि के बारे में काफी कुछ कहा जा सकता है। यह भी कहा जा सकता है कि विषमता और ग़रीबी तो मूल रूप से दो अलग-अलग विचार हैं। ग़रीबी को विषमता का ही एक मुद्दा मान कर विचार करने में तो दोनों ही के प्रति 'अन्याय' होने की सम्भावना रहती है। इनमें कुछ-न-कुछ रिश्ता तो ज़रूर है पर कोई भी एक विचार दूसरे को पूरी तरह अपने-आप में समाहित नहीं कर पाता। सबसे अमीर वर्ग की आय का कुछ हिस्सा मध्यम वर्ग को हस्तांतरित करने से विषमता में कमी तो निर्विवाद होगी, पर क्या ग़रीबी भी कम होगी ? इसी प्रकार यदि विषमताएँ पूर्ववत्

---

1. Miller, S.M., and Roby, P., 1971, 'Poverty : Changing Social Stratification,' in Townsend, P., 1971, *The Concept of Poverty,* London—Heinemann.

रखते हुए आय में कमी लाने वाली नीतियों का अनुसरण किया जाए तो समाज में भुखमरी का और व्यापक हो जाना सुनिश्चित हो जाएगा। कुपोषण भी फैलेगा और सामान्य व्यक्ति का जीवन-यापन दूभर हो जाएगा। इस अवस्था में भी यह कहना कि विषमताएँ अपने पूर्ववत् स्तर पर बनी हुई हैं, अतः समाज में ग़रीबी भी पूर्ववत् ही है, बहुत ही विचित्र लगेगा। भूख और भुखमरी को अनदेखा करना अर्द्ध-वैज्ञानिक निश्चितता से बचना नहीं बल्कि ग़रीबी के सहज मान्य महत्वपूर्ण आयामों की ओर आँखें बंद करना ही होगा। न ग़रीबी और न ही विषमता दोनों ही एक-दूसरे के प्रभावक्षेत्र में पूरी तरह समाहित नहीं हो पातीं—इनका तो अलग-अलग अध्ययन करना ही सम्यक होता है।

इनके पृथक्-पृथक् स्वरूप को स्वीकार करते हुए इनके परस्पर सम्बन्धों को भी स्वीकार किया जा सकता है। यही नहीं, समाज में आय के बंटवारे में सुधार कर हम समग्र आय के आकार में वृद्धि हुए बिना भी ग़रीबी से छुटकारा पा सकते हैं। ग़रीबी के विचार के स्वतंत्र अस्तित्व की स्वीकारोक्ति से ही इस पर खुल कर विचार-विमर्श सम्भव हो पाता है। ग़रीबी की व्यापकता में विषमताओं की भूमिका पर चर्चा सम्भव है—पर इस चर्चा के लिए विषमता को ही ग़रीबी का नाम देना उचित नहीं होगा।

सापेक्ष अभाव

ग़रीबी के अध्ययन में सापेक्ष अभाव (Relative Deprivation) के विचार का प्रयोग बहुत उपयोगी रहा है। ग़रीब होने का अर्थ है अभाव भोगना, और किसी भी सामाजिक प्राणी के लिए अभाव तो सापेक्ष ही होता है। किन्तु यह 'सापेक्ष अभाव' का विचार भी अपने-आप में बहुत-सी विविधताओं को समाए हुए है।

एक तो 'अभाव की अनुभूति' और 'अभाव की दशाओं' के बीच का भेद ही है। पीटर टाउनसेंड (Peter Townsend) का विचार है कि 'अभाव की दशा' उस अवस्था का सही चित्रण करती है। कोई भी कसौटी जो ठोस दशाओं पर आधारित हो, उसके आधार पर सापेक्ष अभाव का निर्धारण अधिक वस्तुपरक हो सकता है। यह अभाव फिर चाहे आय, रोज़गार, शक्ति-अधिकार आदि किसी भी वांछित लक्षण या विशेषता का हो सकता है।

किन्तु अभाव की दशाओं का निरूपण अभाव की अनुभूति से स्वतंत्र तो हो ही नहीं सकता। भौतिक पदार्थों के मूल्यांकन में व्यक्तियों का उनके प्रति रवैया बहुत महत्वपूर्ण होता है। भले ही हम अनुभूतियों को प्रत्यक्षतः अपने विश्लेषण में शामिल न करें फिर भी ये अनुभूतियाँ लक्षणों (Attributes) के निर्धारण में तो अंतर्निहित रहती ही हैं। टाउनसेंड ने ठीक ही आग्रह किया है—समाज में सहज रूप से प्रचलित जीवन-शैली का अपना महत्व है और फिर हम संसाधनों के वितरण पैमाने में ऐसे

बिन्दु का निर्धारण कर सकते हैं जिससे नीचे रह गए लोगों को समाज के रहन-सहन, रीतियों और रिवाजों में हिस्सा बंटाना अधिकाधिक कठिन प्रतीत होता है। यहाँ इस बात पर ग़ौर करना जरूरी है कि जीवन-शैली को निश्चित करने और उस शैली में भागीदारी कर पाने में विफलता, दोनों में ही अभाव की अनुभूतियों का अपना महत्व रहता है। दशाओं को अनुभूतियों से अलग कर पाना आसान नहीं है। दशाओं का सटीक निदान अनुभूतियों की सही समझ के अभाव में सम्भव नहीं हो पाता।

दूसरा महत्वपूर्ण मुद्दा यह है कि—तुलना किन समूहों के बीच की जाए ? यहाँ यह देखना होगा कि लोग अपनी दशा की तुलना किन लोगों से आमतौर पर करते हैं। सापेक्ष अभाव के माध्यम से ग़रीबी के अध्ययन में सबसे बड़ी कठिनाई यहीं पैदा होती है। यहाँ तुलना प्रक्रिया का प्रसार समाज की राजनैतिक गतिविधियों से भी स्वतंत्र नहीं रह पाता। व्यक्ति का अभाव का आभास उसकी अपेक्षाओं और उसके उचित-अनुचित के विवेक तथा किसका किस चीज़ पर अधिकार है, आदि से जुड़े विवेचन पर भी निर्भर करता है।

ग़रीबी के सामाजिक विश्लेषण पर सापेक्ष अभाव से जुड़े इन मुद्दों का बहुत प्रभाव रहता है। पर फिर भी यह बात ध्यान रखनी होगी कि अपने विविध रूपों को समाहित करते हुए भी सापेक्ष अभाव ग़रीबी के अध्ययन का पर्याप्त आधार नहीं बन पाता। अकाल अवस्था को समाज में व्यापक ग़रीबी की दशा माना जा सकता है, वहाँ चाहे जैसा भी सापेक्ष (वितरण) स्वरूप क्यों न हो। हमारे ग़रीबी विषयक विचार में 'परम अभाव' (Absolute Deprivation) का एक ऐसा विचार रूढ़ है जिसके आधार पर भुखमरी, कुपोषण तथा जीवन-यापन की कठिनाइयों को, सापेक्ष अभाव का सहारा लिए बिना ही, सीधे से ग़रीबी के निदान के लिए प्रयोग कर लिया जाता है। अतः सापेक्ष अभाव का विचार परम अभाव या वंचना पर आधारित ग़रीबी के विश्लेषण का प्रतिपूरक बन सकता है, किन्तु उसका स्थानापन्न कभी नहीं हो सकता।

ग़रीबी : एक विवेकबोध ?

कई विद्वानों ने बहुत ज़ोर देकर कहा है कि ग़रीबी तो अपने-अपने विवेकबोध की बात है। ग़रीबी को बुरा मानना और इसके उन्मूलन को भौतिक दृष्टि से उचित मानना स्वाभाविक-सा लगता है। यहाँ तक कि इस समस्या के विद्वान अध्येता मोली ओर्शान्स्की (Mollie Orshansky) का तो यह भी कहना है कि सौंदर्य की भाँति ग़रीबी का निवास भी देखने वाले की दृष्टि में ही होता है। इस तरह से तो यह सारा अध्ययन व्यक्तिपरक हो जाएगा--कोई भी अभाव के आंकड़ों को अपनी निजी नैतिकता के रंग में रंगने का प्रयास करने लगेगा।

मैं इस प्रकार के विचार का विरोधी हूँ। ग़रीबी के आकलन में दो प्रकार से नैतिकता के तकाज़ों को समाहित किया जा सकता है। यह कहना कि इस प्रकार

से ग़रीबी के निरूपण में आदेशात्मकता (Prescriptiveness) झलकती है तथा समाज के सदस्यों के आग्रहों को निरूपण में स्थान देने पर बल देना दो अलग-अलग बातें हैं। पहले से प्रचलित आग्रह की बात करना चर्चा या व्याख्या हो सकती है—आदेश नहीं। शायद इसीलिए ऐरिक हॉब्स्बॉम[1] का कहना है कि ग़रीबी की परिभाषा तो समाज की अपनी परम्पराओं के अनुसार ही होती है। किन्तु इससे ग़रीबी किसी का विवेकबोध नहीं बन जाती। यह किसी प्रकार का व्यक्तिनिष्ठ प्रयास भी नहीं हो जाती। ग़रीबी का अध्ययन और मापन करने वाले के लिए तो समाज की परम्पराएँ समाज के वर्तमान मानक तथ्यों की तरह ही होती हैं। इनमें नैतिकता या व्यक्तिनिष्ठता से जुड़े प्रश्नों का कोई स्थान नहीं होता। अध्येता यह तय नहीं करता कि समाज के मानदंड क्या होने चाहिए या उसकी क्या अनुभूति है—या उसकी नैतिकता का क्या तकाज़ा है।

इसी बात को एडम स्मिथ (Adam Smith) ने दो सौ वर्ष पूर्व भी बहुत स्पष्ट शब्दों में कहा था :

"आवश्यकताओं से मेरा अभिप्राय जीवित रहने के लिए ज़रूरी चीज़ों से ही नहीं है—इनमें तो समाज की परम्परा के अनुसार जिन चीज़ों का न्यूनतम वर्ग के लोगों के पास भी नहीं होना बुरा समझा जाता है, वे सभी चीज़ें शामिल हैं। उदाहरण के लिए, एक कपड़े की कमीज़ को ही लें। कमीज़ पहनना जीवन के लिए जरूरी तो नहीं है। ग्रीक और रोमन लोगों ने बिना कपड़ों के भी खूब मज़े में अपना जीवन व्यतीत किया था। पर आज के यूरोप में कोई भी सामान्य मज़दूर कपड़े की कमीज़ पहने बिना किसी के सामने आने में शर्मिन्दगी अनुभव करेगा। बिना कमीज़ के बाहर आना तो ग़रीबी की उस निकृष्टतम स्थिति का परिचायक होगा जिसमें कोई व्यक्ति अपने बहुत ही बुरे आचरण के कारण ही पहुँच सकता है। इसी प्रकार इंग्लैंड में चमड़े के जूते पहनना भी परम्परा के कारण आवश्यक बन गया है। कोई भी मान मर्यादा वाले नर-नारी, चाहे जितने भी ग़रीब हों, उनके बिना जनता के सामने नहीं आएँगे।"

इसी तरह कार्ल मार्क्स (Karl Marx) का कहना था कि जीवन-निर्वाह में एक ऐतिहासिक-नैतिक तत्व का समावेश होता है। फिर भी, किसी भी देश में, किसी भी समय पर श्रमिक के जीवन-निर्वाह के लिए आवश्यक संसाधनों की औसत मात्रा का व्यावहारिक ज्ञान हो ही जाता है।

यह सम्भव है कि स्मिथ और मार्क्स ने निर्वाह तथा ग़रीबी को लेकर समाज में एक मत का कुछ अधिक अनुमान लगा लिया हो। आवश्यकताओं की व्याख्या भी अस्पष्टता से परे हो सकती है। पर व्याख्या में अस्पष्टता हो तो भी उसे

1. Eric Hobsbawm, 1968, p. 398, 'Poverty', in *International Encyclopaedia of Social Science,* New York.

'आदेशात्मकता' का परिचायक नहीं कहा जा सकता, यह तो ज्यादा-से-ज्यादा एक व्याख्यात्मक अस्पष्टता ही होगी। कभी-कभी मनमाने ढंग से अस्पष्टता समाप्त करनी पड़ती है पर उस बात को अंकित करना अत्यंत आवश्यक है। कहीं सहज स्वीकृत मानकों की विषमताओं के कारण भी एक से अधिक कसौटियों का प्रयोग करना पड़ सकता है तो कहीं उन कसौटियों द्वारा निरूपित आंशिक क्रमिकताओं (partial ordering) के सामूहिक परिणामों का प्रयोग भी हो सकता है–(क्योंकि ये आंशिक क्रमिकताएँ सभी कसौटियों के आधार पर मिली-जुली प्रबल्यता (Dominance) की परिचायक होती हैं)। पर ये आंशिक क्रमिकताएं फिर भी व्याख्यात्मक ही होंगी, आदेशात्मक नहीं। यह कथन कुछ इस प्रकार का होगा : "नूरेयेव (Nureyév) निजिन्सकी (Nijinsky) से बेहतर नर्तक हो या न हो पर इस लेखक से तो, आज के मानदंडों के अनुसार, वह बेहतर ही नाचता है।" यह एक व्याख्यात्मक कथन है।

ग़रीबी : नीति विषयक परिभाषा ?

यहीं एक और मुद्दा भी ध्यान देने योग्य है। ग़रीबी का आकलन किन्हीं दिए हुए मानदंडों के अनुसार हो सकता है पर, इन मानदंडों में भी कुछ-न-कुछ वक्तव्य भरे होते हैं। क्या ये सार्वजनिक नीति के वक्तव्य हैं ? क्या इनमें नीति के लक्ष्यों की उद्घोषणा है ? या फिर नीति क्या होनी चाहिए, इस बारे में कोई सदाशयता झलकती है ? निःसंदेह उन मानदंडों में स्वीकार्यता का कुछ-न-कुछ स्वरूप अवश्य होता है किन्तु उसी को वास्तविक या वांछित नीतियों के सुस्पष्ट लक्ष्य मान लेना ठीक नहीं होगा। इस बारे में भी कुछ-न-कुछ भ्रम अवश्य व्याप्त है। उदाहरण के लिए, संयुक्त राज्य अमेरिकी राष्ट्रपति के आय अनुरक्षण आयोग (1969)[1] ने अपनी बहुचर्चित रिपोर्ट 'सम्पन्नता के मध्य ग़रीबी' में 'नीति परिभाषा' पर कुछ इस प्रकार आग्रह किया है।

"यदि समाज का विश्वास है कि किसी को भूख और खुले में ज़िन्दगी बिताने के कारण मरने नहीं दिया जाना चाहिए तो फिर न्यूनतम भोजन एवं छत के अभाव को ग़रीबी माना जाएगा। यदि समाज अस्तित्व मात्र से आगे बढ़कर अच्छे शारीरिक स्वास्थ्य को भी आवश्यक मानता है तो फिर बीमारियों से बचाव व उनके उपचार के लिए ज़रूरी संसाधन भी आवश्यकताओं की सूची में जुड़ जाएँगे। इस प्रकार प्रत्येक काल में नीतिगत परिभाषा समाज की योग्यताओं और अपेक्षाओं के बीच सन्तुलन बिठाने का प्रयास करती है। न्यून आय वाला समाज जीवित रह पाने से आगे कुछ सोच नहीं पाता। दूसरे समाज जो अपने आश्रित नागरिकों की कुछ बेहतर देखभाल

1. US President's Commission on Income Maintenance, 1969, p. 8.

की व्यवस्था कर सकते हैं, वे सोचने लगते हैं कि दरिद्रता का तो ग़रीबों और ग़ैर-ग़रीबों, सभी पर एक जैसा प्रभाव पड़ेगा।

इस नीति परिभाषा में कम-से-कम दो समस्याएँ ज़रूर हैं। व्यावहारिक नीति निर्धारण में तो, क्या होना चाहिए की सामान्य चिन्ता के अतिरिक्त भी अनेक बातों पर ध्यान दिया जाता है। नीतियां राजनैतिक व्यवस्था पर निर्भर करती हैं। सरकार के स्वरूप, इसके अधिकार स्रोत, और अन्य संगठनों की शक्तियों आदि का भी नीतियों पर गहरा असर पड़ता है। अनेक देशों की सार्वजनिक नीतियों में अभावों के उन्मूलन के किसी प्रयास की झलक खोज पाना सहज सम्भव नहीं है। वास्तविक नीति के रूप में व्याख्या करने पर तो ये नीतिपरिभाषा नीति-निर्धारण से जुड़े राजनैतिक मुद्दों पर सदैव ध्यान नहीं दे पाती।

यदि हम इसे वास्तविक सार्वजनिक नीति नहीं बल्कि उससे जुड़ी सामाजिक सिफ़ारिशों का रूप भी मान लें, तो भी समस्याओं का सामना करना ही पड़ता है। अभाव क्या है तथा नीति द्वारा क्या उसे हटाया जा सकता है, इन दोनों बातों में कुछ-न-कुछ अन्तर अवश्य होता है। नीतिगत सुझावों में क्या कर पाना व्यावहारिक होगा, इसे भी ध्यान में रखा जाता है। पर जिन अभावों को तत्काल दूर कर पाना सम्भव नहीं होता, वे भी अभाव ही बने रहते हैं—उनका स्वरूप बदल नहीं जाता। ज़रा इस वाक्य पर ग़ौर करें : 'देखो बाबा, तुम भूखे मर रहे हो, पर फिर भी इतने ग़रीब नहीं हो। भई, हालात ही ऐसे हैं और सबकी आमदनी तो भुखमरी के स्तर से ऊपर नहीं उठाई जा सकती।' पर क्या इस मजबूरी की वजह से वह वृद्ध भूखे नहीं रहे या उनकी ग़रीबी दूर हो गई ? एडम स्मिथ के विचार में जो वस्तुएँ निर्वाह के लिए जरूरी हैं और जिनका होना सामाजिक परिवेश के कारण आवश्यक बन गया है, उनका भी सामाजिक नीति द्वारा, क्या सबको 'दिया जा सकता है' और 'दिया जाना चाहिए' के प्रश्नों का सही निदान नहीं हो पाता। युद्ध के कारण अचानक बर्बाद हुई अर्थव्यवस्था में आय अनुरक्षण के स्तर को कम करने का अर्थ यह तो नहीं होगा कि ग़रीबी रेखा नीचे कर देने के कारण समाज में ग़रीबी भी वास्तव में कम हो गई है। वस्तुतः उस रेखा को नीचे खिसकाने की मज़बूरी समाज की ख़स्ता हालत का ही प्रमाण है।

मैं तो यही कहूँगा कि नीति विषयक परिभाषा एक आधारभूत भ्रम पर आधारित है। यह सत्य है कि आर्थिक प्रगति के कारण अभाव एवं ग़रीबी के प्रति दृष्टिकोण भी बदलते रहते हैं, और 'क्या करना चाहिए' इस बारे में भी लोगों के विचार बदलते रहते हैं। ये दोनों परिवर्तन एक-दूसरे से जुड़े हैं तथा इनमें सामयिक सह-सम्बन्ध भी है किन्तु किसी को भी पूरी तरह से दूसरे में समाहित करते हुए उसकी परिभाषा नहीं की जा सकती। तेल-अमीर कुवैत अपने आश्रितों की अच्छी देखभाल करने में समर्थ भले ही हो गया हो पर क्या वहाँ ग़रीबी के मानदंड भी समृद्धि के अनुपात

में ही ऊपर उठे हैं ? इसी तरह से युद्ध से ध्वस्त नीदरलैंड ने अपने ग़रीबी मानदंड को अपनी दुरवस्था के अनुरूप नीचे तो नहीं गिराया था। इस विधि को स्वीकार करने का अर्थ यह है कि लोगों की दुरवस्था का मूल्यांकन आवश्यकताओं के वर्तमान पैमाने या मानदंड के आधार पर ही हो। यह तथ्यात्मक विश्लेषण होगा, नीतिशास्त्रीय नहीं। ये तथ्य भी केवल इस बात से जुड़े हैं कि अभाव क्या है—इनका सुझाई गई नीतियों से कोई प्रत्यक्ष सम्बन्ध नहीं होता। अभावों के तो परम एवं सापेक्ष दोनों ही स्वरूप होते हैं (जैसा कि हमने इस अध्याय के आरंभिक भाग में समझाया है)।

मानदंड एवं समुच्चयन

अभी भी दो मुद्दे अछूते रह गए हैं। दो समाजों के बीच ग़रीबी की तुलना का आधार क्या हो (हम ग़रीबी की व्याख्या प्रत्येक समाज के अपने ही परिवेश में कर रहे हैं) ? वस्तुतः समाजों के बीच तुलना में दो प्रकार के प्रश्नों का निराकरण करना होता है। एक ओर तो दो समाजों के बीच उनके अपने-अपने मानदंडों की तुलना में अभावों का आकलन होता है। दूसरी ओर किसी सांझे मानदंड के आधार पर इनकी दुर्दशाओं की तुलना हो सकती है। यह 'सांझा' मानदंड किसी एक समाज की वास्तविक अवस्था का मानदंड भी हो सकता है। एक प्रकार से ये दोनों ही वक्तव्य, बिना किसी विरोधाभास के, दिए जा सकते हैं :

(1) समाज क के न्यूनतम आवश्यकता मानदण्ड के आधार पर तुलना करने पर हम पाते हैं कि क की दशा ख से बेहतर है—अर्थात् क में ख की अपेक्षा कम अभाव हैं।

(2) यदि दोनों समाजों के अपने-अपने मानदंडों के आधार पर मूल्यांकन करें तो क में ख की अपेक्षा अधिक अभाव हैं—क्योंकि क के न्यूनतम आवश्यकता मानदंड ख की अपेक्षा कहीं अधिक ऊँचे हैं।

वस्तुतः दोनों ही स्वरूपों में हमारी रुचि हो सकती है—किसी एक को सत्य या दूसरे को झुठलाने का कोई अर्थ नहीं है। ध्यान देने की बात तो यह है कि ये दोनों वाक्य दो पृथक्-पृथक् प्रश्नों से जुड़े हुए हैं।

दूसरे, ग़रीबों की पहचान तो न्यूनतम आवश्यकताओं के किसी मानदंड के आधार पर हो जाती है, पर समुच्चयन (Aggregation) के लिए तो हमें विभिन्न व्यक्तियों की अभावग्रस्तताओं को एक साझा सूचक बनाने के लिए जोड़ने की कोई-न-कोई विधि गढ़नी ही पड़ेगी। यहाँ अभावों के सापेक्ष पैमाने का निर्माण आवश्यक हो जाएगा। इसमें मनमानी की सम्भावना अधिक हो जाती है, क्योंकि एक तो इस बारे में परम्पराएँ अभी बहुत सशक्त नहीं हुई हैं, दूसरे स्वीकार्यता के प्रति सजग रहने की अनिवार्यता भी व्यक्ति को अपने निर्णयों को लेकर अच्छी-ख़ासी 'स्वतंत्रता' प्रदान कर देती है। विभिन्न समूहों की खेलकूद के क्षेत्रों में उपलब्धियों की समग्र

सूचक व्याख्या करने जैसी ही यह स्थिति भी है। किन्हीं हालात में हम कह सकते हैं कि दौड़ में अफ्रीकी भारतीयों से बेहतर हैं (क्योंकि अफ्रीकी सभी दौड़ स्पर्धाओं में जीत ही जाते हैं)। किंतु ऐसी भी दशाएँ आ सकती हैं जब हम इस प्रकार के कथन को अस्वीकार करने को बाध्य हो जाएँ। ऐसी स्थितियाँ भी सम्भव हैं जहाँ दोनों प्रकार के कथनों पर भी विवाद हो सकता है।

समग्रवादी व्याख्या के मनमानेपन के कारण ही इस समस्या को नीतिशास्त्रीय बंधन में बाँधने का विचार उठता है। वास्तव में आर्थिक विषमताओं के आकलन में कुछ ऐसा ही हुआ है। पर नीतिशास्त्रीय विश्लेषण भी इसी प्रकार की उलझनों से जूझते हुए यहाँ उठाए गए प्रश्नों से कुछ बहुत ही अलग किस्म के उत्तर देने में फँस कर रह जाता है। ग़रीबी की व्याख्या में कुछ-न-कुछ मनमानी सहन करने के अतिरिक्त कोई चारा नहीं बचता। हाँ, उसे स्पष्ट कर देना आवश्यक है। किसी देश की ग़रीबी के विचार में कुछ-न-कुछ अस्पष्टताएँ रहती हैं—इसके अलावा कुछ उम्मीद भी नहीं करनी चाहिए।

निष्कर्ष

ग़रीबी मुद्दा है अभाव का। समाजशास्त्रीय विश्लेषण में परम अभाव से सापेक्ष अभाव की ओर रुझान से विश्लेषण के उपयोगी सूत्रों का निर्माण हुआ है। किन्तु ग़रीबी की व्याख्या विधि के रूप में सापेक्ष अभाव भी नितान्त अधूरा या अपूर्ण ही रहता है। यह किसी हद तक परम अभाव के पुराने विचार का प्रतिपूरक ही रहता है—उसका प्रतिस्थापक नहीं बन पाता। बहु-आलोचित जीवशास्त्रिक प्रविधि (जिसे नकारने की नहीं, कुछ और परिमार्जित करने की आवश्यकता है) भी परम अभाव से ही जुड़ी है। यह भुखमरी और भूख को ग़रीबी के विचार में केन्द्रस्थ ही बनाए रखती है।

ग़रीबी को विषमता का ही एक मुद्दा मान लेने से तो दोनों ही संकल्पनाओं के साथ अन्याय हो जाता है। ग़रीबी और विषमता दोनों ही एक-दूसरे से जुड़े हुए परन्तु पृथक्-पृथक् विचार हैं तथा एक में दूसरे को पूरी तरह समाहित नहीं किया जा सकता।

ग़रीबी के आकलन को नीतिशास्त्रीय नहीं बल्कि एक व्याख्या का मुद्दा मानने पर बहुत आग्रह हुए हैं। यह भी कहा जा सकता है कि ग़रीबी की नीतिपरिभाषा में आधारभूत त्रुटियाँ हैं। ग़रीबों की दुरवस्था की प्रचलित मानकों के अनुसार व्याख्या में भी अस्पष्टताएँ आ जाती हैं। पर अस्पष्ट व्याख्या को आदेशात्मक नहीं माना जा सकता। वास्तव में सुलभ विधियों के चयन तथा प्रचलित मानदंडों के चुनाव में अपरिहार्य 'मनमानेपन' को स्वीकार कर उसके प्रति सजगता अधिक उचित होगी।

3.

ग़रीबी : पहचान एवं समूहन

वस्तुएं एवं विशेषताएँ

पिछले अध्याय में हमने कहा है कि ग़रीबी का आकलन दो चरणों में हो सकता है : एक तो ग़रीबी के लक्षणों की 'पहचान' (Identification) करना तथा दूसरे, इन लक्षणों का 'समूहन' (Aggregation) कर किसी एक 'समग्रवाची माप' का निर्धारण करना। समूहन से पूर्व पहचान आवश्यक होती है। पहचान का सर्वाधिक माध्यम किन्हीं मूलभूत या न्यूनतम आवश्यकताओं का निर्धारण रहता है। इन न्यूनतम आवश्यकताओं की प्राप्ति में विफलता ही ग़रीबी की कसौटी होती है। हमने यह भी कहा था कि इन 'मूलभूत' आवश्यकताओं के निर्धारण में सापेक्ष अभाव सहायक होता है, पर केवल सापेक्ष अभाव को ही आधार बनाने का प्रयास सदैव असफल रहता है, क्योंकि ग़रीबी की अवधारणा का अन्तिम निर्धारक तत्व परम अभाव ही होता है। पिछले अध्याय के व्यापक परिप्रेक्ष्य में ही हम इस अध्याय में कुछ और विस्तृत एवं तकनीकी मुद्दों पर चर्चा कर रहे हैं। उसी के बाद 'पहचान' से आगे बढ़कर 'समूहन' पर ध्यान देंगे।

प्रश्न उठता है : ग़रीबी की पहचान कराने वाली मूलभूत आवश्यकताओं को वस्तुओं द्वारा बेहतर अभिव्यक्ति मिल पाती है अथवा विशेषताओं से ? गेहूँ, चावल, आलू आदि वस्तुएँ हैं तो कैलोरी, विटामिन, प्रोटीन आदि उपभोक्ता की वांछित वस्तुओं की विशेषताएँ हैं। यदि एक विशेषता एक ही वस्तु से प्राप्त हो पाती तो विशेषता-आवश्यकताओं को वस्तुओं की आवश्यकता में सहज ही रूपान्तरित किया जा सकता। पर सामान्यतः ऐसा नहीं हो पाता। अतः विशेषता-आवश्यकताओं से वस्तु-आवश्यकताओं का निश्चय नहीं हो पाता। जीवित रहने के लिए गेहूँ या चावल नहीं, कैलोरियाँ ही आवश्यक होती हैं।

विशेषता अथवा गुणों की आवश्यकता का स्थान वस्तुओं से पहले ही होता है और उन्हें वस्तुओं की माँग में रूपान्तरित कर पाना किन्हीं विशेष दशाओं में ही

सम्भव हो पाता है। इन गुणों के स्रोतों की बहुलता हर समय सम्भव नहीं होती। कैलोरी तथा प्रोटीन के अनेक वैकल्पिक स्रोत हो सकते हैं, पर सिर के ऊपर छाया या आवरण के स्रोत तो सीमित ही रहते हैं। इसी प्रकार सिद्धान्त रूप से विकल्प सम्भव होते हुए भी साक्षरता का प्रमुख स्रोत प्राथमिक शिक्षा ही रहती है। कई बार विशेषतागुणों से वस्तुओं की पहचान कर पाना सरल भी हो जाता है। इसी कारण आधारभूत या न्यूनतम आवश्यकता का स्वरूप मिश्रित (Hybrid) रहता है। इसमें कैलोरी और प्रोटीन जैसे विशेष्यगुणों के साथ-साथ आवास, पाठशालाएँ, अस्पताल में बिस्तर आदि 'वस्तुएँ' भी सम्मिलित रहती हैं। यद्यपि कुछ 'विशुद्धतावादी' अध्येता इस प्रकार के मिले-जुले प्रबन्ध से बहुत खुश नहीं होते किन्तु इसके प्रयोग से कोई हानि भी नहीं होती। यही नहीं, विश्लेषण में (धन एवं परिश्रम की) काफ़ी बचत या सुविधा भी हो जाती है।

एक अन्य बहुत दिलचस्प स्थिति तब पैदा होती है जब किसी गुण की प्राप्ति अनेक वस्तुओं से सम्भव हो परन्तु समाज की अभिरुचियों के कारण वहाँ एक ही वस्तु के प्रयोग पर आग्रह रहता हो। जैसे चावल-आहारी व्यक्ति सहज ही कैलोरी या कार्बोहाइड्रेट के किसी अन्य स्रोत को स्वीकार नहीं करते। यहाँ हम इस गुणविशेष को 'चावल से कैलोरी' के रूप में परिभाषित कर उपभोक्ता की इच्छा का 'सम्मान' कर सकते हैं। यह कुछ हेराफेरी जैसी तो है, पर विश्लेषण के तकाज़े इससे पूरे हो जाते हैं। इसका एक अन्य तरीका यह भी है : समाज को कैलोरियों की आवश्यकता है और वह चावलों को इनका एकमात्र व्यावहारिक स्रोत मानता है। यद्यपि इन संकल्पनात्मक भेदों का कोई विशेष व्यावहारिक महत्व अभी दिखाई नहीं पड़ता किन्तु नीति-निर्धारण में अभिरुचियों के आयाम की दृष्टि से यह बहुत महत्वपूर्ण हो जाता है।

व्यावहारिक आहार सम्बन्धी रूढ़ विचारों के परिमार्जन में ज्ञान-संग्रह के माध्यम से पोषण आयोजन में बहुत सहायता मिल सकती है। यह ज्ञान-संग्रह पोषण-विषयक जानकारी और एक बार दुराग्रह त्याग किसी चीज़ का स्वाद जानने का रूप भी ले सकता है। फिर यह कह पाना कठिन होगा : "मैंने इस चीज़ को कभी चखा ही नहीं, क्योंकि मुझे इसका स्वाद अच्छा नहीं लगता।"

यद्यपि लोगों का आहार-व्यवहार अपरिवर्तनीय नहीं होता, फिर भी उसमें बहुत 'स्थायित्व' देखा गया है। विभिन्न समाजों की ग़रीबी में गुणविशेषों एवं वस्तुओं के आधार पर ग़रीबी की तुलनाएँ बहुत ही अलग-अलग परिणाम दे सकती हैं। भारत के ही विभिन्न राज्यों के ग्रामीणों के बीच जब वस्तुओं पर अधिकार की अपेक्षा कैलोरी-प्रोटीन पर अधिकार के आधार पर तुलना होती है तो परिणामों और निष्कर्षों में बहुत बदलाव आ जाते हैं। यह सत्य है कि विशेषगुण आदि ही मूलभूत आवश्यकताओं के उचित मानदंड हो सकते हैं परन्तु, अभिरुचियों की 'स्थिरता' के

कारण इन आवश्यकताओं की वस्तुओं में परिणति केवल कीमतों में ही नहीं, लोगों की अभिरुचियों पर भी आश्रित हो जाती है। अतः 'पहचान' प्रयास की 'सम्पूर्णता' के लिए इस आयाम पर ध्यान देना आवश्यक है। इसी प्रश्न पर और आगे विचार किया गया है।

प्रत्यक्ष विधि बनाम आय विधि

किन्हीं मूलभूत आवश्यकताओं के आधार पर ग़रीबों की पहचान कम-से-कम दो तरीकों से हो सकती है। हम उन सभी लोगों के समूह को जानने का प्रयास कर सकते हैं जिनके वास्तविक उपभोग में उन आवश्यकताओं में से कोई-न-कोई अपूर्ण रह जाती हो। इसे ही प्रत्यक्ष विधि (Direct Method) कहा जाता है। यहाँ किसी प्रकार से भी 'आय' का प्रयोग नहीं हुआ है, ग़रीबी की रेखा से जुड़े आय स्तर का हवाला तो कदापि नहीं दिया गया है। इसके विपरीत दूसरी विधि में पहले उस आय स्तर का आकलन किया जाता है जिस पर सभी न्यूनतम आवश्यकताएँ पूरी हो सकती हों। फिर उन लोगों की गणना होती है जिनकी आय इस 'ग़रीबी रेखा' से नीचे रह जाती हो। यही आय विधि (Income Method) है।

प्रत्यक्ष विधि निश्चित रूप से आय विधि से श्रेष्ठ है। इसमें व्यक्तियों के उपयोग व्यवहार के विषय में किसी प्रकार की मान्यताएँ नहीं बनाई जातीं। अतः उनके असत्य सिद्ध होने की सम्भावना भी नहीं रहती। वस्तुतः आय विधि एक 'द्वितीय श्रेष्ठ विकल्प' (The Second Best) ही है। इसकी मध्यस्थता तभी स्वीकार्य होनी चाहिए जब प्रत्यक्ष जानकारी प्राप्त करना सम्भव नहीं हो।

इस विचार के पक्ष में अनेक तर्क दिए जा सकते हैं और आय विधि को प्रत्यक्ष विधि के परिणामों का 'अनुमान' (Approximation) भी माना जा सकता है। इन दोनों विधियों में केवल यही भेद नहीं है। आय विधि को व्यक्तियों की स्वभावगत विचित्रताओं को, अभाव पर आश्रित ग़रीबी की संकल्पना से छेड़छाड़ किए बिना ही विश्लेषण में शामिल करने का माध्यम माना जा सकता है। महँगी कीलों के बिस्तर पर 'आराम' करने वाले साधु को प्रत्यक्ष विधि तो ग़रीबों की श्रेणी में पहुँचा देगी, किन्तु उस समुदाय की आय पोषण आवश्यकताओं को भली प्रकार पूरा कर सकती है। अतः आय किसी व्यक्ति के वास्तविक उपभोग का एक मोटा-सा अनुमान ही नहीं, उसकी न्यूनतम आवश्यकता पूर्ति की क्षमता का परिचायक भी है (यह बात और है कि व्यक्ति उस क्षमता का प्रयोग करता है या नहीं)।

यहीं पर एक विभाजन रेखा खींचने की कठिनाई पैदा हो जाती है। यदि हम अभिरुचियों को भूल कर केवल न्यूनतम आवश्यकता पूर्ति की क्षमता पर ही ध्यान दें तो न्यूनतम लागत निर्धारण करने की गणितीय प्रोग्रामन समस्या के हल के बाद यह देख सकते हैं कि किन व्यक्तियों की आय उस न्यूनतम लागत से कम रह जाती

है। ये न्यूनतम-लागत-आहार बहुत ही सस्ते पर अत्यंत नीरस होते हैं तथा इन्हें लोग सहज ही स्वीकार नहीं कर पाते। पंजाब में इन्दिरा राजरामन के ग़रीबी निर्मूलन कार्यक्रम के अंतर्गत 1974 में पंजाबियों को काले चने खिलाने का प्रयास हुआ था। उन्होंने किन्हीं बाधाओं (Constraints) के रूप में स्वाद आदि को भी शामिल करने का प्रयास किया था पर उनकी व्यापकता और गम्भीरता को लेकर सन्देह ही बना रहता है। बहुत चरम सीमा पर ही ये बाधाएँ सारे उपभोग का स्वरूप निर्धारित कर पाती हैं।

फिर भी मेरा मत है कि सारे समुदायव्यापी अभिरुचि की बाधाओं और व्यक्तिगत विचित्रताओं में कुछ सैद्धान्तिक अन्तर अवश्य है। यदि सामाजिक व्यवहार के आधार पर ग़रीबी-आय स्तर का निर्धारण हो तो कीलों की शय्या पर रह व्रत कर रहे एक संपन्न व्यक्ति को निश्चित रूप से ग़रीब नहीं माना जाएगा। अतः आय विधि में प्रत्यक्ष-विधि के अनुमान लगाने के अतिरिक्त अपने भी कुछ-न-कुछ गुण अवश्य हैं।

प्रत्यक्ष और आय विधियाँ ग़रीबी के मापन की दो वैकल्पिक विधियाँ नहीं हैं, ये वास्तव में ग़रीबी की दो वैकल्पिक संकल्पनाएँ बन जाती हैं। प्रत्यक्ष विधि उन लोगों की पहचान कराती है जो न्यूनतम उपभोग कर पाने में विफल रहते हैं। दूसरी ओर, आय विधि उन लोगों से साक्षात्कार कराती है जिनमें सामाजिक व्यवहार की सीमा में रहते हुए उन न्यूनतम आवश्यकताओं की पूर्ति की क्षमता नहीं होती। दोनों ही संकल्पनाएँ अपने-अपने ढंग से उपयोगी हैं। दूसरी संकल्पना समाज के व्यवहार प्रतिमान पर आधारित होने के कारण कुछ रूखी-सी प्रतीत होती है; पर इसमें कुछ अधिक परिमार्जित होने का गुण भी है क्योंकि यह केवल वस्तुओं आदि के चयन से कहीं आगे बढ़कर व्यक्ति की क्षमता या योग्यता का आकलन करने का प्रयास भी करती है। इस विधि के अनुसार वही व्यक्ति ग़रीब होगा जो सामाजिक परम्परानुसार न्यूनतम आवश्यकता पूर्ति के लिए पर्याप्त आय नहीं कमा पाता।

आय-विधि हमें ग़रीबी रेखा से अंतर का 'माप' भी प्रदान करती है। यह माप वास्तविक आय और ग़रीबी रेखा आय का अन्तर ही है। प्रत्यक्ष विधि में हमें केवल प्रत्येक प्रकार की आवश्यकता पूर्ति में कमी का पता चल पाता है किन्तु आय विधि के अनुसार ग़रीबी की पहचान कुछ मान्यताओं से बंध भी जाती है। एक तो व्यक्तियों के उपभोग स्वरूप में व्यापक अन्तर होने पर न्यूनतम आवश्यकता पूर्ति के लिए ज़रूरी आय के स्तर का निर्धारण कठिन हो जाता है। एक समान उपभोग तथा परम्पराओं के बावजूद यदि समाज के विभिन्न समूहों को अलग-अलग कीमतों पर अपनी आवश्यक चीज़ें खरीदनी पड़ें तो भी ग़रीबी रेखा पृथक्-पृथक् समूहों की अपनी-अपनी ग़रीबी रेखा बन जाएगी, उसका स्वरूप समाजव्यापी नहीं रहेगा। ये वास्तविक कठिनाइयाँ हैं, इनसे मुँह नहीं मोड़ा जा सकता। यह ठीक है कि समाज-व्यापी ग़रीबी रेखा का विचार भी वास्तविकताओं को कुछ विकृत कर देता है–पर

इस बिकृति का अनुमान लगाना और इस कारण ग़रीबी के माप का जिन उद्देश्यों के लिए प्रयोग होना है, उन पर प्रभाव बहुत स्पष्ट नहीं होते।

परिवार का आकार और वयस्क-सम सदस्य संख्या

कठिनाई का एक कारण यह भी है कि सामान्यतः उपभोग व्यवहार की प्राकृतिक इकाई व्यक्ति नहीं परिवार होता है। विभिन्न आकारों वाले परिवारों की न्यूनतम आवश्यकताओं के लिए जरूरी आय के आकलन के लिए परिवार और व्यक्तिगत आय के बीच तारतम्य स्थापित करना आवश्यक है। अतः पारिवारिक आय को सदस्य संख्या से भाग दे दिया जाता है। पर इससे अनेक वस्तुओं के उपभोग में आई पैमाने की मितव्ययिताओं (Economics of scale) की अनदेखी हो जाती है। दूसरे, बच्चों की आवश्यकताएँ वयस्कों से बहुत अलग होती हैं। इन्हीं के कारण ग़रीबी के मापन एवं सामाजिक सुरक्षा प्रावधान निर्धारण में किसी-न-किसी समतुल्यता पैमाने का प्रयोग कर परिवारों के सदस्यों की वयस्क-सम इकाईयाँ ज्ञात की जाती हैं। कई बार परिवारों को ही उपभोग की दृष्टि से सम-परिवार (Equivalent Households) के रूप में परिभाषित किया जा सकता है।

इन सभी पुनः परिभाषाओं में बहुत मनमानी हो जाती है। व्यक्तियों के वास्तविक उपभोग के स्वरूप पर बहुत कुछ निर्भर है और यह स्वरूप परिवारों एवं उनके सदस्यों की आयु के अनुसार विभाजन आदि पर निर्भर रहता है। बच्चों की न्यूनतम आवश्यकताओं और सदस्य संख्या व आयु संरचनानुसार विभेदों के कारण परिवारों के उपभोग व्यवहार का अध्ययन बहुत ही जटिल है एवं इसकी आंकड़ों के आधार पर व्याख्या भी आवश्यक है। यही नहीं, परिवार के भीतर भी बँटवारे में भारी विषमताएँ होती हैं, जिनके बारे में अभी पर्याप्त विचार ही नहीं हुआ है।

आवश्यकताओं की समतुल्यता के आधार भी अलग-अलग हो सकते हैं। एक तरीका तो यह है कि प्रत्येक आय वर्ग की पोषण आवश्यकताओं का आकलन कर उनकी लागत का अनुपात निकाला जा सकता है। यहाँ सामान्य उपभोक्ता व्यवहार अपरिवर्तित ही रहता है। इस विधि की स्वीकार्यता पोषण मानकों की वैधता और इस मान्यता पर आधारित है कि परिवार में सभी सदस्यों की आवश्यकताओं के प्रति एक जैसी सजगता बरती जाती है। यह विचार भी पैमाने की मितव्ययिताओं की अनदेखी करता है—हालाँकि ये मितव्ययिताएँ भोजन को लेकर भी हो सकती हैं।

दूसरी विधि में समतुल्यन के प्रति व्यक्तियों का अपना दृष्टिकोण जानने का प्रयास होता है। यह पूछा जा सकता है कि परिवार का आकार बढ़ने पर पुराना उपभोग स्तर बनाए रखने के लिए उन्हें कितनी और आय की आवश्यकता होगी। इस प्रकार की विधि का प्रयोग करने वाले आंकड़ों के अध्ययनों के निष्कर्ष भी बहुत नियमित एवं तर्क-आश्रित रहे हैं।

तीसरी विधि में अलग-अलग आकार के परिवारों के वास्तविक उपभोग व्यवहार का अध्ययन कर उसके आधार पर किसी योगक्षेम के सूचक का निर्धारण किया जाता है। अलग आकार के दो परिवारों की 'समतुल्य' आय में से आहार पर ख़र्च-अनुपात को ग़रीबी का सूचक माना जा सकता है (यदि वे उसी अनुपात में आहार पर ख़र्च करते हों)।

समतुल्यता का पैमाना कुछ भी रहे, परिवारों के आकार के उचित भार के निर्धारण की समस्या तो रहती ही है। यहाँ तीन विकल्प रहते हैं : (1) सभी परिवारों को, आकार की अनदेखी कर, समान भार प्रदान करना, (2) परिवार के आकार को भूल कर सभी लोगों को समान भार देना तथा (3) प्रत्येक परिवार को उसके वयस्क-सम सदस्य संख्या के समान भार देना।

पहली विधि तो प्रत्यक्षतः अस्वीकार्य होगी क्योंकि बड़े परिवार की ग़रीबी और कष्ट भी अधिक भारी होते ही हैं। तीसरा विकल्प बड़ा आकर्षक प्रतीत होता है, पर मेरा विचार है कि यह एक विभ्रम पर आधारित है। 'समतुल्य वयस्क' का पैमाना उन परिवर्तन अंकों का निर्धारण करता है जोकि व्यक्तियों की क्षेम के सूचक हैं—पर ग़रीबी की तुलना में तो हम उनके कष्टों या दुर्दशा का आकलन चाहते हैं—किसी समतुल्य अंक का निर्धारण नहीं। यदि दो जनों का निर्वाह उतने में ही हो जाए जितना डेढ़ जनों के लिए पर्याप्त हो और अगर तीन लोग दो जनों जितनी ही लागत पर निर्वाह कर सकते हों तो इन तथ्यों का दो और तीन सदस्यीय परिवारों के सापेक्ष क्षेम स्तरों की तुलना में अवश्य प्रयोग होना चाहिए। किन्तु एक-सी दुर्दशाजनक परिस्थितियों में फँसे दो-सदस्यीय परिवार की दुर्दशा का महत्व तीन-सदस्यीय परिवार से कम करके आंकने का अर्थ समझ नहीं आता। अतः दूसरी विधि का प्रयोग करने का अच्छा आधार हो सकता है। अगर इसमें प्रत्येक व्यक्ति के क्षेम या ग़रीबी का समतुल्य स्तर उनके परिवारों की सदस्य संख्या और आयु संरचना के आधार पर तय कर लिया ज़ाए।

ग़रीबी के अन्तराल एवं सापेक्ष अभाव

ग़रीबी रेखा आय और किसी व्यक्ति की आय के अन्तर को उसका 'आय अन्तर' कहा जा सकता है। ग़रीबी के समग्र आकलन में इन आय अन्तरों का लेखा-जोखा भी होना चाहिए। क्या किसी व्यक्ति अन्तर का अन्य लोगों की अपेक्षा बहुत ज़्यादा होने का भी कुछ महत्व होगा ? यह कहा जा सकता है कि किसी की ग़रीबी अन्य लोगों की ग़रीबी से स्वतंत्र नहीं होती। यदि उसकी आय ग़रीबी रेखा से उतनी ही कम रहे पर अन्य लोगों की यह कमी घट जाए तो वह व्यक्ति अधिक ग़रीब माना जाएगा। अतः ग़रीबी के परिमाण का आकलन तो (ग़रीबी रेखा के निर्धारण के बाद भी) परम एवं सापेक्ष अभावों के जानकारी के मिलान द्वारा ही हो पाएगा !

सापेक्ष अभाव को एक और दृष्टि से भी देखा जा सकता है। एक ग़रीब की आय में से एक रुपया किसी दूसरे ग़रीब को, जो ग़रीबी रेखा से कम दूरी पर हो, देने का क्या प्रभाव होगा ? पहले व्यक्ति का परम अभाव जितना बढ़ेगा उतनी ही कमी दूसरे के अभाव में आएगी (किन्तु उनके सापेक्ष अभाव अब अधिक हो जाएँगे)। क्या यह कहा जा सकता है कि समग्र ग़रीबी पर कोई प्रभाव नहीं पड़ा ? यहाँ आय की ह्रासमान सीमान्त उपयोगिता का सहारा लेकर यह भी कहा जा सकता है कि दूसरे व्यक्ति का उपयोगिता लाभ पहले की उपयोगिता की हानि से कम रह जाता है। पर इस प्रकार की उपयोगिता तुलना में निहित सैद्धान्तिक एवं व्यावहारिक कठिनाइयाँ तो पहले से ही जग-ज़ाहिर हैं। पर क्या इस उपयोगिता तुलना के अभाव में हम यह कह पाएँगे कि समाज में समग्रवाची ग़रीबी बढ़ी है ? मेरा तर्क है कि हाँ, और वास्तव में इस तरह के हस्तांतरण से ग़रीबी की समस्या और गहन हो जाती है।

पहला व्यक्ति दूसरे की तुलना में अधिक अभावग्रस्त है। उनके बीच में अनेक अन्य अभावग्रस्त व्यक्ति और भी हो सकते हैं। पहले से एक रुपया दूसरे को देने का अर्थ है अधिक अभाव की वृद्धि एवं कम अभाव में कमी। अतः समग्र रूप से तो सांझे सापेक्ष अभाव में वृद्धि ही होगी।[1] यह वृद्धि किसी भी तरह से समझी जा सकती है चाहे हम परम अभाव को आय की इकाईयों में मापें या उपयोगिता की—इससे कोई फ़र्क नहीं पड़ता। अतः हमें किसी हस्तान्तरण के कारण सापेक्ष अभाव के स्तर में वृद्धि के आकलन के लिए व्यक्तिशः तुलना के योग्य आकलनीय उपयोगिता (Interpersonal Comparable Utility or Welfare) या क्षेम के पैमाने की आवश्यकता ही नहीं होती।

समूहन करते समय हमें परम अभाव का सापेक्ष अभावों द्वारा पृष्ठपोषण करना पड़ सकता है। इस विषय से पूर्व आइए, ग़रीबी के विभिन्न मापकों और उनकी कुछ त्रुटियों पर भी विचार कर लें।

ग़रीबी के मानक मापकों की समालोचना

समग्र ग़रीबी का सर्वाधिक प्रचलित माप व्यक्ति गणना अनुपात (Head Count Ratio) H रहा है। यह जनसंख्या में ग़रीबों की संख्या का अनुपात होता है। यदि q ग़रीब माने गए व्यक्ति हो और कुल जनसंख्या n हो तो फिर H का मान $q/$

1. किन्तु यदि इस हस्तान्तरण के कारण दूसरा व्यक्ति ग़रीबी की रेखा से ऊपर चला जाए तो निश्चित रूप से ग़रीबी एक बड़े सूचक पर बहुत गहरा प्रभाव पड़ेगा। इस उदाहरण से ग़रीबी रेखा की अवधारणा में निहित स्वेच्छाचारिता भी झलकती है। वैसे हमारा मुख्य विश्लेषण इस मान्यता पर ही आधारित है कि हस्तांतरण से लाभान्वित व्यक्ति ग़रीबी रेखा पर नहीं करता।

n ही होगा।

जब से ग़रीबी का संख्यात्मक अध्ययन शुरू हुआ है, तभी से इस मापन का प्रत्यक्ष या परोक्ष रूप से प्रयोग होता रहा है। अभी-भी ग़रीबी उन्मूलन कार्यक्रमों के सांख्यिकीय आधार के रूप में इसकी बहुत प्रतिष्ठा है। इसका कालान्तरीय (Inter-temporal) और अंतर्राष्ट्रीय तुलना के लिए भी व्यापक रूप से प्रयोग हुआ है।

दूसरा बहुत प्रचलित मापक 'ग़रीबी अन्तराल' (Poverty Gap) का रहा है। यह सभी ग़रीबों की आय का निर्धारित ग़रीबी रेखा से अन्तर है। इसे ग़रीबों की आय के ग़रीबी रेखा से प्रतिशत अन्तर का रूप देकर मापन की इकाईयों से मुक्त किया जा सकता है। इसे ही 'आय अन्तराल अनुपात' (Income Gap Ratio) का नाम दिया जाता है। इसे अक्षर I से निरूपित करते हैं।

यह अनुपात I ग़रीबों के समूह में आय के हस्तान्तरणों के प्रति तब तक पूर्णतः असंवेदनशील होता है जब तक कि कोई ग़रीबी रेखा को पार न कर जाए। इसका ग़रीबों की संख्या के पूर्ण जनसंख्या से अनुपात से भी कोई सरोकार नहीं– बस, आय में रह गई कमी से मतलब होता है। ये इसकी कुछ त्रुटियाँ हैं।

व्यक्ति-गणना H भी ग़रीबी की रेखा से नीचे की संख्या के प्रति संवेदनशील होती है। वस्तुतः यही एकमात्र बात है जिसके प्रति यह अनुपात संवेदनशील होता है। किन्तु H भी इस बात पर बिलकुल ध्यान नहीं देता कि ये ग़रीब निर्धारित ग़रीबी रेखा से कितने नीचे हैं। इसकी दृष्टि से तो रेखा से ज़रा से नीचे और अत्यंत ही कष्टसाध्य जीवन-यापन को विवश लोगों में कोई अन्तर नहीं होता।

दूसरे, किसी अधिक ग़रीब से अपेक्षाकृत समृद्ध ग़रीब को आय का हस्तांतरण भी इस अनुपात को अप्रभावित ही छोड़ देता है। ऐसी दशा में हमें सहज ही अनुपात में विकृति का बोध होगा। पर यहाँ तो जो और ग़रीब हो गया वह तथा जिसकी हालत कुछ सुधर गई है, दोनों ही ग़रीब मात्र रहते हैं। इस हस्तान्तरण से लाभान्वित व्यक्ति ग़रीबी रेखा के नीचे तो जा नहीं रहा—वह तो पहले ही नीचे है। यदि वह रेखा से ऊपर था तो कुछ और ऊपर हो जाता है। अतः H का मान अप्रभावित रहता है। यदि वह व्यक्ति ग़रीबी रेखा से ऊपर पहुँच जाए तब H का मान कम हो जाएगा। अतः एक ग़रीब से अमीर को हस्तान्तरण का इस प्रकार ग़रीबी अनुपात में अभिलक्षित होना, इस मापक की 'विकृति' का ही प्रमाण होगा।

इस प्रकार हमारे पास इन मानक ग़रीबी मापों को अस्वीकार करने के लिए पर्याप्त आधार हैं। कई बार तो H अनुपात को बड़े विचित्र ढंग से परोक्ष समर्थन मिला है : 'राष्ट्र की प्रगति का सबसे अच्छा मान होगा ग़रीबी अनुपात में कमी'। यहाँ इस कथन की भावना का तो हम सम्मान करते हैं पर ग़रीबी के अनुमान को H अनुपात से बाँधने से पूरी तरह असहमत ही रहते हैं।

आइए, अब इन ग़रीबी मापकों को मिलाकर देखें। H आय की कमी के स्तर

को नज़रअन्दाज़ करता है तो I में संख्या पर ध्यान नहीं दिया जाता। यदि दोनों को किसी तरह मिला दिया जाए तो क्या ये त्रुटियाँ दूर हो पाएँगी ? नहीं, एक ग़रीब से दूसरे का, आय के हस्तांतरण से यदि दूसरा व्यक्ति आय रेखा से ऊपर नहीं पहुँचता, तो ये दोनों ही मान अप्रभावित रहते हैं। अतः इनका कोई संयोजन भी इस प्रकार के हस्तान्तरण को परिलक्षित नहीं करेगा—हालाँकि सापेक्ष अभाव के रूप में ग़रीबी निश्चित रूप से अधिक गहन हो जाती है।

केवल एक विशेष दशा में H तथा I का संयोजन पर्याप्त हो सकता है। यद्यपि H आय की कमी के स्तर तथा I ग़रीबों की संख्या के प्रति संवेदनहीन हैं किन्तु इनका संयोजन तो केवल आय के वितरण के प्रति संवेदनहीनता का दोषी होगा। यदि सभी ग़रीबों की आय का स्तर एक जैसा हो तो उस विशेष अवस्था में इनका संयोजन बहुत ही कारगर सिद्ध हो सकता है। फिर हमारे उल्लिखित हस्तान्तरण जैसी घटनाएँ सिद्धान्त के कार्यक्षेत्र से स्वतः ही बाहर हो जाएँगी।

सभी ग़रीबों की समान आय की विशेष अवस्था के विषय में विचार इस कारण नहीं किया जा रहा कि ऐसी अवस्था के होने की कोई बहुत सम्भावना नहीं होती है। हमारा उद्देश्य तो केवल यह समझना था कि यदि सापेक्ष अभाव की स्थिति नहीं हो (केवल परम अभाव ही हो) तो किस प्रकार विश्लेषण उचित होगा। अतः ग़रीबों के बीच वितरण की समस्या नहीं होने पर ग़रीबी के माप P को जिन शर्तों पर पूरा उतरना ही चाहिए, उनके निरूपण में उपर्युक्त विश्लेषण सहायक हो सकता है। यह एक शर्त का निर्धारण तो कर ही देता है।

ग़रीबी के माप और उसके प्रकारान्तरों की स्वयंसिद्ध व्युत्पत्ति

ग़रीबी के माप P को सभी ग़रीब व्यक्तियों की आयों में ग़रीबी रेखा की तुलना में रही कमी का भारित योग होना चाहिए। ये भार अनेक समंको पर आश्रित हो सकते हैं। यदि ग़रीबी का माप ग़रीबों की दुर्दशा के कारण हुई उपयोगिता हानि पर निर्भर होना हो तो हम अपने पूर्व-परिचित उपयोगिता विश्लेषण का सहारा ले सकते हैं। यदि यह भी मान लिया जाए कि प्रत्येक व्यक्ति की उपयोगिता उसकी अपनी आय पर ही निर्भर करती है तो सभी व्यक्तियों के आय अन्तरों के भार उनकी अपनी आय के स्तरों पर निर्भर होंगे, अन्य व्यक्तियों के आय स्तरों पर नहीं। इससे हमारी संरचना में वियोज्यता (Separableness) आ जाएगी। फिर तो समग्र ग़रीबी में प्रत्येक व्यक्ति के अंश का निर्धारण अन्य व्यक्तियों की दशा को नज़र-अन्दाज़ करते हुए भी हो जाएगा। किन्तु इस परम्परागत उपयोगितावादी प्रतिमान में सापेक्ष अभाव, जिसका ग़रीबी की संकल्पना में बहुत महत्वपूर्ण स्थान है, की पूरी तरह से अनदेखी भी हो जाएगी। फिर इसमें उपयोगिता के गणन संख्यात्मक स्वरूप से जुड़ी हानि-लाभ की तुलनाओं की समस्याएँ भी आती हैं। इन सभी समस्याओं को भूल

भी जाएँ तो इतने अधिक लोगों के लिए एक जैसी उपयोगिता फलन, जो सभी आवश्यक शर्तो, ह्रासमान सीमान्त उपयोगिता (Diminishing marginal utility) पर खरी उतरे, पर सहमति सहज नहीं होती।

इन सब में उलझने से कहीं बेहतर सापेक्ष अभावों पर ही ध्यान देना हो सकता है। मान लीजिए कि i व्यक्ति का ग़रीबों के समुदाय में घटती हुई आय क्रम में स्थिति क्रमांक *r (i)* है। यदि *r (i) = 12* तो यह व्यक्ति ग़रीबी क्रम में 12वें स्थान पर होगा। यदि अनेक व्यक्तियों की आय एक समान हो तो उन्हें किसी भी तरह से सम्पूर्ण क्रमिकता में कम स्तर के क्रमांक अपनी इच्छानुसार दिए जा सकते हैं, बस, ग़रीबी के माप का इस वर्ग की क्रमिकता निर्धारण पर कोई प्रभाव नहीं पड़ना चाहिए। अतः सबसे ग़रीब व्यक्ति का क्रमांक *q* सबसे बड़ा होगा (यदि ग़रीबी रेखा से नीचे *q* व्यक्ति हों)। सबसे कम ग़रीब का क्रमांक *1* होगा। अतः अधिक क्रमांक अधिक सापेक्ष अभाव का परिचायक होगा। अतः सापेक्ष अभाव की विशेषता को समाहित करने वाले ग़रीबी माप में व्यक्तियों की आय अन्तराल के भार उनके क्रमिकता अंक *r (i)* के साथ-साथ बढ़ने चाहिए।

इसी का एक अत्यन्त सरल-सा तरीका उन भारों को क्रमिकतांक *r (i)* के समान रखना हो सकता है। यहाँ सभी भार सम-अन्तरित (Equidistant) भी हो जाएँगे। ऐसा करना बोर्डा (Borda) की क्रमिकतांक मतदान पद्धति के अनुरूप भी होगा। यद्यपि यह सरलीकरण बहुत मनमाना-सा लगता है पर इसमें सापेक्ष अभाव को बहुत सरल और सीधे से शामिल किया जाता है, किसी तरह के घुमाव-फिराव की कोई झलक नहीं रहती।

यह क्रमित सापेक्ष अभाव सूक्ति (Ranked Relative Deprivation Axiom) अर्थात् R-सूक्ति ग़रीबों के बीच आय के बँटवारे पर आधारित है और इसे व्यक्ति-गणना अनुपात *H* तथा आय अन्तराल *I* से भी जोड़ा जा सकता है—यदि ग़रीबी रेखा से नीचे सभी की आय एक समान हो। अतः *H* ग़रीबी रेखा की दृष्टि से ग़रीबों का अनुपात है तथा I उसी रेखा की तुलना में परम आय अभाव का अनुपात दर्शाती है। अतः *H* में अभाव का एक आयाम होता है तो दूसरा आयाम *I* में समाहित है। जहाँ सभी ग़रीब एक से आय स्तर पर हों, वहाँ ये दोनों मिलकर समग्र अभाव के रूप में ग़रीबी के स्तर का अच्छा माप कर सकते हैं। इस तरह से, इस विशेष अवस्था में हम ग़रीबी के माप को *H* तथा *I* का फलन मान उसके विशेष स्वरूप के रूप में इनके गुणनफल का प्रयोग कर सकते हैं। अतः हमारा माप होगा *H.I.*—इसे हम प्रसामान्य परम अभाव (Normalised Absolute Deprivation) सूक्ति या सूक्ति-A का नाम दे सकते हैं।

यदि इन दोनों सूक्तियों का प्रयोग आय अन्तरालों के भारित योग पर किया जाए तो हमें ग़रीबी का एक सटीक माप। *P* प्राप्त हो सकता है। यदि ग़रीबों के

बीच आय का वितरण गिनी गुणांक (Gini coefficient) G द्वारा दिखाया गया हो तो $P = H [I + (1-I) G]$. इस सूक्तियुक्त व्युत्पत्ति की पूरी व्याख्या परिशिष्ट 3 में की गई है। यदि सभी ग़रीबों की आय समान हो तो G शून्य हो जाता है। अतः $P = HI$. यदि औसत ग़रीबी अन्तराल तथा जनसंख्या में ग़रीबों का अनुपात भी स्थिर रहें तो ग़रीबी रेखा से नीचे आय की विषमता बढ़ने पर P भी बढ़ जाएगा। अतः P क्रमशः H, I तथा G तीनों का फलन होगा। यहाँ G सापेक्ष अभाव का परिचायक होगा। क्रमित सापेक्ष अभाव की सूक्ति का यही योगदान है।

इस ग़रीबी मापन-विधि के कई व्यावहारिक प्रयोग हुए हैं तथा इसके कई प्रकारांतर भी विकसित किए गए हैं। उनके बारे में भी हम परिशिष्ट-3 में ही चर्चा करेंगे। सूक्तियुक्त व्युत्पत्ति से P माप की अनेक विशेषताएँ उजागर होती हैं। इसके प्रकारान्तर ग़रीबी की एक ही संकल्पना की अलग-अलग व्याख्याओं पर निर्भर हैं। इन प्रकारान्तरों की बहुलता को शिरोधार्य करना इस विधि की त्रुटि की स्वीकारोक्ति नहीं है। हमने अध्याय-2 में ही कहा था कि बहुलता तो इस संकल्पना का अपरिहार्य गुणविशेष ही है। महत्वपूर्ण बात यही है कि ग़रीबी का समग्रवाची माप अनेक बातों पर निर्भर होता है। वे बातें परम एवं सापेक्ष अभावों के अनेक लक्षणों को समाहित किए रहती हैं। व्यक्ति अनुपात H तथा आय अन्तराल I जैसे साधारणतः प्रयुक्त मापन इन लक्षणों से पूरा न्याय नहीं कर पाते। इसीलिए P जैसे कुछ अधिक जटिल माप की रचना करना आवश्यक हो जाता है जो कि हमारे विचारों में निहित ग़रीबी के सभी आयामों को समाहित कर सके। यदि केवल ग़रीबी रेखा के नीचे के लोगों की आय पर ही दृष्टि डालें तो भी उनके बीच आय के बंटवारे का महत्व बहुत अधिक होता है। हम अगले कुछ अध्यायों में अकाल और भुखमरी के विश्लेषण के सन्दर्भ में इस प्रश्न पर अपने विचार को और आगे बढ़ाएँगे।

4.

भुखमरी और अकाल

अकाल

अकाल में भुखमरी स्वाभाविक होती है, पर प्रत्येक भुखमरी जैसी अवस्था में अकाल नहीं होता। भुखमरी ग़रीबी की ओर भी इंगित करती है किन्तु सदैव ही ग़रीबी का अर्थ भुखमरी भी नहीं होता। आइए, हम ग़रीबी के सामान्य धरातल से आगे बढ़ कर अकाल की विभीषिकापूर्ण मरुभूमि पर कदम रखें !

जैसे हमने अध्याय-2 में बात की थी, ग़रीबी परम अभाव नहीं बल्कि सापेक्ष अभावों की द्योतक भी हो सकती है। भुखमरी के हालात पैदा हुए बिना भी ग़रीबी का अस्तित्व सम्भव हो सकता है—यह ग़रीबी भी बहुत अखरने वाली सिद्ध हो सकती है। जहाँ कहीं भुखमरी की नौबत आ जाए वहाँ तो ग़रीबी की अवस्था की उपस्थिति निर्विवाद ही होती है। सापेक्ष अभाव का दर्शन कुछ भी कहता रहे, भुखमरी तो अति-भयंकर परम अभाव का ही परिणाम है।

संसार के कई भागों में भुखमरी सामान्य-सी बात मानी जाती है किन्तु इस सामान्य भुखमरी और अचानक पड़े भीषण अकालों में भेद समझना बहुत जरूरी है। ईसा पूर्व 436 में हज़ारों रोमवासी सामान्य भुखमरी के कारण टाइबर नदी में नहीं कूद पड़े थे ! सन् 918 में कश्मीर में वितस्ता (झेलम) का जल प्रवाह शवों से सामान्य भुखमरी के कारण नहीं छुप गया था, न ही चीन में 1333-37 के बीच एक ही क्षेत्र में 40 लाख लोगों की मौत इसी कारण हुई थी ! भारत में 1770 में एक करोड़ लोग सामान्य भुखमरी के शिकार नहीं हुए और न ही आयरलैंड की आबादी का 20% 1845-51 के आलू अभाव में केवल सामान्य भुखमरी के शिकार हुए थे, और लगभग इतनी ही आबादी देश से पलायन को भी बाध्य हो गई थी ! यह सब अकाल की परिभाषा में ही आता है। अकाल की परिभाषा से जुड़े साहित्य की भरमार है, पर बाढ़ या अग्निकांड की भाँति अकाल को जानने के लिए किसी विशेष परिभाषा का बंधन आवश्यक नहीं प्रतीत होता।

भुखमरी और अकाल में भेद करते हुए मेरा उद्देश्य बर्नार्ड शॉ के 'मैन एंड सुपरमैन' के आयरिश अमेरिकी पात्र मैलोन (Malone) की भाँति जान-बूझ कर भुखमरी को हानिकर बताना नहीं है। वह प्रसंग कुछ इस प्रकार था–

'मैलोन : मेरे पिता सन् 47 के काले वर्ष में भुखमरी के शिकार हो गए थे। शायद तुमने इस बारे में कुछ सुना हो।
वॉयलेट : वो अकाल ?
मैलोन : नहीं, भुखमरी। जब किसी देश में आहार सामग्री की भरमार हो, वहाँ से उसका निर्यात भी हो रहा हो, तो वहाँ अकाल तो नहीं होगा। फिर भी मेरे पिता भूख से मर गए। भूख के मारे ही मैं अपनी माँ की गोद में अपना देश छोड़ अमेरिका आने को बाध्य हो गया।'

अकालों और सामान्य भुखमरी का इतिहास इसी प्रकार की दिल दहला देने वाली गाथाओं से भरा पड़ा है। ये गाथाएँ हैं मानव की क्रूरता और दुर्भावना की। इस बारे में मैं आगे कुछ और चर्चा करूँगा–किन्तु इस पुस्तक में भुखमरी और अकाल के बीच जो भेद किया गया है, उसका इस क्रूरता एवं दुर्भावना से कोई सम्बन्ध नहीं है। यहाँ तो भुखमरी का सीधा-सा अर्थ है लोगों को पूरा आहार नहीं मिल पाना। अकाल इसी भुखमरी की दशा का वह भयावह रूप है जहाँ लोगों की बड़े पैमाने पर मृत्यु भी होने लगती है। अतः हम इस पुस्तक में तो इन दोनों शब्दों का सामान्य भाषाई अर्थ ही प्रयोग में ला रहे हैं।

समय की कसौटी पर

भुखमरी के विश्लेषण में तीन बातों का स्पष्ट निराकरण आवश्यक है : (1) सामान्य आहार में कमी, (2) आहार की मात्रा में निरन्तर गिरावट, तथा (3) आहार में एकदम भारी गिरावट। अकाल की अवस्था में मुख्यतः तीसरा लक्षण पाया जाता है। इस लक्षण के उभरने से पूर्व पहले दो लक्षण भी दिखाई पड़ सकते हैं।

भारत में इसी शताब्दी में खाद्यान्न की सुलभता को लेकर एस. आर. सेन ने चल-औसत प्रवृत्ति (Moving Average Trend) और न्यूनतम मात्राओं (Minimal Values) के बीच इस द्वैधाभास की ओर ध्यान आकर्षित किया है :

"आंकड़े बताते हैं कि पहले 24 वर्षों में खाद्यान्न उत्पादन में 3.1 प्रतिशत वार्षिक की औसत वृद्धि हुई। किन्तु यदि इन्हीं आंकड़ों की शृंखला के न्यूनतम बिन्दुओं को देखा जाए तो 0.14 प्रतिशत की दर से ह्रास की प्रवृत्ति दिखाई देती है। अर्थात्, यद्यपि खाद्यान्न उत्पादन में वृद्धि की ओर रुझान था, पर उतार-चढ़ाव भी बढ़ते जा

रहे थे। अगले 24 वर्षों की हालत तो और भी विचित्र रही। यद्यपि सूखे कम पड़े, कम गहन रहे, तो भी उत्पादन में 0.02 प्रतिशत दर से गिरावट ही आती रही। पर जहाँ उत्पादन शृंखला के उच्च बिन्दु 0.04 प्रतिशत गिरावट का संकेत दे रहे थे, वहीं निम्न बिन्दुओं ने 0.10 प्रतिशत की दर से सुधार दर्शाया। एक प्रकार से उच्च एवं निम्न बिन्दु एक-दूसरे से मिलने जा रहे थे—अर्थात् उतार-चढ़ाव काफ़ी कम हुए।''

जापान में मेजी शासनकाल और उसके पूर्ववर्ती तोकुगावा काल की तुलना करते हुए कुछ ऐसा ही द्वैधाभास नाकामुरा (Nakamura) ने भी बताया है :

''वास्तव में तोकुगावा और पूर्ववर्ती काल में प्राकृतिक आपदाओं की बहुतायत के कारण बार-बार अकाल और खाद्यान्न की कमी का लोगों के आहार पर दुष्प्रभाव पड़ता रहा। मेजी काल में जापानी लोगों के भोजन में नियमितता अधिक रही किन्तु उपलब्ध परिमाण में गिरावट आई। इस गिरावट का निराकरण खाद्यान्न का आयात आरम्भ होने पर ही सम्भव हो पाया।''

वैसे वृद्धि की प्रवृत्ति के साथ अधिक घट-बढ़ और गिरावट के साथ स्थायित्व की प्रवृत्ति में विशेष आश्चर्य की बात कुछ भी नहीं है। बल्कि सामान्यतः वृद्धि काल में बड़े उतार-चढ़ाव समाप्त होना आवश्यक ही नहीं है। उपलब्ध जानकारी से हमें पता चलता है कि पिछले वर्षों में विश्व के अधिकांश भागों में प्रति व्यक्ति खाद्य उपलब्धता में तो काफी सुधार आए हैं, फिर भी व्यापक भुखमरी भी बहुत बार देखी गई है और अकाल की जोखिम भी अधिक गहरी हुई है। यह समस्या किसी हद तक देश के विभिन्न वर्गों के बीच खाद्यान्न के वितरण से जुड़ी है। पर उत्पादन के समय सोपान का द्वैधभाव—अर्थात् वृद्धिमान प्रवृत्ति के साथ-साथ तीखी गिरावट भी दिखाई पड़ी है। निरन्तर भुखमरी से समाज बेशक बाहर निकल रहा हो, पर फिर भी अकाल जैसे हालात पैदा हो ही जाते हैं।

वर्ष 1972 तो इस द्वैधाभास का विश्वव्यापी उदाहरण रहा है। कॉलिन तुज़ (Colin Tudge) ने इस घटनाक्रम का कुछ इस प्रकार नाटकीय अन्दाज़ में वर्णन किया है :

''1960 के दशक में सामान्यतः अच्छी फ़सलें हुईं। इनमें तीसरे विश्व की हरित क्रांति (जो अमेरिकी बोनी चावल और गेहूँ की प्रजातियों पर आश्रित थी) का बहुत बड़ा योगदान रहा। विश्व की खाद्य समस्या अब कमी की नहीं रही, अब तो खाद्यान्न की अधिकता की समस्या थी। इसका परिणाम रहा कीमतों में कमी और कृषि क्षेत्र में संकुचन। संयुक्त राज्य अमेरिका में बड़े पैमाने पर भूमि पर खेती बन्द होने लगी और कनाडा में भी खाद्यान्न के भण्डार सिमटने लगे। इस समय 1972 में बुरे मौसम के कारण रूस, चीन, भारत, आस्ट्रेलिया तथा साहेल अफ्रीका में (सहारा से दक्षिण के अफ्रीकी देशों में) उत्पादन कम होने के कारण इन देशों ने विश्व बाज़ार में काफ़ी खरीदारी की। रूस इन ख़रीदारों में सबसे आगे रहा, वस्तुतः अन्य देशों

को पता लगे उससे पहले ही उसने काफ़ी अनाज ख़रीद लिया। इस तरह 1974 के मध्य तक ऐसी अवस्था आ गई कि शेष विश्व की जनसंख्या के लिए केवल तीन सप्ताह तक चल सकने वाले खाद्यान्न भण्डार बचे थे। यह बहुत ही चिन्तनीय स्थिति थी।''

इस सारे विश्लेषण में देश भर, यहाँ तक कि विश्व भर के लिए अनाज की उपलब्ध मात्रा पर ध्यान केन्द्रित रहा है। किन्तु किसी भी समाज के समूहविशेष पर भी यही बातें लागू होती हैं। उत्पादन और उपयोग वृद्धि के दौर में भी किसी समूहविशेष की अनाज आदि पा सकने की शक्ति में बहुत कमी आ सकती है। तीन समस्याएं : (1) निरन्तर व्यापक भुखमरी का बने रहना (2) भुखमरी की दशा में और बिगाड़ आना तथा (3) अचानक भयंकर भुखमरी के हालात पैदा होना अलग-अलग तरह की समस्याएँ हैं। ये एक-साथ पैदा हो सकती हैं, पर ऐसा अनिवार्य नहीं है, वस्तुतः सामान्यतः इनकी एक-साथ उत्पत्ति नहीं होती।

समूहों में तुलना

यद्यपि अकालों में भुखमरी काफी फैल जाती है, फिर भी देश के सभी वर्गों और समूहों पर इसका प्रभाव एक जैसा नहीं पड़ता। वस्तुतः ऐसा कोई उदाहरण नहीं है कि किसी अकाल से समाज के सभी वर्ग एक जैसी तरह प्रभावित हुए हों। इसका कारण यही है कि विभिन्न वर्गों की खाद्य भण्डारों पर अधिकार क्षमता में काफ़ी अन्तर होते हैं तथा उत्पादन में कमी आने पर इन अन्तरों का महत्व बहुगुणित हो जाता है।

इस विषय में काफ़ी अटकलबाज़ी चलती रही है कि क्या भारत में 1344-5 में ऐसा अकाल पड़ा था ? कुछ साक्ष्य तो इस अकाल के बहुत व्यापक प्रसार की ओर इंगित करते हैं। 'एनसाइक्लोपीडिया ब्रिटेनिका'[1] तो बड़े अधिकार से इस बात का दावा करता है कि हालात इतने बिगड़ गए थे कि मुग़ल बादशाह भी अपने घर के लिए आवश्यक सामग्री नहीं जुटा पाया। किन्तु इस कथन की असत्यता का प्रमाण इसी बात से मिल जाता है कि भारत में मुग़ल साम्राज्य की स्थापना तो कहीं 1526 में हो पाई थी। उस ज़माने में तो मुहम्मद बिन तुग़लक बादशाह थे। उन्हें घर की जरूरी चीज़ें पाने नें कठिनाई का प्रश्न ही नहीं उठता। वे इतने सम्पन्न थे कि उन्होंने इतिहास में सर्वश्रेष्ठ अकाल सहायता की व्यवस्था की थी—इसमें करों की मुआफ़ी, नकद सहायता का वितरण, राहत केन्द्र खोलना और पका हुआ भोजन बाँटना शामिल था।[2] सुनी-सुनाई बातों को इतिहास मान बैठना वस्तुतः बहुत ही भ्रामक एवं ख़तरनाक होता है। इसी विश्वकोश के एक अन्य खंड में कहा गया है कि ऐथनले (Athenley)

---

1. Encyclopaedia Britannica, Eleventh Edition, 1910-1, Vol. X, p. 167
2. Loveday, A., 1916, *History and Economics of Indian Famines,* London, G. Bell.

से अल्फ्रेड के पलायन को निस्सहाय भगोड़ों की भाँति भागने का नाम केक से जुड़ी एक मूर्खतापूर्ण गप्प के आधार पर दिया गया है। हां, यह सत्य है कि कुछ अकालों का प्रभाव अधिक विस्तृत होता है। सन् 1944 के डच अकाल का प्रभाव भी वहाँ के समाज में बहुत व्यापक रहा था।

समाज के विभिन्न समूहों पर खाद्य पदार्थों की उपलब्धता में कमी के प्रभावों में अन्तरों का महत्व एक अन्य दृष्टि से बहुत अधिक होता है : समाज के कुछ वर्गों को तो कुल मिलाकर अल्प उपलब्धता नहीं होने पर भी बहुत ही अधिक कमी झेलनी पड़ जाती है। इस विचार का कोई आधार नहीं है कि सभी समूहों का खाद्य उपयोग एक ही दिशा में परिवर्तित होना चाहिए, परिवर्तन अनुपात भिन्न हो सकते हैं। अगले अध्यायों में हम देखेंगे कि किन-किन समूहों के उपयोग में बहुत ही तीव्र विपरीत परिवर्तन आते रहे हैं।

5.

अधिकारिता विश्लेषण विधि

सम्पदा एवं विनिमय

भुखमरी एवं अकाल के प्रति अधिकारिता (Entitlement) विश्लेषण विधि लोगों की समाज में सुलभ, वैधानिक तरीकों से, खाद्य-आहार पर नियन्त्रण कर पाने की क्षमता पर केन्द्रित रहती है। इन तरीकों में उत्पादन सम्भावनाओं, व्यापार के अवसरों तथा सरकार के प्रति अधिकारों के प्रयोग आदि सम्मिलित रहते हैं। अतः कोई व्यक्ति तभी भूखा रहेगा जब उसके पास खाद्य पदार्थों पर नियन्त्रण की सामर्थ्य का अभाव हो या वह भूख से बचने की अपनी क्षमता का प्रयोग न करे। अधिकारिता विश्लेषण में हम खाद्य-आहार पर नियन्त्रण सामर्थ्य के अभाव पर ही ध्यान दे रहे हैं। दूसरे, इसमें समाज में विधान-संगत मानी जाने वाली नियन्त्रण विधियों पर ही ध्यान दिया गया है। यद्यपि इस विश्लेषण विधि का स्वरूप बहुत व्यापक है, फिर भी इसमें भुखमरी के सभी कारणों का समावेश नहीं हो पाया है। इन बच रहे कारणों में लूटमार जैसे ग़ैर-वैधानिक कार्य तथा अति रूढ़ खान-पान की आदतों[1] के कारण आई चयन की विफलताएँ भी शामिल हैं।

खाद्य सामग्री का स्वामित्व अत्यन्त प्राचीन सम्पत्ति अधिकार है। प्रत्येक समाज में कुछ-न-कुछ नियम इस अधिकार का स्वरूप निर्धारित करते हैं। अधिकारिता विधि में प्रत्येक व्यक्ति के, खाद्य पदार्थ सहित समस्त वस्तु संयोजनों पर अधिकारों का ही विश्लेषण होता है। अतः इस विधि के अनुसार भुखमरी उसी समय पैदा होती है जबकि किसी व्यक्ति के अधिकार में आ सकने वाले संयोजनों में खाद्य पदार्थों की मात्रा पर्याप्त नहीं रहे।

किसी पूर्णतः निर्देशित अर्थव्यवस्था में व्यक्ति i को सीधे से वही वस्तु संयोजन

---

1. यदि कोई व्यक्ति केवल चावल खाता है, पर चावल की फ़सल पूरी तरह बरबाद होने पर भी वह गेहूँ का प्रयोग नहीं करता तो उसकी भूख चयन की विफलताओं का परिणाम होगी।

मिल जाता है जो उसके लिए नियत किया गया हो। किसी-न-किसी रूप में इस प्रकार नियत संयोजन का आबंटन प्रायः सभी अर्थव्यवस्थाओं में प्रचलित रहता है–जैसे वृद्धावासों या मनोरोगियों के गृहों आदि में। किन्तु सामान्यतः बहुत से संयोजनों में चयन की सम्भावना उपलब्ध होती है। इस प्रकार हम व्यक्ति *i* की अधिकारिताओं के समुच्चय को *Ei* द्वारा अभिव्यक्त कर सकते हैं। *Ei* उन सभी वस्तु संयोजनों का समुच्चय है जिनमें से किसी भी एक को वह व्यक्ति चुन सकता है। निजी स्वामित्व और व्यापार विनिमय[1] व्यवस्था में *Ei* दो प्राचलों (Parameters) पर निर्भर करता है। ये हैं व्यक्ति की संपदा (वह किस संयोजन का मालिक है) तथा विनिमय अधिकारिता का फलनीय निरूपण अर्थात् अपने सम्पदा-संयोजन के विनिमय से वह व्यक्ति किन-किन संयोजनों को पा सकने में समर्थ हो सकता है[2]। उदाहरण के लिए, एक किसान के पास कुछ भूमि, अपना श्रम व थोड़े-बहुत अन्य संसाधन हैं। यही उसकी सम्पदा है। इनके आधार पर वह कुछ खाद्यान्न उत्पादन कर सकता है, जो उसके अपने अधिकार में होंगे। या फिर वह अपने श्रम को बेच कर मज़दूरी पा सकता है। उस राशि से वह अन्न तथा अन्य वस्तुएँ ख़रीद सकता है। या फिर वह नकदी देने वाली फ़सलें उगाकर अपना उत्पादन बेचकर बदले में अन्य वस्तुएँ आदि ख़रीद सकता है। इस प्रकार की अनेक सम्भावनाएँ हो सकती हैं। इस तरह से प्राप्य सभी वस्तु-संयोजनों को हम उस किसान की सम्पत्ति की 'विनिमय अधिकारिता' कहते हैं। इस प्रकार की विनिमय अधिकारिता का फलन विभिन्न सम्पदा-संयोजनों से प्राप्य वैकल्पिक विनिमय अधिकारिताओं का निर्धारण करता है। इस सम्बन्ध का विधिवत् (गणितीय) विश्लेषण परिशिष्ट-1 में किया गया है।

विनिमय अधिकारिता निरूपण या E-निरूपण समाज की कानूनी, राजनैतिक, आर्थिक एवं अन्य सामाजिक विशेषताओं और व्यक्ति के सामाजिक व्यवस्था में स्थान पर निर्भर करता है। परम्परागत अर्थशास्त्र में इसका सामान्यतम उदाहरण सम्पत्ति-संयोजन का बाज़ार में पूर्वनिर्धारित सापेक्ष कीमतों पर उतने ही मूल्य के किसी संयोजन से विनिमय होगा। यहाँ विनिमय अधिकारिता का सहज स्वरूप बजट समुच्चय ही हो जाता है।

उत्पादन का समावेश करने पर E-निरूपण उत्पादन सम्भावनाओं तथा संसाधनों और उत्पादों के व्यापार के अवसरों पर भी निर्भर हो जाता है। इसमें उत्पादन के बँटवारे के कानूनी अधिकार भी शामिल हो जाएँगे। पूँजीवाद में उद्यमी को ही उत्पादन

---

1. यहाँ व्यापार को अन्य व्यक्तियों से विनिमय तथा उत्पादन को प्रकृति से विनिमय का नाम दिया जा सकता है।
2. गणितीय दृष्टि से विनिमय अधिकारिता *Ei* (.) एक सम्पदा सदिश (Vector) **x** को वैकल्पिक वस्तु-संयोजनों के सदिश *Ei* (**x**) में परिवर्तित कर सकता है।

का स्वामी माना जाता है। कई बार तो इन अधिकारों का नियमन करने वाली सामाजिक परम्पराएँ बहुत ही जटिल होती हैं, जैसे, किसान परिवार के गाँव से बाहर चले गए सदस्यों का खेत की उपज में हिस्सा निर्धारण करने के नियम, आदि।

सामाजिक सुरक्षा प्रावधान भी E-निरूपण में अवश्य प्रतिबिम्बित होते हैं। इनमें शामिल होंगे : रोज़गार न मिल पाने पर बेरोज़गारी भत्ता, आय अतिन्यून रह जाने पर सरकार से सहायता प्राप्ति का अधिकार, आदि। इसी तरह रोज़गार गारन्टी भी हैं। समाजवादी व्यवस्था में इसका स्वरूप न्यूनतम कीमत पर अपना श्रम सरकार को बेचने का विकल्प होता है। E-निरूपण करों के प्रावधानों पर भी निर्भर करता है।

मान लो कि वे सभी वस्तु-संयोजनों का समुच्चय जिनमें से प्रत्येक में व्यक्ति i की न्यूनतम आहार आवश्यकताएँ भी पूरी हो जाती हों, Fi है। व्यक्ति i विपरीत अधिकारिता सम्बन्धों के कारण भूखा तभी रहेगा जब कि वह अपनी सम्पदा और विनिमय अधिकारिता के आधार पर समुच्चय Fi के किसी भी सदस्य को पाने का अधिकारी नहीं बन पाता। अतः उसका भुखमरी समुच्चय Si उन सम्पदाओं का समुच्चय होगा जिनके विनिमय अधिकारिता समुच्चयों में कोई भी ऐसे संयोजन नहीं हों जिससे उस व्यक्ति की न्यूनतम आहार आवश्यकताएँ पूरी हो सकें।

भुखमरी एवं अधिकारिता विफलताएं

यदि व्यक्ति i की सम्पदा सिमट कर भुखमरी समुच्चय Si में सीमित हो जाए तो उसे भूखे रहने के अतिरिक्त कोई अन्य चारा नहीं रहता। इस प्रकार सम्पदा सिमटने के दो कारण हो सकते हैं : उसकी सम्पदा के संयोजन में ही कमी आ सकती है। दूसरे, विनिमय अधिकारिता निरूपण में विपरीत परावर्तन भी इसका कारण बन सकता है। खाद्य एवं अखाद्य वस्तुओं के द्विआयामी विशुद्ध विनिमय प्रतिमान में इस भेद को हम चित्र 5.1 की सहायता से भी दर्शा सकते हैं। यहाँ विनिमय अधिकारिता का साधारणतम स्वरूप--स्थिर विनिमय दर ही प्रयुक्त किया गया है। यदि यह कीमत अनुपात p तथा न्यूनतम खाद्य आवश्यकता OA हो तो भुखमरी समुच्चय Si को हम त्रिभुज OAB द्वारा दिखा सकते हैं--क्योंकि इस त्रिभुज के A के अतिरिक्त अन्य किसी भी बिन्दु पर न्यूनतम खाद्य आवश्यकता OA की पूर्ति नहीं हो पाती। यदि व्यक्ति का सम्पदा सदिश (Vector) x हो तो वह भूख से बचा रह सकता है। किन्तु उसकी इस क्षमता में दो प्रकार से कमी आ सकती है : (1) यदि उसकी सम्पदा कम होकर सदिश $\mathbf{x}^*$ पर पहुँच जाए; या फिर (2) कीमत अनुपात परिवर्तित होकर p^* पहुँच जाए। इस नए विनिमय अधिकारिता निरूपण से उसका भुखमरी समुच्चय परिवर्धित होकर त्रिभुज OAC बन जाता है। इसमें उसकी पुरानी सम्पदा $\mathbf{x}$ उसे भूख से नहीं बचा पाती।

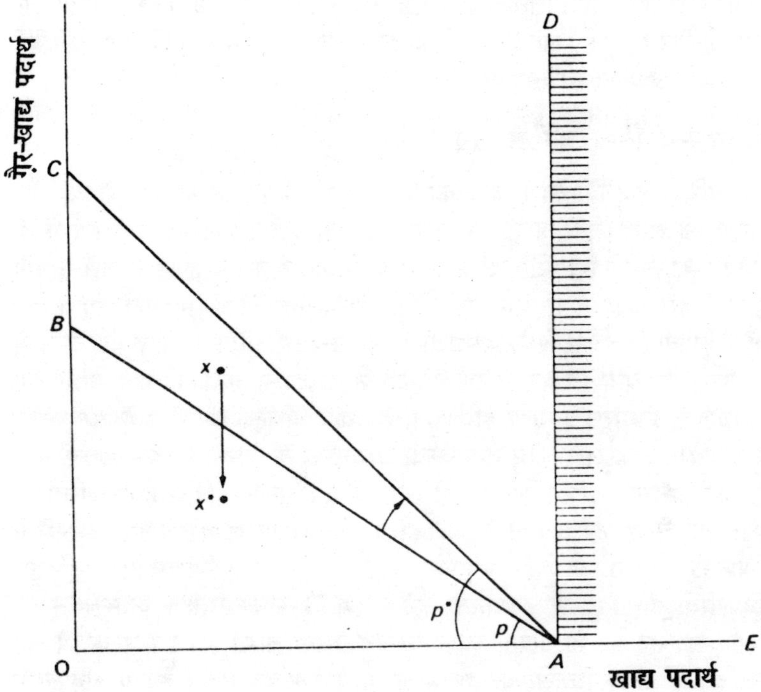

चित्र 5.1 : सम्पदा एवं अधिकारिता

अतः इस बात को सहज ही समझा जा सकता है कि सम्पदा सदिश की सिमटन से किसी-न-किसी जनसमूह को भूख का सामना करना पड़ सकता है। विकासशील देशों की गरीब ग्रामीण जनता को कितनी ही बार ऐसी स्थिति का सामना करना पड़ सकता है। इसका कारण ज़मीन छिन जाना या पशुधन बिक जाना हो सकता है। विनिमय अधिकारिता के वर्तन इतने सहज स्पष्ट नहीं होते, फिर भी सम्पदा स्वामित्व में स्थिरता रहने पर सापेक्ष कीमत परिवर्तन के कारण भूख का सामना हो सकता है।[1] एक उदाहरण : एक व्यक्ति ने अपने मकान का आधा भाग किराए पर चढ़ा रखा है। वह इसी किराए से अपना निर्वाह करता है। यदि खाद्य पदार्थों की कीमतें बढ़ जाएं पर किराया बढ़ा पाना सम्भव नहीं हो तो उसका निर्वाह दूभर हो जाएगा। इस प्रकार की स्थिति असम्भव भी हो सकती है, यदि उसकी सम्पदा में ही पर्याप्त

1. E-निरूपण में अनेक कारणों से बदलाव आ सकते हैं : जैसे बेरोज़गारी की वृद्धि, सापेक्ष कीमतों या व्यापार की शर्तों में परिवर्तन या फिर सामाजिक सुरक्षा प्रावधानों में परिवर्तन, आदि।

खाद्य सामग्री रही होती। चित्र 5.1 में ऐसी पर्याप्त खाद्य सामग्री का क्षेत्र रेखा *AD* से दाहिनी ओर रहता है। अतः भुखमरी की हालत का पैदा होना या नहीं होना व्यक्तियों की सम्पदा की वस्तु-संरचना पर भी निर्भर करेगा।

अधिकारिता विधि की सीमाएँ

अधिकारिता विश्लेषण विधि का प्रयोग करने से पूर्व इसकी कुछ त्रुटियों और सीमाओं को समझ लेना आवश्यक रहेगा। एक तो अधिकारिताओं के स्वरूप में ही अस्पष्टता हो सकती है। पूँजीवादी व्यवस्था में भी यदि बाज़ार में उपलब्ध सारी सामग्री की बिक्री पर आधारित सन्तुलन नहीं हो तो अधिकारिताओं की परिभाषा सहज नहीं रहती। पूँजीवाद-पूर्व की अर्थव्यवस्थाओं में तो सम्पत्ति अधिकार आदि के विषय में भी स्पष्टता का प्रायः अभाव ही रहा है। अनेक मामलों में अधिकारिताओं के लक्षणों का यथोचित निर्धारण समस्या हो सकता है। कुछ परिस्थितियों में इन्हें अस्पष्टपूर्ण समुच्चयों (Fuzzy sets)[1] और तत्सम्बन्धी संरचनाओं के आधार पर परिभाषित करने से उनकी अस्पष्टताओं को विश्लेषण में स्थान दे पाना सम्भव हो सकता है। वास्तविक अकाल के वस्तुपरक अध्ययन में आँकड़ों की समस्याओं के कारण भी निष्कर्षों में अनिश्चितता आ सकती है। यहाँ हमारा उद्देश्य पूर्व निर्धारित निश्चितता के अनुसार अधिकारिताओं का स्वरूप तय करना नहीं है, हम तो अधिकारिताओं के मुख्य घटकों में आए बदलाव पर ही अपना ध्यान केन्द्रित करना चाहते हैं। इन घटकों में बड़े उतार-चढ़ाव अधिकारिताओं की विफलता के कारण बन सकते हैं। यह विफलता अधिकारिता सम्बन्धों में अस्पष्टता के बावजूद हो सकती है।

दूसरे, हमारे अधिकारिता सम्बन्ध वैधानिक संरचना के अन्तर्गत ही परिभाषित एवं वैध हैं, किन्तु इन अधिकारों का हनन लूट-खसोट या डाकाज़नी आदि गैरकानूनी कार्यों से भी हो सकता है। जहाँ इस प्रकार की ज़ोर-ज़बरदस्ती चल रही हो वहाँ अकाल के प्रति अधिकारिता का दृष्टिकोण निरर्थकप्राय हो जाएगा। वैसे यह बात भी कम महत्त्वपूर्ण नहीं है कि हाल ही के वर्षों में कानून व्यवस्था में बँधी हुई अर्थव्यवस्थाओं में ही अधिकांश अकाल पड़े हैं—किन्हीं अराजकतापूर्ण देशों में नहीं। यहाँ तक कि भूखों से सम्पत्ति अधिकारों को बचाने में कानून व्यवस्था ने सदा अधिकारिता का ही पक्ष लिया है। सन् 1943 के बंगाल के अकाल में अनाज के भरे हुए गोदामों के सामने दम तोड़ते हुए भूखे-नंगों से उन गोदामों की सरकार ने पूरे मनोयोग से 'रक्षा' की थी। वे व्यक्ति केवल इसलिए भूखे रहे कि गोदामों में भरे अनाज पर उनका कानूनी हक नहीं था यद्यपि किसी ने ग़ैरकानूनी ढंग से उनकी

1. आजकल बीजगणित में 'Fuzzy sets' का प्रयोग किया जा रहा है। वस्तुतः Fuzzy Algebra अपने-आप में विशिष्ट स्वरूप धारण कर रहा है।

अधिकारिताओं का हनन या अपहरण नहीं किया था।

तीसरी मुख्य बात यह है कि लोगों का वास्तविक आहार उनकी अधिकारिता से अनेक कारणों से कम रह सकता है। इनमें उनका अज्ञान, आहार पद्धति के साथ-साथ किन्हीं विशेष परिसम्पत्तियों को बेचने से परहेज़ भी शामिल हो सकते हैं (वैसे ऐसे भी साक्ष्य मिलते हैं कि अकाल के समय समाज की परिसम्पत्तियों के बाज़ार भी ध्वस्तप्राय हो जाते हैं। अतः व्यक्ति चाह कर भी उनकी बिक्री नहीं कर पाता)। अतः अधिकारिताओं पर आग्रह सभी वास्तविकताओं को अपने-आप में समाहित नहीं कर पाता। जो बातें विश्लेषण से बाहर रह गई हों उनके महत्त्व और प्रभावों की गहनता से जुड़े प्रश्न अनुत्तरित ही रह जाते हैं।

अन्ततः, भुखमरी को अकालजन्य मृत्यु से पृथक स्वरूप में समझना भी बहुत महत्त्वपूर्ण है। अक्सर अकाल के दौरान अपना ही चक्र चलाती हुई महामारियां भी फैल जाती हैं। अधिकांश लोग अक्सर उन्हीं के शिकार बनते हैं। ये महामारियाँ किसी सीमा तक भुखमरी के कारण भी भयावह रूप धारण करती हैं, पर अकाल के कारण पलायन और शौचादि की व्यवस्था का ध्वस्त हो जाना इनका मुख्य कारण बनता है।

प्रत्यक्ष एवं व्यापार अधिकारिता विफलताएँ

किसी विशेष व्यावसायिक समूह j को लें। इसके पास केवल j वस्तु ही है जिसका यह उपयोग कर सकता है या फिर बेच सकता है। मान लो कि समूह के प्रत्येक सदस्य के पास यह वस्तु q_j मात्रा में है तथा वस्तु की कीमत p_j है। प्रति इकाई खाद्य आहार कीमत p_f है तो इस समूह की अधिकतम खाद्य अधिकारिता F_j होगी यानी $j_j\, p_j/p_f$। दूसरे शब्दों में, हम इसे $q_j\, a_j$ भी कह सकते हैं; यहाँ a_j इस व्यवसाय समूह की आहार विनिमय दर (p_j/p_f) होगी।

वस्तु j का उत्पादित वस्तु होना अनिवार्य नहीं है। एक मजदूर के पास एक मात्र वस्तु उसका श्रम ही हो सकती है। यही उसके गुज़ारे का साधन है—जैसे टोकरी बनाने वाले के पास टोकरियाँ और पटसन उगाने वाले के पास पटसन हो सकती है।

एक विशेष स्थिति वह भी हो सकती है जबकि यह व्यवसायी समूह चावल जैसी किसी खाद्य वस्तु के उत्पादकों का समूह हो। यही उनका आहार भी है। अतः $p_j = p_f$। इसलिए $a_f = I$। फिर तो $F_f = q_f$। इस बारे में अध्याय-7 में और विस्तार से चर्चा होगी।

यह बात स्पष्ट कर देना अत्यन्त आवश्यक है : यह अतिसाधारण-सा प्रतिमान अकाल विश्लेषण के कुछ महत्त्वपूर्ण मुद्दों पर ही हमारा ध्यान केन्द्रित करने का कार्य कर सकता है; यह अधिक व्यापक विश्लेषण तन्त्र (जिसकी पहले व्याख्या हुई है

और जिसे परिशिष्ट-। में परिमार्जित रूप में निबद्ध किया गया है) का प्रतिद्वन्द्वी बिल्कुल नहीं है। यही नहीं, इस प्रकार का साधारणीकरण औद्योगिक देशों के सन्दर्भ में तो बहुत भ्रामक भी हो सकता है। वहाँ तो कच्चे माल, मध्यवर्ती उत्पाद और परिसम्पत्तियों के भण्डारों का बहुत अधिक महत्त्व रहता है। विकासशील देशों के ग्रामीण क्षेत्रों के अकाल का अध्ययन करने में भी यह ध्यान रखना होगा कि इस प्रतिमान और वस्तुस्थिति के बीच कहीं बहुत अधिक अन्तर तो नहीं है।

किसी समूह j को भूख का सामना तभी करना होगा जब अधिकारिता की विफलता हो जाए, अर्थात् F_j में कमी आए क्योंकि F_j अधिकतम आहार अधिकारिता है। इसमें कमी के दो कारण सम्भव हैं : या तो व्यक्ति ने खाद्य उत्पादन ही कम किया हो या फिर वह अपनी उत्पादित या धारित वस्तु के बदले में पहले जितनी खाद्य सामग्री प्राप्त करने में असफल रहा हो। उत्पादन करने में असफलता को 'प्रत्यक्ष अधिकारिता विफलता' (Direct entitlement failure) का नाम दिया जाता है। दूसरी ओर व्यापार से जुड़ी असफलता को 'व्यापार अधिकारिता विफलता' (Trade Entitlement Failure) का नाम दिया जाता है। प्रत्यक्ष विफलता का नाता खाद्य उत्पादकों से रहता है, अन्य व्यक्तियों पर तो व्यापार विफलता ही लागू होगी। q_j में गिरावट किसी प्राकृतिक कारण से नकद फ़सल की बर्बादी से हो सकती है। दूसरा कारण यह भी हो सकता है कि इस समूह की वस्तुओं की माँग कम हो जाने से इसके सदेस्यों को अनैच्छिक बेरोजगारी पेश आ रही हो (जैसे टोकरियों की माँग कम होने पर टोकरी बनाने वालों का रोज़गार गिर ही जाता है)।

यह भी सम्भव है कि किसी समूह को प्रत्यक्ष एवं व्यापार, दोनों ही विफलताओं का सामना करना पड़ जाए—वे ऐसी वस्तु के उत्पादक हो सकते हैं जिसका वे उपयोग भी करते हों और जिसके बदले अन्य खाद्य वस्तुएँ भी पाते हों। इथोपिया की घुमन्तु जातियाँ पशुधन से प्राप्त सामग्रियाँ खाती भी हैं तथा पशुओं को ही बेचकर अनाज ख़रीदती हैं। इसी प्रकार बंगाली मछुए कुछ मछली खा भी लेते हैं, पर वे अपनी अन्य कैलोरी-आवश्यकताओं की पूर्ति के लिए मछली बेच कर अनाज पाते हैं। इस प्रकार से वे कैलोरी-विनिमय से लाभान्वित ही होते हैं—क्योंकि अधिकांश बंगालियों के लिए मछली प्रिय एवं समृद्धिसूचक आहार भी होता है।

6.

बंगाल का भयावह अकाल

संक्षिप्त रूपरेखा

सन् 1943 के बंगाल[1] के अकाल पर सरकारी अकाल जाँच आयोग का कहना था कि लगभग 15 लाख लोग इस अकाल में अपनी जान से हाथ धो बैठे। इस अनुमान के लिए उत्तरदायी आयोग के सदस्य डबल्यु. आर. एक्रॉयड (W.R. Aykroyd) ने हाल ही में स्वीकार किया है : "ये आँकड़े सचमुच अनुमान से कुछ कम ही हैं—क्योंकि इनमें कहीं भी सड़क किनारे राह चलते जो लोग मर गए, उनकी गिनती नहीं हुई है। पर यह आलोचकों, जिनके मतानुसार 30 से 40 लाख व्यक्ति मर गए थे, के अन्दाज़ से बहुत कम अनुमान भी नहीं है।" वस्तुतः आयोग कीअपनी अनुमान विधि से भी 30 लाख के लगभग मौतों का ही संकेत मिलता है। इस बारे में जनांकिकीय (Demographic) मुद्दों पर हम परिशिष्ट-4 में चर्चा करेंगे। यहाँ हमारी चर्चा के संदर्भ में मृतकों की संख्या इतनी अधिक महत्त्वपूर्ण नहीं है। यहाँ तो हम इस अकाल के कारणों, विशेषकर खाद्य पदार्थों की आपूर्ति, विनिमय अधिकारिताओं आदि के आधार पर बंगाल के इस अकाल की 'सृष्टि' पर ग़ौर कर रहे हैं।

आइए, इस प्रदेश की पृष्ठभूमि पर थोड़ा ध्यान दें। बंगाल में धान की तीन फ़सलें होती हैं : (1) अमान, मई-जून में बोई तथा नवम्बर-दिसम्बर में काटी जाती है (शीतकालीन फ़सल); (2) औस, अप्रैल में बोई तथा अगस्त-सितम्बर में काटी गई यह फ़सल पतझड़कालीन फ़सल है; तथा (3) बोरो जिसकी रोपाई नवम्बर में और कटाई फ़रवरी-मार्च में होती है। यह वसंतकालीन फ़सल है। अन्न प्राप्ति की दृष्टि से शीतकालीन फ़सल सबसे महत्त्वपूर्ण होती है, 1939-43 के वर्षों में इन तीन फ़सलों से क्रमशः 73, 24 तथा 3 प्रतिशत अनाज मिला था। सन् 1942 की पतझड़ी फ़सल सामान्य से ज़रा-सी कम--97% रही—पर शीत फ़सल से प्राप्ति पूर्ववर्ती 4 वर्षों

1. तब बंगाल का बंटवारा नहीं हुआ था।

की अपेक्षा 83 प्रतिशत ही रह गई। इसका कारण अक्तूबर का चक्रवात रहा जिसकी भारी वर्षा के बाद फ़सल को फफूँदी लग गई। यही नहीं, 10 मार्च, 1942 को रंगून के पतन के बाद बर्मा पर जापान का कब्ज़ा हो गया और वहाँ से चावल का आना बन्द हो गया। इससे भी बंगाल में चावल की आपूर्ति पर प्रभाव पड़ा। पर बंगाल में तो अकाल 1943 में पड़ा था, अतः यह मान लिया गया कि चक्रवात, फफूँदी रोग, युद्ध के कारण अस्थिरता और बर्मा से चावल आना बन्द होने से 'बंगाल में

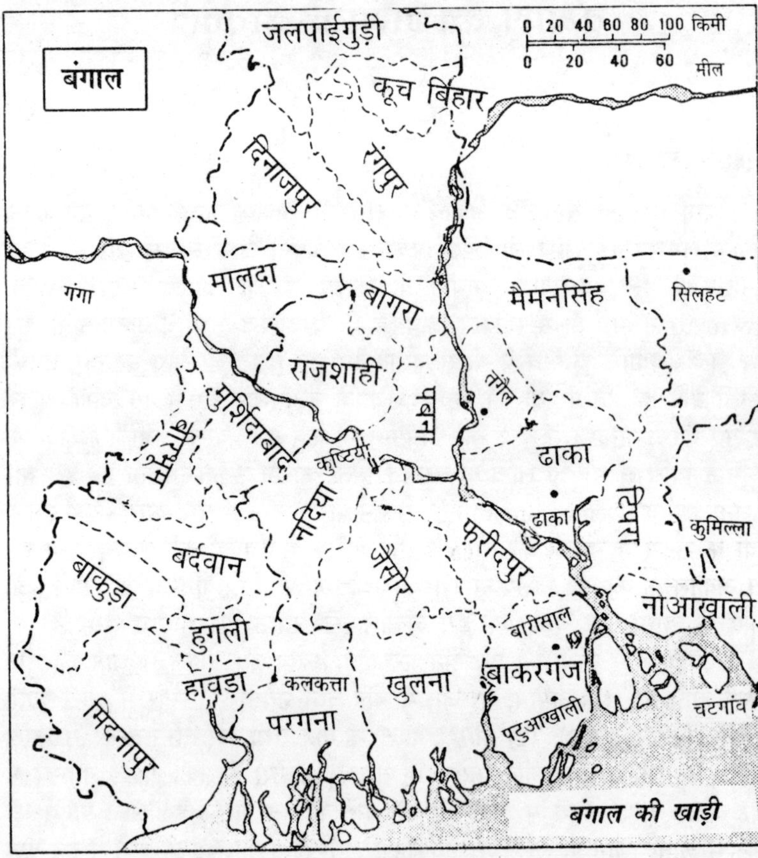

चित्र 6.1—बंगाल 1943

चावल की आपूर्ति में सामान्य की अपेक्षा भारी कमी आ गई थी'। हम अकाल जाँच आयोग के इसी निष्कर्ष पर विचार करने जा रहे हैं।

तालिका 6.1

कलकत्ता में चावल के थोक भाव, 1942 एवं 1943

(रुपए प्रति मन)

तिथि	*बल्लम नं. 1 मूल्य (रुपए)*	*सूचक अंक*	*कलमा नं. 1 मूल्य (रुपए)*	*(मिल में साफ़ किए गए) क्रम*
1941				
19 दिसम्बर	7.00-7.25	100	(दिये नहीं गए)	
1942				
16 जनवरी	6.25-6.50	90	(दिये नहीं गए)	
20 फ़रवरी	6.13-6.38	88	(दिये नहीं गए)	
20 मार्च	6.13-6.38	88	(दिये नहीं गए)	
17 अप्रैल	6.25	88	(दिये नहीं गए)	
15 मई	6.25-6.38	89	(दिये नहीं गए)	
19 जून	8.00	112	(दिये नहीं गए)	
31 जुलाई	7.75-8.00	111	(दिये नहीं गए)	
21 अगस्त	9.25	130	(दिये नहीं गए)	
18 सितम्बर	9.88-10.38	142	(दिये नहीं गए)	
30 अक्तूबर	9.88-10.38	142	(दिये नहीं गए)	
13 नवम्बर	9.25-9.75	133	(दिये नहीं गए)	
11 दिसम्बर	13.00-14.00	190	(दिये नहीं गए)	
1943				
15 जनवरी	14.00-15.00	204	(दिये नहीं गए)	
12 फ़रवरी	14.00-15.00	204	(दिये नहीं गए)	
12 मार्च	21.00	295	(दिये नहीं गए)	
16 अप्रैल	(दिए नहीं गए)		22.00-23.00	306
21 मई	30.00-31.00	428	31.00	428
18 जून			32.00-33.00	442
16 जुलाई			32.00-33.00	442
20 अगस्त			37.00	503

नोट - सारी जानकारी 'इंडियन ट्रेड जर्नल' से संकलित की गई है। बल्लम नं. 1 तथा कलमा नं. 1 बंगाल में लोकप्रिय चावल की क़िस्में हैं।

चावल के थोक दाम 11 दिसम्बर 1942 के 13 से 14 रुपए मन से बढ़कर 12 मार्च 1943 तक 21 रुपए मन और 21 मई को 30 रुपए मन तक जा पहुँचे। 20 अगस्त को भाव 37 रुपए मन रहे (देखें तालिका 6.1)। सितम्बर के बाद से बाज़ार भाव की जानकारी नहीं मिल सकती क्योंकि सरकार ने अधिकतम दाम तय कर दिए थे। किन्तु अनधिकृत सूत्रों के अनुसार, ख़ासकर खुदरा दामों की वृद्धि जारी रही और 5 नवम्बर के अख़बार 'स्टेट्समैन' ने चट्गाँव में चावल का भाव 80 रुपए मन बताया है। ढाका में तो यह 105 रुपए मन तक पहुँच गया।

इस अकाल की ओर बढ़ते हुए एवं इस दौरान बंगाल के आर्थिक अनुभवों को तीन सोपानों में बाँटा जा सकता है :

सोपान I : 1942 के प्रारम्भ से मार्च 1943;

सोपान II : मार्च से नवम्बर 1943; तथा

सोपान III : नवम्बर 1943 से लेकर 1944 के प्रायः अन्त तक।

मृत्यु दर अपनी पराकाष्ठा पर तीसरे सोपान में ही पहुँची, पर तब तक भूख का भयावह दौर गुज़र चुका था और अकाल के मारे क्षेत्र महामारियों की विभीषिका से जूझ रहे थे। दूसरे सोपान में ही भूख के कारण जनहानि सर्वाधिक रही। पहले सोपान में तो अकाल शुरू भी नहीं हुआ था। भुखमरी के इस प्रथम सोपान में घटनाएँ भी छिट-पुट ही रहीं किन्तु जिस आर्थिक संत्रास ने अन्ततः सारी जनसंख्या को अकाल के गाल में झोंक दिया, उसी समय छा चुका था।

सन 1943 के आरम्भ से ही कलकत्ता से दूर के ज़िलों में अकाल की झलक दीखने लगी थी। सारे प्रांत के आयुक्तों और ज़िला अधिकारियों की रिपोर्टों में अकाल के फैलाव की तसवीर साफ़ दिखाई पड़ती है। 23 दिसम्बर 1942 को साम्यवादियों द्वारा आयोजित 'भूख-मार्च' के वर्णन से लेकर अनेक रिपोर्टों में कुछ इस प्रकार की बातें हैं—"लोगों को भूखा रहना पड़ रहा है (10 फ़रवरी); स्थानीय लोगों में चिन्ता छाई, (27 फ़रवरी); सम्पत्ति से जुड़े अपराध और धान की लूट के मामले बढ़े (28 मार्च); भारी आर्थिक संकट के आसार (अप्रैल 27); आर्थिक दशाएँ संकट के कगार पर (मई 13); चावल की तलाश में लोगों के झुंड फिर रहे हैं (जून 12,); शहर में हज़ारों भूखे भिखारी पहुँचे (17 जुलाई); संकट की सबसे विकट घड़ी से गुज़र रहे हैं हम (10 अगस्त); मौतों का सिलसिला अभी चल रहा है (9 सितम्बर); माल की अगवानी शुरू, पर भूखों के जीवन-रक्षण की सम्भावना बिलकुल नहीं (25 अक्तूबर)। वास्तव में मृत्यु दर का चरमोत्कर्ष दिसम्बर 1943 से ही हुआ पर इनमें अधिकांश अकालजनित महामारियों के शिकार ही थे। ये महामारियाँ थीं—हैज़ा, मलेरिया और चेचक। भुखमरी और अकाल से लगे दस्तों के कारण तो 1943 की गर्मी के अन्त से पतझड़ तक ही मृत्युदेव का ताण्डव होता रहा।

कलकत्ता का अनुभव एकदम अलग रहा। सरकारी अधिकारियों के लिए

कलकत्ता के औद्योगिक क्षेत्रों में आवश्यक खाद्यापूर्ति बनाए रखने को युद्ध सम्बन्धी दायित्वों के निर्वाह का अंग मान कर नीतियों का निर्धारण हुआ। अगस्त 1942 में ही सरकार ने बंगाल चैम्बर ऑफ़ कॉमर्स को आश्वस्त कर दिया था : "सरकार हर सम्भव प्रयास करेगी कि आवश्यक वस्तुओं की पर्याप्त मात्रा में उचित दामों पर आपूर्ति बनाए रखी जाए।" सरकार की सहायता से ही अगस्त 1942 में प्रारम्भ बंगाल चैम्बर ऑफ़ कॉमर्स की खाद्यसामग्री योजना (Foodstuffs Scheme) के अन्तर्गत इससे जुड़ी औद्योगिक इकाईयों की अनाज की दुकानों में आवश्यक खाद्य सामग्री की आपूर्ति सुनिश्चित की गई। इससे दिसम्बर तक 620,000 श्रमिकों को लाभ पहुँच चुका था। सरकार की मदद से अन्य व्यापार मण्डलों ने भी ऐसी योजनाएँ शुरू कीं, जिनसे 170,000 कर्मचारियों को लाभ पहुँचा। केन्द्रीय एवं राज्य सरकारों, रेलवे, बन्दरगाह एवं कलकत्ता नगर निगम के 3 लाख और कर्मचारियों को खाद्य आपूर्ति की सार्वजनिक व्यवस्था की गई। इस प्रकार दस लाख कर्मचारियों और उनके परिवारों की भूख से मुक्ति सुनिश्चित हो गई। अगस्त 1942 में ही नियन्त्रित मूल्य की दुकानें कलकत्ता में खुलीं, 1943 में मान्यताप्राप्त मण्डियों की स्थापना पर उनमें जनता में बिक्री के लिए चुनी हुई दुकानों को माल उपलब्ध कराया गया। दिसम्बर 1943 से मार्च 1943 तक सरकार ने कलकत्ता की उदर पूर्ति के लिए उचित दामों पर खाद्यान्न वसूली की तीन योजनाएँ चलाईं पर उनकी असफलता के कारण बाज़ार भावों पर खुली ख़रीदारी का सहारा मार्च 1943 से ही लिया गया। इसी कारण ग्रामीण ज़िलों में चावल के दाम बहुत तेज़ी से बढ़ने शुरू हो गए।

कलकत्ता के लिए तो अकाल का एकमात्र प्रभाव यही था कि उसके गली-कूचों में भूख के मारे ग्रामीणों की भीड़ जमा होने लगी। जुलाई 1943 आते-आते सारा नगर भूखे-नंगे जनपदवासियों से आप्लावित हो चला। आरम्भ में नागरिकों ने अपने घर की रसोईयों से इनकी उदरपूर्ति के लिए दान आरम्भ किया—फिर, धर्मार्थ-दानी संस्थाओं ने सार्वजनिक रसोईयों के आयोजन किए।

अन्ततः अगस्त में सरकार भी उन भूख एवं ग़रीबी के सताए लोगों की सहायता के कार्य प्रारम्भ करने को बाध्य हो गई। इन सभी कार्यों में सहज कृपणता के दर्शन होते रहे। "कहीं कोई आदमी दोबारा नहीं खा जाए", इस विचार से कलकत्ता की सभी सार्वजनिक रसोईयों में दिन में एक ही नियत समय पर भोजन बाँटा जाता था। फिर भी यह बात तो सुनिश्चित हो गई कि जो ग़रीबी के मारे भूखे-नंगे लोग बंगाल के किसी भी अन्य क्षेत्र या नगर की अपेक्षा कलकत्ता तक पहुँच गए थे, उनकी भूख से मरने की सम्भावनाएँ तो समाप्तप्राय ही हो गईं। फिर भी सहायता नितान्त अपर्याप्त रही, नगर में हर ओर लावारिस लाशें पड़ी हुई थीं। अकेले अक्तूबर मास में ही 3363 ऐसे शवों का दाहकर्म स्वयंसेवी संस्थाओं द्वारा सम्पन्न हुआ।

अक्तूबर में अकेले कलकत्ता नगर में ही भूखे-बीमार असहाय लोगों की संख्या

कम-से-कम एक लाख थी। सरकार ने बंगाल अनाथजन (प्रत्यावर्तन एवं सहायता) अध्यादेश जारी कर 28 अक्तूबर को असहाय लोगों के प्रति अपनी नीति की स्पष्ट घोषणा कर डाली। फिर तो सहायता कार्यों को भूल, जगह-जगह से शरणार्थियों को पकड़-पकड़ कर कलकत्ता और इसके आस-पास के शिविरों से निकाल देहातों में वापिस खदेड़ना शुरू हो गया। हाँ, इस प्रकार कलकत्ता से अकाल की 'छाया' पूरी तरह से हट गई और वहाँ की मृत्यु दर भी कम हो चली। कुछ जनपदों में भी छुटपुट सहायता पहुँचने से लोगों को कुछ राहत मिली। पतझड़ी फ़सल अच्छी रही और शीतकालीन फ़सल तो बहुत ही शानदार रही। फिर भी अकाल से पैदा हुई महामारियों के कारण ग्रामीण क्षेत्रों में मृत्यु का ताण्डव चलता ही रहा (परिशिष्ट-4)

क्या यह अन्न-आपूर्ति का संकट था ?

सामान्यतः अकाल की व्याख्या में 'अन्न उपलब्धि ह्रास' (Food Availability Decline—FAD) का प्रयोग किया जाता है। इसका बंगाल के इस भीषण अकाल की व्याख्या के लिए भी खुलकर प्रयोग हुआ है। अकाल जाँच आयोग का विचार था कि यह अकाल मुख्यतः चावल की आपूर्ति में बहुत गिरावट आने के कारण पैदा हुआ। यही मत ब्लाइन (Blyn) ने भारत में कृषि उत्पादन के रुझानों की अधिकारिक व्याख्या करते हुए दोहराया है। उनका कहना है कि 1942-43 में चक्रवात और बाढ़ आदि के कारण चावल की एक तिहाई फ़सल नष्ट हो गई। साथ ही जापान द्वारा नियन्त्रित बर्मा से चावल की आमद रुकने, अपर्याप्त सहायता कार्यों तथा चेचक, मलेरिया और हैज़ा फैलने के कारण व्यापक भुखमरी की समस्या और गम्भीर हो गई।

किन्तु क्या यह व्याख्या सचमुच ठीक थी ? क्या अकाल जाँच आयोग की अपनी रिपोर्ट में शामिल आँकड़े भी इसकी पुष्टि कर पाते हैं ? इस आयोग ने चालू वर्ष की आपूर्ति का आकलन पिछली शीतकालीन फ़सल के उत्पादन में इस वर्ष की बसन्ती एवं पतझड़ी फ़सलों और शुद्ध आयात को जोड़कर किया है। ये आँकड़े हमने उसी रिपोर्ट से लेकर तालिका 6.2 के स्तम्भ (2), (3) और (4) में रखे हैं। यह ठीक है कि वर्ष 1943 बहुत अच्छा नहीं रहा किन्तु यह कोई व्यापक बर्बादी का वर्ष भी नहीं लगता। इस वर्ष की खाद्य उपलब्धि पिछले पाँच वर्षों की औसत से केवल 5 प्रतिशत ही कम थी। वस्तुतः 1941 से तो यह 11 प्रतिशत अधिक थी—और 1941 का वर्ष अकाल का वर्ष नहीं था।

फिर भी खाद्य उपलब्धि ह्रास (FAD) के विचार को पूरी तरह से अस्वीकार करने के लिए कुछ और हिसाब-किताब करना आवश्यक लगता है।

शुद्धि 1 : कृषि उत्पादन के सरकारी आँकड़ों का परिमार्जन : अर्थशास्त्री पी.सी. महालनोबिस (P. C. Mahalanobis) तो बहुत अर्से से कृषि उत्पादन के

सरकारी आँकड़ों के आलोचक रहे हैं। अभी ब्लाइन ने भारत के कृषि आँकड़ों के रुझानों पर बहुत अच्छा शोध कार्य किया है किन्तु उन्होंने भी केवल बंगाल के उत्पादन के स्थान पर बृहत्तर बंगाल क्षेत्र अर्थात् बंगाल, बिहार और उड़ीसा के मिले-जुले आँकड़े ही संकलित किए हैं। फिर भी 1943 की आपूर्ति 1941 से बेहतर होने में किसी तरह का सन्देह नहीं है। बंगाल प्रान्त की प्रति एकड़ चावल उत्पत्ति भी 1942-43 में 1940-41 की अपेक्षा कहीं अधिक रही। यही नहीं, 1942-43 में तो 1940-41 की तुलना में कहीं ज़्यादा बड़े भू-भाग पर खेती हुई थी।

महालनोबिस के सुझाए गए कुछ परिशोधनों का प्रयोग अकाल जाँच आयोग ने भी किया है। इनमें व्यापारिक आँकड़ों का प्रयोग कर सड़कों और स्थानीय नौकाओं द्वारा भी प्रदेश से अनाज बाहर जाने के आँकड़े प्राप्त किए जा सकते हैं। तालिका 6.2 के (5) और (6) स्तम्भों में यही जानकारी दी गई है। इन परिशोधनों के बाद भी 1943 की खाद्य आपूर्ति बहुत न्यून नहीं हो पाती। अभी भी इसका स्तर 1941 से ऊँचा ही रहता है।

शुद्धि 2 : गेहूँ के आयात में परिवर्तन : माना कि बंगाल में चावल मुख्य भोजन है, पर गेहूँ का भी काफी प्रयोग होता है। अतः खाद्यान्न की कुल उपलब्धता तो केवल चावल नहीं बल्कि गेहूँ की उपलब्धता सम्मिलित होनी ही चाहिए। बंगाल में गेहूँ बहुत कम उगाया जाता है, ज्यादातर अन्य प्रान्तों से ही आयात होता है। भारत सरकार के वाणिज्यिक आसूचना एवं सांख्यिकी विभाग ने भारत में रेल और नदियों द्वारा आन्तरिक रूप से गेहूँ और इसके आटे के आवागमन के आँकड़े दिए हैं। इनमें सड़क मार्ग से व्यापार की जानकारी नहीं है। अकाल जाँच आयोग रेल और नौकाओं से 1941-42 में समाप्त पंचवार्षिकी की तुलना में 1943 में 36 प्रतिशत अधिक गेहूँ और आटे की आमद स्वीकार करता है। उसका प्रथम अनुमान 33 प्रतिशत वृद्धि का है, पर कुछ छूट गए आँकड़ों आदि का हिसाब लगाने के लिए इसे बढ़ाकर 36 प्रतिशत किया गया है। उनका कहना है कि 1941-42 में समाप्त पंचवार्षिकी में प्रति माह 21000 टन गेहूँ आदि अन्य प्रान्तों से रेलों एवं नौकाओं द्वारा बंगाल पहुँचते थे। 1941 के इस अनुमान को 1943 की अपेक्षा कुछ बढ़ा-चढ़ा कर बताया गया प्रतीत होता है—पर फिर भी हम इसे ठीक ही मान लेते हैं।

तालिका 6.2 के स्तम्भ (7) और (8) में गेहूँ और चावल की तात्कालिक आपूर्ति व 1941=100 के सूचक दिए गए हैं। 1943 की आपूर्ति 1941 से 11 प्रतिशत अधिक थी।

शुद्धि 3 : प्रति व्यक्ति आपूर्ति : इस अवधि में बंगाल की जनसंख्या बढ़ रही थी। अतः सकल खाद्यान्न उपलब्धता के आँकड़ों को इस जनसंख्या वृद्धि के अनुरूप भी परिशोधित करना चाहिए। सन् 1951 की जनगणना के अनुसार 1941-50 के दशक में बंगाल में जनसंख्या वृद्धि की प्राकृतिक दर 0.46 प्रतिशत थी। पर दशक

की औसत में तो अकाल के दुष्प्रभाव भी सन्निहित हैं। दूसरे, 1941 के आँकड़े कुछ ज़्यादा ही बढ़े-चढ़े रहे हैं क्योंकि विभाजन-पूर्व भारत में हिन्दू एवं मुसलमान, दोनों ने ही अपनी संख्या अधिक दिखाने के लिए जनगणना में परिवारों की सदस्य संख्याएँ बढ़ा-चढ़ा कर लिखवाई थीं। अतः प्रति वर्ष 1 प्रतिशत की वृद्धि अवश्य रही होनी चाहिए। यह आँकड़ा भी हम जिस सिद्धान्त को नकारने जा रहे हैं, उसी के पक्ष में जाता है। अतः तालिका 6.2 के अन्तिम (8वें) स्तम्भ में जनसंख्या में प्रतिवर्ष एक प्रतिशत की वृद्धि मान कर हमने गेहूँ एवं चावल की मिली-जुली उपलब्धता के सूचक अंक तैयार किए हैं। यहाँ भी वर्ष 1941 को ही आधार वर्ष माना गया है। 1943 का यह सूचक अंक 1941 से 9 प्रतिशत अधिक है।

शुद्धि 4 : 1943 में खाद्यान्न के आयात में देरी : यह दलील दी जा सकती है कि 1943 के शुरू में खाद्यान्न की उपलब्धता की दशा बहुत ही ख़राब थी और आयातित सामग्री वर्ष के अन्त तक ही (आख़िरी तिमाही में) पहुँच पाई। यद्यपि मृत्यु दर अन्तिम तिमाही में ही सर्वाधिक रहा पर भुखमरी की पराकाष्ठा तीसरी तिमाही में ही भुगती जा चुकी थी।

अन्तिम तिमाही में बंगाल में एक लाख टन चावल मँगाया गया जबकि पहले प्रति 55 हज़ार टन प्रति तिमाही ही मँगाया गया था। इसके साथ ही एक लाख 76 हज़ार टन गेहूँ भी मँगाया गया—पहली से तीसरी तिमाहियों में गेहूँ की औसत आमद 54 हज़ार टन ही थी। इस प्रकार चौथी तिमाही के अतिशय आयात के प्रभाव को समाप्त करने के लिए हम 1943 की वार्षिक उपलब्धता में से इस तिमाही के आयात को भी पहले नौ महीनों के ही औसत स्तर तक घटा देते हैं। इस तरह से चावल एवं गेहूँ की 90.68 लाख टन की मात्रा उपलब्ध रह जाती है। कुल उपलब्धता सूचक अंक अभी भी 109 रहता है और प्रति व्यक्ति उपलब्धता का सूचक 107 बनता है। अर्थात् कुल मिलाकर 9 प्रतिशत और प्रति व्यक्ति आधार पर 7 प्रतिशत अधिक अनाज 1943 बंगाल प्रांत में उपलब्ध रहा। यह तुलना 1941 से की गई है—जिसकी अन्तिम तिमाही में आयात के उछाल को कम नहीं किया गया।

शुद्धि 5 : पिछले साल का बचा-खुचा चावल भण्डार : इन आँकड़ों में अभी तक पिछले दिसम्बर की फ़सल के आने से पूर्व विद्यमान अन्न भण्डारों का कोई हिसाब नहीं लगाया गया है। अकाल जाँच आयोग का विचार था कि 1942 से प्राप्त पुराना चावल भण्डार भी कुछ कम ही था। इसके अनुसार यह भण्डार 1941 के बचे भण्डार की अपेक्षा कम था। इस कमी को आयोग ने बहुत महत्त्वपूर्ण माना है किन्तु इसके कोई आँकड़े प्रदान नहीं किए। आयोग के सदस्य श्री एम. अफ़ज़ल हुसैन का दावा है कि बंगाल क्या पूरे भारत में ही चावल या अन्य खाद्यान्नों के मासिक भण्डारों के आँकड़े उपलब्ध नहीं रहे। अतः आयोग का यह कहना कि पिछले भण्डार 6 सप्ताहों के लिए पर्याप्त थे, केवल अटकलबाज़ी ही थी। हुसैन का यह

तालिका 6.2

बंगाल में खाद्यान्न की उपलब्धता, 1938-43

अवधि	चावल उत्पादन (सरकारी अनुमान)	चावल का शुद्ध आयात (सरकारी अनुमान)	चावल की चालू आपूर्ति (सरकारी अनुमान)	चावल का परिशोधित उत्पादन	चावल की परिशोधित चालू आपूर्ति	चावल एवं गेहूं : परिशोधित चालू आपूर्ति	सकल खाद्यान्न आपूर्ति सूचक अंक	प्रति व्यक्ति खाद्यान्न उपलब्धता सूचक अंक
	(1)	(2)	(3)	(4)	(5)	(6)	(7)	(8)
I वार्षिक								
1938	8.474	0.033	8.507	9.848	9.981	10.217	123	127
1939	7.922	0.382	8.304	9.114	9.596	9.787	118	120
1940	8.223	0.258	8.481	9.524	9.882	10.196	122	123
1941	6.768	0.223	6.991	7.631	7.954	8.332	100	100
1942	9.296	-0.102	9.194	10.776	10.774	10.947	131	130
1943	7.628	0.264	7.892	8.632	8.896	9.235	111	109
II चल औसत *(2-वर्षीय)*								
1938-39			8.406		9.789	10.002	120	123
1939-40			8.393		9.739	9.992	120	122
1940-41			7.736		8.918	9.264	111	112
1941-42			8.093		9.364	9.640	116	115
1942-43			8.543		9.835	10.091	121	119
III चल औसत *(3-वर्षीय)*								
1938-40			8.431		9.820	10.067	121	123
1939-41			7.925		9.144	9.438	113	114
1940-42			8.222		9.537	9.825	118	118
1941-43			8.026		9.208	9.505	114	113

नोट : इकाई : स्तम्भ 1-6—दस लाख टनों में, 1941 में मूल्य=100 स्तम्भ 7 एवं 8 में।

दावा भी अटकल मात्र ही है कि उपभोग से आधिक्य के रूप में भण्डार का विचार तो वर्षों पहले ही अर्थविहिन हो चुका था।

इस पुराने भण्डार की समस्या के अध्ययन के लिए पिछले दो एवं तीन वर्षों की चल-औसत विधि का प्रयोग उचित ठहराया जा सकता है। इससे इस वर्ष के भण्डार में संग्रहण या ह्रास की प्रवृत्ति का आकलन हो सकता है। तालिका 6.2 में II तथा III के अंतर्गत 2 एवं 3-वर्षीय चल औसत दी गईं हैं। 1943 के अन्त की दोवर्षीय चल औसत उच्चतम है। यह अकाल के हालात बनने की ओर संकेत नहीं करती। 1943 पर समाप्त 3-वर्षीय चल औसत में कुछ कमी अवश्य आई है, पर यह भी 1941 की औसत से कम नहीं है। यदि प्रति व्यक्ति आँकड़ों को देखें तो जनसंख्या को बढ़ा-चढ़ा कर रिकार्ड करने के बाद भी 1943 की 3-वर्षीय औसत 1941 से ज़रा-सी ही कम रहती है जबकि 2-वर्षीय औसत 1941 की अपेक्षा कहीं बहुत अधिक है। अतः हम सुनिश्चित रूप से यह दावा कर सकते हैं कि 1943 का बंगाल का भयावह अकाल उस प्रदेश में खाद्यान्न की आपूर्ति में किसी भारी गिरावट का परिणाम नहीं था (वस्तुतः खाद्यान्न की उपलब्धि में तो सुधार ही हुआ था)।

विनिमय अधिकारिताएं

बंगाल का यह अकाल मूलतः ग्रामीण अँचलों का अकाल रहा। कलकत्ता जैसे शहरी क्षेत्र सस्ते अनाज की वितरण व्यवस्था के कारण इस अकाल से बच निकले—उन्हें केवल देहातों से आए भूखे-नंगे लोगों की भीड़ को कुछ महीनों तक 'बर्दाश्त' करना पड़ा। क्या ग्रामीण दारिद्र्य (Destitution) की वृद्धि की व्याख्या अधिकारिताओं में बदलाव के आधार पर हो सकती है ? हम अगले कुछ पृष्ठों में बंगाल की जनता के प्रमुख आहार चावल के प्रति अधिकारिता का विवेचन कर रहे हैं। यह अधिकारिता प्रवृत्ति गेहूँ जैसे अन्य खाद्य पदार्थों पर भी उतनी ही लागू रहती है जितनी चावल पर।

आइए, सबसे पहले हम कृषिमज़दूरों की दशा का अवलोकन करें। इस अवधि में नियमित रूप से तो कृषिमज़दूरी के आँकड़े नहीं मिल पाते किन्तु अकाल जाँच आयोग की अन्तिम रिपोर्ट में कुछ प्रान्तव्यापी सामान्य सूचक अवश्य दिए गए हैं। ये सूचक तालिका 6.3 में दिए गए हैं। उसी तालिका के अन्तिम स्तम्भ में हमने कृषिमज़दूरी और खाद्यान्नों की कीमतों की विनिमय दर का आकलन भी किया है। यहाँ एक समस्या अवश्य है : मज़दूरी दरें वित्तीय वर्ष से जुड़ी हैं और खाद्यान्न कीमतें पंचांग वर्ष से। इन मज़दूरों की कमाई सबसे अधिक दिसम्बर के आसपास होती है। यहाँ विनिमय दर का आकलन मार्च में समाप्त वित्तीय वर्ष की मज़दूरी दर को अगले दिसम्बर में समाप्त पंचांग वर्ष की क़ीमतों से भाग देकर किया गया है। किन्तु

तालिका 6.3

बंगाल में कृषि श्रम एवं खाद्यान्न की विनिमय दर, 1939-44

वर्ष	*मज़दूरी सूचक अंक*	*खाद्यान्न कीमत सूचक अंक*	*विनिमय दर सूचक अंक*
1939-40 (1940)	100	100	100
1940-1 (1941)	110	109	101
1941-2 (1942)	115	160	72
1942-3 (1943)	125	385	32
1943-4 (1943)	130	385	34

स्रोत : अकाल जाँच आयोग के परिशिष्ट IV पर आधारित

वर्ष 1943-44 में वित्तीय वर्ष के पहले 6 महीनों (अप्रैल से सितम्बर) की मज़दूरी और दिसम्बर 1943 में समाप्त वर्ष की क़ीमतों का ही प्रयोग किया गया है। यह विधि बहुत अधिक सन्तोषप्रद तो नहीं है, पर आयोग ने इस विषय में और अधिक कोई जानकारी नहीं दी है।

तालिका 6.3 में श्रम अनाज विनिमय दर में बहुत ही नाटकीय कमी उजागर हो रही है। स्पष्ट है कि बंगाल के समाज के अन्य घटक समूहों को भले ही युद्धकालीन संवृद्धि और कीमत वृद्धि का लाभ मिला हो, पर कृषिमज़दूर तो उससे वंचित ही रहे। पर यह तालिका किसी निश्चित निष्कर्ष पर भी नहीं पहुँचती। दोनों सूचकों की अवधि की भिन्नता के कारण विनिमय-दर की व्याख्या में कठिनाई आती है। यदि मज़दूरी और क़ीमतों के मासिक आँकड़े होते तो इस समस्या का समाधान हो सकता था–पर आयोग ने ऐसी कोई जानकारी नहीं दी।

पूर्वी भारत के कृषि-आर्थिक अनुसंधान केन्द्र ने (बीरभूम में) जनवरी 1939 से दिसम्बर 1941 तक की मासिक जानकारी दी है–पर बाद में उनकी श्रृंखला भी मग्न हो गई है और जनवरी 1946 से आगे ही नियमित जानकारी संकलित हुई है। किन्तु श्रीनिकेतन फ़ार्म और श्रीनिकेतन डेरी के खातों से इस अवधि के कुछ हिस्सों की मज़दूरी दर के आँकड़े मिल जाते हैं। उनके आधार पर सितम्बर 1942 से जनवरी 1944 की अप्रशिक्षित पुरुषकर्मियों की दिहाड़ी दर के आँकड़ों का आकलन हो पाया है। इन मज़दूरी सम्बन्धी आँकड़ों और दूसरे दर्जे के चावल के दामों का प्रयोग

तालिका 6.4

अप्रशिक्षित पुरुषों की दिहाड़ी की दर, चावल के दाम, और विनिमय दरों के सूचक, बोलपुर के आसपास बीरभूम जनपद

मास-मध्य में	*चावल नं. 2 रु. प्रति सेर*	*चावल कीमत सूचक*	*दिहाड़ी*	*दिहाड़ी सूचक*	*श्रम-चावल विनिमय दर (सूचक)*
1941					
दिसम्बर	0.14	100	0.37	100	100
1942					
सितम्बर	0.16	114	0.37	100	88
अक्तूबर	0.25	179	0.37	100	56
नवम्बर	0.31	221	0.31	84	38
दिसम्बर	0.25	179	0.44	119	66
1943					
जनवरी	0.27	193	0.50	135	70
फ़रवरी	0.25	179	0.50	135	75
मार्च	0.38	271	0.44	119	44
अप्रैल	0.52	371	0.50	135	36
मई	0.78	557	0.50	135	24
जून	0.72	514	0.50	135	26
जुलाई	0.73	521	0.53	143	27
अगस्त	0.75	536	0.62	168	31
सितम्बर	0.50	357	0.50	135	38
अक्तूबर	0.56	400	0.56	151	38
नवम्बर	0.44	314	0.56	151	48
दिसम्बर	0.33	236	0.69	186	79
1944					
जनवरी	0.36	257	0.62	168	65

स्रोत : (i) श्रीनिकेतन फ़ार्म और डेरी के खाते
(ii) पूर्वी भारत के कृषि आर्थिक अनुसंधान केन्द्र के खाते, तथा
(iii) उनकी जानकारी के आधार पर आकलन

करते हुए दिसम्बर 1942 को आधार मानकर मज़दूरी और खाद्यान्न क़ीमतों की विनिमय दरों के सूचक बनाए गए हैं। ये सूचक तालिका 6.4 में प्रस्तुत किए गए हैं।

सितम्बर 1942 में भी मज़दूरी दर दिसम्बर 1941 वाली ही रही, चावल के दाम बस थोड़े से बढ़ गए थे। किन्तु इसके बाद तो चावल के भावों में भारी उछाल आना शुरू हो गया और मज़दूरी दर वहीं पर अटकी हुई रह गई। नवंबर में तो चावल क़ीमत सूचक 221 हो गया, जबकि सामान्य के विपरीत मज़दूरी दर में कुछ ही गिरावट दर्ज की गई। अतः विनिमय दर गिर कर 38 रह गई। अगले महीने फ़सल की कटाई के समय मज़दूरी दर में कुछ सुधार हुआ पर मई 1943 तक यह गिर कर 34 ही रह गई। जुलाई से शुरू तिमाही में तो यह दर लगातार 30 से कम ही बनी रही।

मज़दूरी और कीमतों के आँकड़ों के सही मूल्यांकन में इस बात पर ध्यान देना ज़रूरी है कि मज़दूरों की ज़्यादातर आमदनी तो फ़सल की रोपाई और कटाई के समय ही हो पाती है। यदि मज़दूरी कीमतों के साथ-साथ बढ़ती रहे तो भी, उच्चतम मज़दूरी दर बाद में कीमतों में आने वाले उछाल का अन्दाज़ा नहीं लगा पाती। अतः मज़दूरों को संकट का सामना करना ही पड़ जाता है। बंगाल की मज़दूरी दरें स्थिर-प्राय क़ीमतों के अनुभव पर आधारित थीं। दिसम्बर-जनवरी की उच्चतम मज़दूरी दरों में भी शीघ्र ही क़ीमतों के तीन गुना हो जाने की आशंका की कोई झलक नहीं पाई। मज़दूरी दर का अगला उच्च स्तर तो मई-जून में ही सम्भव होता।

रोज़गार के बारे में भी प्रत्यक्ष जानकारी का अभाव ही है। सामान्य मौसम चक्र के विपरीत नवम्बर 1942 में मज़दूरी दर में गिरावट और सर्दी की फ़सल की कटाई एवं उसके बाद भी वास्तविक मज़दूरी की दर के न्यून स्तर रोज़गार में आई कमी का संकेत देते हैं। 1942 की शीतकालीन फ़सल पर चक्रवात, बाढ़ व फफूँदी की बीमारी के कारण यह स्वाभाविक-सा भी लगता है किन्तु ठोस आँकड़ों के अभाव में रोज़गार के सम्बन्ध में केवल अटकलें ही लगाई जा सकती हैं।

आइए, अब कृषिमज़दूरों के अतिरिक्त अन्य अनेक मज़दूर वर्गों की स्थिति पर ध्यान दें। बोलपुर, बीरभूम जनपद, से संग्रहीत जानकारी के आधार पर अनेक वस्तुओं और चावल की विनिमय दरों का आकलन तालिका 6.5 में प्रस्तुत किया जा रहा है। प्रथम अवधि में गेहूँ के आटे, कपड़े और सरसों के तेल आदि के दाम तो चावल के दामों के अनुरूप ही बढ़ते रहे पर मछली और बाँस की छतरियाँ पिछड़ गईं जबकि दूध और हजामत में तो बहुत भारी गिरावट आई। दूसरी अवधि में तो ये गिरावट और भी अधिक हो गई। गर्मियाँ आते-आते चावल के मूल्य की तुलना में हजामत की क़ीमत दिसम्बर 1941 के स्तर से 20 प्रतिशत से भी कम रह गई।

जहाँ तक मछली का प्रश्न है, आरम्भिक गिरावट के बाद पहली ही अवधि

तालिका 6.5

बोलपुर, बीरभूम जनपद, में खुदरा कीमतों और चावल की विनिमय दरों के सूचक

मास-मध्य में	*गेहूँ का आटा*	*तेल सरसों*	*कपड़ा*	*बांस की छतरियाँ*	*दूध*	*पौना मछली*	*हजामत*
1941							
दिसम्बर	100	100	100	100	100	100	100
1942							
जनवरी	121	93	108	114	108	95	108
फ़रवरी	112	93	108	127	108	95	108
मार्च	121	100	108	152	108	95	108
अप्रैल	109	88	113	145	88	88	88
मई	91	74	142	134	74	74	74
जून	98	89	169	160	88	132	88
जुलाई	92	82	165	150	83	124	83
अगस्त	83	94	165	129	74	110	74
सितम्बर	130	125	197	145	88	132	88
अक्तूबर	99	80	126	92	56	84	56
नवम्बर	79	71	102	69	45	68	45
दिसम्बर	125	95	134	85	66	84	56
1943							
जनवरी	116	88	132	85	61	65	52
फ़रवरी	168	95	142	98	66	70	56
मार्च	111	74	94	69	44	46	37
अप्रैल	108	59	68	60	32	34	27
मई	72	51	46	43	21	27	18
जून	78	50	49	48	23	39	19
जुलाई	77	49	49	47	23	38	19
अगस्त	75	64	47	44	22	37	19
सितम्बर	112	95	76	66	33	56	28
अक्तूबर	100	85	68	57	30	50	25
नवम्बर	95	118	86	73	47	80	32
दिसम्बर	75	145	118	90	62	106	42
1944							
जनवरी	64	127	111	91	57	97	58

स्रोत : तालिका 6.4 (ii) और (iii)

तालिका 6.6

कालेज स्ट्रीट, कलकत्ता, में चावल व मछली की .खुदरा क़ीमतें और उनकी विनिमय दरों के सूचक

	ढेकीचाता चावल की कीमत	*रोही मछली (टुकड़ा) कीमत*	*साबुत मछली की कीमत*	*टुकड़ा मछली चावल विनिमय दर*	*साबुत मछली चावल विनिमय दर*
1941					
दिसम्बर	100	100	100	100	100
1942					
जनवरी	100	100	100	100	100
फ़रवरी	100	100	100	100	100
मार्च	100	100	100	100	100
अप्रैल	100	100	100	100	100
मई	100	110	140	110	140
जून	119	110	140	92	118
जुलाई	130	130	180	100	138
अगस्त	137	150	160	109	117
सितम्बर	133	150	180	113	135
अक्तूबर	147	140	180	95	122
नवम्बर	154	170	180	110	117
दिसम्बर	170	170	180	100	106
1943					
जनवरी	228	150	180	66	79
फ़रवरी	218	150	180	69	83
मार्च	219	150	180	68	82
अप्रैल	330				
मई	435	210	180	48	41
जून	435	220	240	51	55
जुलाई	435	300	280	69	64
अगस्त	491	280	320	57	65

स्रोत : 'कलकत्ता म्युनिसिपल गज़ट', 1941-43

के मध्य (जून-सितम्बर 1942) में उसमें कुछ सुधार आया, पर फिर गिरावट आ गई। यह अस्थायी सुधार मछली पकड़ने को प्रभावित करने वाले मौसमी कारकों का ही

नतीजा था—किसी सीमा तक सैन्य कारणों से बंगाल में नौकाओं के आवागमन पर लगे प्रतिबन्धों का भी असर इसमें अवश्य शामिल रहा होगा। मई में जारी आदेश ने बंगाल की नदियों में दस सें ज़्यादा सवारियाँ ले जाने वाली नौकाओं के आवागमन पर रोक लगा दी थी। अंग्रेज़ों को भय था कि कहीं ये नौकाएँ जापानी सेनाओं के हाथ लग गई तो कठिनाइयाँ पैदा हो जाएँगी। इस आदेश का नदी परिवहन और मछली पकड़ने की गतिविधियों पर बहुत प्रभाव पड़ा था। अतः मछुआरों के आर्थिक संकट का अनुमान केवल मछली-चावल क़ीमत अनुपात से लगाना भी भ्रामक ही होगा। फिर यह अनुपात भी अगर तेज़ी-से गिरता है—जैसे वास्तव में हुआ—तो मछुआरों का जीवन ही दूभर हो जाता है। बोलपुर तो मछलियों का छोटा-सा बाज़ार ही है। अतः तालिका 6.6 में मछली-चावल कीमत अनुपात कलकत्ता के बाज़ारों से लिया गया है—यहाँ इस अनुपात में गिरावट ज़रा देर से आरम्भ हुई थी।

विनिमय अधिकारिता में तो केवल एक ही वर्ग ह्रास से बचा रह सकता था—वह था चावल उत्पादकों का वर्ग। इसमें बड़े व छोटे किसान की अच्छी बड़ी संख्या शामिल होगी। किसी सीमा तक बटाईदार भी इसी वर्ग में आते हैं, क्योंकि इनका हिस्सा भी चावल के रूप में ही होता है। यह ठीक है कि बटाईदारों के रोज़गार के अवसरों में कमी आ सकती है, फिर भी विनिमय दर के रूप में तो उसकी हालत नियत मौद्रिक मज़दूरी वाले श्रमिकों से अच्छी ही होगी। विनिमय अधिकारिता विश्लेषण के अनुसार तो किसानों और बटाईदारों पर अकाल के दुष्प्रभाव अन्य वस्तुओं के विक्रेताओं (मछुआरों, नाइयों, कारीगरों) और सामान्य मज़दूरों की अपेक्षा कम ही रहते हैं।

दरिद्रता का वर्ग-आधार

अकालपीड़ित कौन थे ? इन पीड़ितों का सम्बन्ध किस प्रकार के रोज़गार समूहों से था ?

अकालों से सम्बन्धित आँकड़े कभी-भी पर्याप्त नहीं होते। पर बंगाल के अकाल के तुरंत बाद इसके पीड़ितों के तीन अलग-अलग सर्वेक्षण हुए हैं। बंगाल के 386 गाँवों के बीस प्रतिशत परिवारों के बहुत व्यापक संदर्श सर्वेक्षण (1944-45) की जानकारी महालनोबिस, मुकर्जी एवं घोष ने प्रकाशित की है। अकाल की गहनता को ध्यान में रख कर ही 86 में से 41 उपखण्डों का चयन किया गया था। प्रत्येक गाँव के बीस प्रतिशत परिवारों को बिना किसी योजना के चुना गया। परिवारों की रोज़गार अवस्था जनवरी 1939, (अकाल से बहुत पहले) जनवरी 1943 (अकाल से तुरन्त पहले) और मई 1944 (अकाल के पश्चात्) दर्ज की गई। दूसरा अध्ययन के. मुकर्जी का रहा। उन्होंने फ़रीदपुर जनपद के पाँच गाँवों की 1944 के पूर्वार्द्ध की आर्थिक दशा का अध्ययन किया है। यह अध्ययन भी बहुत उपयोगी है क्योंकि पूर्वी बंगाल का यह क्षेत्र बुरी तरह से अकाल की चपेट में था। सितम्बर 1943 में

ही टी. दास ने कलकत्ता में आए हुए अकालपीड़ितों में से 820 परिवारों की दशा का अध्ययन किया था।

प्रथम अध्ययन (महालनोबीस एवं सहयोगी) के आधार पर अकाल-पूर्व एवं प्रथम अवस्था, द्वितीय अवस्था आदि में आए परिवर्तनों का स्पष्ट निरूपण सम्भव है। यह कार्य इस अध्याय के अन्त में प्रस्तुत तालिकाओं, 6.9 तथा 6.10 में सम्पन्न किया गया है। यह ध्यान देने योग्य बात है कि अकाल से तुरन्त पहले एवं अकाल के दौरान घोर दारिद्रय (Pauperisation) के व्यवसायी स्वरूपों में बहुत ही निकट सम्बन्ध के प्रमाण मिल रहे हैं। स्पियरमैन के सह-सम्बन्ध क्रमिकतांक (Spearman's Coefficient of Rank Correlation) का मान 0.75 पाया गया है। यह कहा जा सकता है कि जिनकी हालत अकाल से पूर्व भी ख़स्ता ही थी, वही अकाल से भी बुरी तरह पीड़ित हुए हैं। पर निर्धनों के अतिरिक्त अन्य सभी वर्गों-व्यवसाय समूहों की हालत अकाल के दौरान ही (पिछले चार वर्षों की तुलना में) बहुत ख़स्ता हो गई थी (देखें तालिका 6.7, क द्वारा निर्दिष्ट स्तम्भ), जबकि ग़रीबी क्रमिकतांक के अनुसार उन व्यवसायों के स्तर में कोई बदलाव नहीं आया था (अर्थात् यद्यपि समाज के विभिन्न व्यवसायी समूहों की निर्धनता के क्रम में कोई अन्तर नहीं आया, किन्तु अनेक ऐसे समूह जो अकाल से पूर्व अपना गुज़ारा चला ही लेते थे, अकाल के दौरान भीख माँगने को बाध्य हो गए थे।)

अकाल के दौरान सबसे अधिक दुष्प्रभावित व्यवसायों का क्रम यह रहा : मछुआरे, माल ढोने वाले, धान की दराई करने वाले, कृषिमज़दूर, अन्य उत्पादक, कारीगर, और ग़ैरकृषि मज़दूर। किसानों और बटाईदारों पर सबसे कम दुष्प्रभाव रहा। अकाल-पूर्व (प्रथम अवस्था) में भी उन्हीं के समुदाय पर सबसे कम असर पड़ा था।

धानदराई करने वाले समुदाय की अपनी ही विशेषताएँ दिखाई पड़ती हैं। यह ग्रामीण व्यवस्था का ऐसा पेशा है जिससे नीचे तो बस पूर्ण निःस्सहायावस्था ही रह जाती है। इस निम्नतर मज़दूरी के धंधे में प्रवेश अत्यन्त सहज है—वैसे इसमें मुख्यतः महिलाएँ ही शामिल रही हैं। इस पेशे में लगे लोगों में अकाल से पूर्व 3.6 प्रतिशत एवं अकाल के दौरान 4.6 प्रतिशत लोग ही दारिद्र्य भुगत रहे थे—पर इस धन्धे पर आश्रित ग्रामीण परिवारों का अनुपात इसी अवधि में बहुत तेज़ी-से बढ़ने के संकेत भी मिले हैं। पारिवारिक एवं व्यक्तिगत पृष्ठभूमि आदि के विस्तृत ब्यौरे के अध्ययन के बाद चट्टोपाध्याय और मुकर्जी का निश्चित मत है कि अनेक महिलाएँ पहले से ही धान की दराई का काम कर रहीं थीं, किन्तु इस अवधि में घर के कमानेवालों की मौत के कारण बच्चों का पेट भरने के लिए भी कितनी ही महिलाएँ यह पेशा अपनाने को बाध्य हो गईं। 1939-43 तथा 1943-44 में दारिद्र्य वृद्धि के बावजूद जनवरी 1939 से मई 1944 के बीच धानदराई से निर्वाह करने वाले परिवारों की संख्या में 66 प्रतिशत की वृद्धि आँकी गई है।

तालिका 6.7

दरिद्रता का प्रसार : स्तर क से स्तर ख की ओर संचरण

व्यवसाय वर्ग	*जनवरी 1939 से जनवरी 1943 की अवधि में*		*जनवरी 1943 से जनवरी 1944 की अवधि में*	
	क	ख	क	ख
	%	%	%	%
1. किसान कृषक एवं बटाईदार	0.7	0.9	1.3	1.5
2. अंशकालिक किसान-मज़दूर	0.9	1.1	1.4	2.0
3. ग़ैर-किसान भूस्वामी	0.7	1.3	1.6	2.4
4. अन्य व्यवसायी एवं सेवा दाता	1.4	1.9	2.1	2.6
5. व्यापारी	1.1	1.5	2.2	2.6
6. दस्तकार	3.0	3.1	3.8	4.3
7. ग़ैर-कृषिमज़दूर	1.8	1.8	3.7	4.5
8. अन्य उत्पादक व्यवसाय	1.9	2.2	4.6	4.6
9. कृपिमज़दूर	1.7	2.5	4.6	6.1
10. परिवहन	2.4	30.6	6.0	6.9
11. मछुआरे	1.6	1.6	9.6	10.5
12. धानदराई करनेवाले	3.6		4.7	

स्रोत : महालनोबिस, मुखर्जी और घोष (1946) द्वारा प्रस्तुत आंकड़े

धानदराई का पेशा अपनाना आर्थिक संकट का ही प्रमाण है। इसी आधार पर अकाल से तुरन्त पहले और अकाल के दौरान अन्य पेशों से निकल इस पेशे में शामिल होनें वालों के अनुपात को भी अकालपीड़ितप्राय ही मानकर हमने तालिका 6.7 के स्तम्भ ख में शामिल किया है। संकट के इस पुनः परिभाषित सूचक के अनुसार अकाल से तुरन्त पूर्व एवं अकाल अवधि के दौरान क्रमिकताओं में बहुत घनिष्ठ सम्बन्ध देखा गया है (स्पियरमैन के क्रमिकता सहसम्बन्ध गुणक का मान 0.78 बैठता है)।

जहाँ तक भुखमरी या धानदराई के पेशे में 'भर्ती' का प्रश्न है, मछुए, ढुलाई करने वाले और कृषि मज़दूर परिवार सबसे अधिक तेज़ी से इस ओर संचरण करने को बाध्य हुए। वैसे ढुलाई करने वालों के विषय में हमारे निष्कर्ष बहुत 'ठोस' नहीं कहे जा सकते—पर नदियों पर आधारित ग्राम्य परिवहन व्यवस्था का सारा दारमदार मछुआ जाति के लोगों द्वारा नौकाएं चलाने पर ही रहा है। अगर मछुओं को रोज़ी के लाले पड़ गए हों तो मल्लाहों की स्थिति उनसे बहुत भिन्न नहीं रहती। और कृपिमज़दूरों व मछुओं पर अकाल का भीषणतम प्रभाव पड़ने के विषय में कोई

सन्देह ही नहीं है। अन्य अतिप्रभावित वर्गों में ग़ैर-कृषिश्रमिक तथा कारीगर आदि रहे।

कृषिश्रमिकों में से सबसे अधिक संख्या में लोग निस्सहायावस्था में फँसने को बाध्य हुए। अकाल की पराकाष्ठा में सितम्बर 1943 में कलकत्ता तक चलकर पहुँचे भूखे-नंगे लोगों में 41 प्रतिशत कृषिमज़दूर परिवारों से ही थे। पर टी. दास के ये आँकड़े इस समुदाय में निस्सहायता के आकलन के लिए पर्याप्त नहीं हैं।

मुकर्जी के फ़रीदपुर के गाँवों के सर्वेक्षण में तो जहाँ कुल मिलाकर 29 प्रतिशत लोग निस्सहायता में फँसे, किन्तु कृषिमज़दूरों में से तो 52 प्रतिशत को यही अवस्था भुगतनी पड़ी। जो परिवार पूरी तरह से नष्ट हो गए (जिनके सभी सदस्य मर गए) उनके अनुपात के आँकड़े तो और भी चौंकाने वाले हैं। 40 प्रतिशत कृषिमज़दूर परिवारों को इस दुर्भाग्य को भोगना पड़ा, वैसे कुल मिलाकर 15 प्रतिशत परिवार इस दुर्भिक्ष की भेंट चढ़े थे। वस्तुतः अकाल से अतिपीड़ित कृषिमज़दूर परिवारों में से 77 प्रतिशत काल के गाल में समा गए। तालिका 6.8 में विभिन्न व्यवसायी समूहों में रही मृत्यु दरों के आँकड़े प्रस्तुत किए गए हैं। इनके बाद बारी आती है ग़ैरउत्पादक वर्ग की। इस वर्ग में तो भिक्षावृत्ति से जीवन-यापन करने वाले लोग थे—दुर्भिक्ष काल में उनकी निस्सहायता बहुत ही गहन हो गई। अगला वर्ग दस्तकारों का रहा—इनमें से 35 प्रतिशत निस्सहायता के चंगुल में फँसे तो 10 प्रतिशत इस दुनिया से ही मुक्त हो गए। किसान एवं बटाईदारों में केवल 18 प्रतिशत निस्सहायता एवं 6 प्रतिशत परिवारों की समाप्ति के आँकड़े मिलते हैं। ये वर्ग दफ़्तरों में कार्य करनेवालों और भूमिपतियों से ऊपर ही रहे।

इन आँकड़ों से जो चित्र उभरता है, वह अधिकारिता विधि से प्राप्त होने वाले निष्कर्षों के अनुरूप ही है। किसानों और बटाईदारों की तुलना में कृषिमज़दूरों की दुर्दशा अपेक्षित ही थी। उनके लिए ही खाद्यान्न की उपलब्धता में सर्वाधिक कमी आई थी। मछुओं, ग़ैर-कृषिमज़दूरों तथा कारीगरों पर पड़े प्रभावों की गहनता भी अधिकारिता सम्बन्धों में आए बदलाव के अनुरूप हैं।

विनिमय अधिकारिताओं में तीखे उतार-चढ़ावों के कारण

विनिमय अधिकारिताओं में इतने भारी उतार-चढ़ाव के क्या कारण रहे ? आँकड़ों के अभाव में निश्चित रूप से कुछ कह पाना तो सहज नहीं है, पर कुछ प्रारम्भिक अनुमान अवश्य लगाए जा सकते हैं।

सबसे पहली बात तो यही है कि अकाल की प्रथम अवस्था में चावल की कीमत वृद्धि के मूल में माँग में आया उछाल ही रहा क्योंकि 1942 में आपूर्ति तो ज़्यादा ही अच्छी रही थी (देखें तालिका 6.2)। यद्यपि यह कीमत वृद्धि सारे देश में हुई किन्तु बंगाल में कुछ ज्यादा ही उछाल आया। यह किसी सीमा तक युद्ध

तालिका 6.8

फ़रीदपुर के पाँच सर्वेक्षित गाँवों में निस्सहायता का फैलाव

व्यवसाय वर्ग	*कुल परिवारों की संख्या 1.1.43*	*प्रत्येक वर्ग में निस्सहाय परिवारों की संख्या (1.1.43)*	*निस्सहायता अनुपात (%)*	*1943 में पूरी तरह नष्ट परिवार संख्या*	*1943 पूरी तरह नष्ट परिवारों का अनुपात (%)*
किसान और बटाईदार	266	49	18.4	17	6.4
कृषि मज़दूर	124	65	52.4	50	40.3
कारीगर	20	7	35.0	2	10.0
छोटे दुकानदार	107	34	31.8	15	14.0
बटाई पर ज़मीन देनेवाले	16	1	6.3	0	0.0
पुरोहित, छोटे कर्मचारी	11	3	27.3	3	27.3
दफ़्तरों में कर्मचारी	20	2	10.0	0	0.0
भूस्वामी	10	0	0.0	0	0.0
ग़ैर-उत्पादक वर्ग	18	8	44.4	3	16.7
योग	592	169	28.5	90	15.2

स्रोत : मुखर्जी (1965), तालिका 63, पृष्ठ 178 पर आधारित

काल में स्वाभाविक स्फीति का ही परिणाम था। बंगाल में तो अभूतपूर्व पैमाने पर सैनिक एवं नागरिक निर्माण-कार्य हो रहे थे और उन सबके लिए नोट छाप कर धन जुटाया जा रहा था। यद्यपि 1941 से 1942 के इस प्रकार के ख़र्च का आधे से अधिक तो इंग्लैंड से प्राप्य स्टर्लिंग कोष (Sterling Balance) ही था, पर उसके भी तात्कालिक स्फीतिकारी प्रभाव को तो समाज को झेलने ही पड़े। वस्तुतः इस स्टर्लिंग कोष को 'परिसम्पत्ति' मानकर इसके आधार पर भारतीय रिज़र्व बैंक उनके मूल्य से ढाई गुणा नए नोट छापने का अधिकारी था। अतः इंग्लैंड से वसूल हो सकने वाले युद्ध व्यय का भारत में बहुत ही भारी स्फीतिकारी प्रभाव पड़ा। इस तरह से 1943 का अकाल तो एक 'समृद्धिकालिक' अकाल कहा जा सकता है—जिसमें सार्वजनिक व्यय के विस्तार से स्फीतिकारी दबाव बढ़ गए थे।

अकाल की दूसरी अवस्था में माँग पक्ष को अपेक्षाकृत कमज़ोर फ़सल ने भी बढ़ावा दिया। अब जमकर सट्टेबाज़ी और ज़ख़ीराख़ोरी शुरू हो गई। पिछले वर्ष में चावल के दाम दुगुने हो गए थे, पर बैंकों की ब्याज दर मात्र 2 प्रतिशत ही थी। ऐसे हालात में चावल जमा करके रखना, रुपए जोड़ने से कहीं अधिक मुनाफ़े का सौदा बन गया। 1942-43 की शीतकालीन फ़सल का बहुत बड़ा हिस्सा किसानों और व्यापारियों के गोदामों में ही सिमट गया, फ़सल की कटाई के तुरन्त बाद बाज़ार में चावल की आमद में स्वाभाविक वृद्धि भी नहीं दिखाई पड़ी। उत्पादन में आई मामूली-सी गिरावट बाज़ार की आमद में भारी गिरावट में परिवर्तित हो गई। अकाल जाँच आयोग के चालू आपूर्ति के आँकड़े बाज़ार में आपूर्ति को अभिव्यक्त करने में असमर्थ हो गए।

तीसरा मुख्य कारण प्रशासनिक अफ़रातफ़री रही। इसके कारण घबराहटवश चावल के भण्डारों की अनावश्यक ख़रीदारी हुई। दिसम्बर से मार्च के बीच तरह-तरह की अनाज-संग्रहण योजनाएं शुरू एवं समाप्त की गईं—यहाँ तक कि 11 मार्च को ही थोक बाज़ार में चावल की कीमत पर नियन्त्रण को अचानक समाप्त कर दिया गया। किन्तु अकाल की बढ़ती हुई परछाईं की झलक तो पहली अवस्था से ही फैलती हुई भूख और बदहाली से मिलनी शुरू हो चुकी थी। अतः चावल के दाम और बढ़ेंगे—यह बात व्यापारी वर्ग के मन में घर कर गई। पहली अवस्था में ही अनेक व्यवसायी समूहों की विनिमय अधिकारिताओं पर भारी दुष्प्रभाव पड़ चुके थे, दूसरी अवस्था में चावल के दामों में सट्टाख़ोरों की कृपा से हुई वृद्धि ने तो और व्यवसायी समूहों को भी विनिमय अधिकारिताओं के ह्रास के पाश में धकेल दिया। सरकार का यह प्रचार कि आपूर्ति को देखते हुए इतनी ऊँची क़ीमतें उचित नहीं हैं, पूरी तरह से प्रभावशून्य रहा।

चौथा मुख्य कारण था 1942 में एक प्रदेश से दूसरे में अनाज के आवागमन पर लगाया गया प्रतिबन्ध। इसके कारण बंगाल में कीमत वृद्धि की दौड़ को अन्य

प्रदेशों से अनाज लाकर रोक पाना सम्भव नहीं हुआ। अनेक प्रकार की राष्ट्रव्यापी अन्न वितरण योजनाओं से झख मार कर अन्ततः सरकार ने देश के पूर्वी भाग में अन्न व्यापार पर लगी रोक हटा ही ली। यह मई 1943 के मध्य में हुआ। किन्तु जुलाई आते-आते पड़ोसी प्रदेशों में भी कीमतें वहाँ की सरकारों द्वारा निर्धारित अधिकतम स्तर को छूने लगीं और खुले व्यापार की छूट समाप्त करनी पड़ी। ग्रीष्म के अन्त तक जाकर अनाज के अन्तर-प्रान्तीय प्रवाह की केन्द्रीय योजना पर अमल आरम्भ हो पाया। तब कहीं जाकर 1943 की अन्तिम तिमाही में बंगाल में आपूर्ति दशा में सुधार दिखाई पड़ने लगा।

अकाल की पाँचवी विलक्षणता क्रय शक्ति एवं आय के प्रसार में विषमता रही। सैनिक और नागरिक सुरक्षा से जुड़े, सेना में काम कर रहे, युद्ध से समृद्ध हो रहे उद्योगों व व्यापार में जुटे हुए तथा सार्वजनिक वितरण व्यवस्था से लाभान्वित सभी कलकत्तावासी खाद्यान्नों की माँग को खूब बढ़ावा दे रहे थे। पर जो लोग इन प्रसार और प्रतिरक्षणों से वंचित थे, उन्हें क़ीमत वृद्धि सहन करने से कोई छुटकारा नहीं मिल पाया। प्रदेश के अधिकांश क्षेत्रों में युद्ध के कारण हुए प्रसार में कृषि मज़दूरों को कुछ हाथ नहीं लगा। सारे प्रदेश में इन मज़दूरों की बहुतायत के कारण भी इनकी आर्थिक दशा कमज़ोर ही रही। इसकी एक झलक इस तथ्य में भी मिलती है कि अकाल के कारण काल के गाल में समाए लाखों लोगों में सबसे बड़ा समूह कृषि मज़दूरों का ही रहा। वह भी वर्ष 1943 में जबकि बंगाल के इतिहास में उस वर्ष से अधिक चावल का उत्पादन कभी नहीं हुआ था। मैं शुल्ज़ (Schultz) के रास्ते पर चलकर कृषि श्रम के आधिक्य के विचार की जाँच[1] में तो नहीं फँसना चाहता, फिर भी मृत्यु के ताण्डव, महामारियों, खाने की तलाश में भटकने से अधिकांश कृषि श्रम शक्ति के ग्रस्त होने के बावजूद इतने बड़े पैमाने पर खेतीबाड़ी के संभव हो जाने को लेकर हतप्रभ अवश्य हूँ।

छठी विशेष बात यह है कि दस्तकारियों, सेवाओं और बेहतर भोज्य पदार्थों (मछली-दूध) के विषय में भी अकाल की दूसरी अवस्था ने अपनी ही समस्याएँ पैदा कर दीं। ग्रामीण क्षेत्रों में आर्थिक अभाव के प्रसार से इन पदार्थों की माँग में काफी गिरावट आई। यह प्रवृत्ति अन्य अकालों में भी पाई गई है। इस कारण से भी और अधिक व्यवसायी समूहों को दुर्दशा का सामना करना पड़ा।

अन्ततः यह भी कम महत्त्वपूर्ण नहीं है कि बंगाल का अकाल क़ीमतों के इतिहास के दो सोपानों के सन्धिकाल में आया। इससे पहले कई दशकों से क़ीमतें स्थिरप्राय ही थीं—1941 की क़ीमतें 1914 से कुछ ख़ास भिन्न नहीं थी। किन्तु 1942 से आरम्भ

---

1. शुल्ज़ ने 1918 की महामारियों के बाद कृषि उत्पादन में गिरावट को 'कृषि श्रमिकों की बहुतायत' के विचार को नकारने का पर्याप्त प्रमाण माना है।

हुई क़ीमत वृद्धि की प्रक्रिया एक प्रकार से हमारे जीवन का एक आवश्यक अंग ही बन गई है। किन्तु इस नई वास्तविकता के अनुरूप देश का व्यवस्थागत ढाँचा सहज ही अपने को ढाल नहीं पाया।

नीतियों की विफलता में सिद्धान्तों का योगदान

बंगाल के अकाल के प्रति सरकारी नीति की नितान्त अपर्याप्तता की जमकर आलोचना हुई है। अकाल जाँच आयोग ने भारत एवं बंगाल प्रदेश की सरकारों की नीतियों की विफलताओं की विस्तृत समीक्षा की है। यह अकाल भारतीय राष्ट्रवाद की दृष्टि से ब्रिटिश साम्राज्यवाद की आलोचना का सबसे अधिक केन्द्रीय मुद्दा बन गया—अफ़सरशाही के व्यवहार को लेकर तो विशेष प्रहार हुए हैं। ब्रिटिश सरकार द्वारा कुछ जहाज़ों को आपद् आधार पर भारत में अनाज पहुँचाने की इजाज़त देने से मना करने की भी बहुत जमकर आलोचना हुई है। अकाल के अन्तिम चरण में वायसराय होकर आए लॉर्ड वेवल को भारत में अनाज के आयात को बढ़ाने के लिए कड़ा संघर्ष करना पड़ा। उन्होंने साफ़-साफ़ लिखा है कि "लगता है भारत की प्रमुख समस्याओं को महारानी की सरकार नज़रअन्दाज़ ही नहीं करती, वरन् कई बार तो उसका रवैया बहुत ही शत्रुतापूर्ण एवं अपमानजनक भी रहता है।"

क्या ये आलोचनाएँ हमारे विचार (कि बंगाल का अकाल खाद्यान्न उपलब्धता में भारी गिरावट का परिणाम नहीं था) को कुण्ठित कर सकती हैं ? नहीं, मेरा विचार तो इस बात को स्वीकार नहीं कर पाएगा, क्योंकि अकाल को पैदा करने वाले कारण कुछ भी हों, इसकी काली छाया को छिन्न-भिन्न करने के लिए तो सार्वजनिक वितरण प्रणाली में भारी मात्रा में खाद्यान्न की आपूर्ति ही सफल हो पाती है। अतः केवल राशन और नियन्त्रण पर्याप्त नहीं होते, अन्य निर्माण-सहायता कार्यों के माध्यम से स्फीतिकारी परिस्थितियों में विनिमय अधिकारिता वंचित जनसमुदाय को कुछ शक्ति उपलब्ध कराना भी उतना ही महत्त्वपूर्ण होता है। (बंगाल के अकाल की सबसे बड़ी विद्रूपता यही रही कि सरकार ने इसे अकाल घोषित ही नहीं किया—अकाल की घोषणा के बाद तो 1883 से लागू अकाल संहिता (Famine Code) के अनुरूप सहायता कार्य एवं निर्माण आदि कार्यक्रम आरम्भ करना आवश्यक हो जाता। बंगाल के गवर्नर टी. रदरफोर्ड (T. Rutherford) ने वायसराय को कुछ इस प्रकार से अपनी विवशता जताई थी : "अकाल संहिता इसलिए लागू नहीं की गई कि हमारे पास उस संहिता में निर्दिष्ट मात्रा में राशन बाँट पाने के लिए पर्याप्त अनाज नहीं है।") अनाज के बड़े भण्डार से तो वह क़ीमत वृद्धि की शृंखला भी टूट जाती जिसने अकाल की दूसरी अवस्था को जन्म दिया था। अतः सरकारी व्यवस्था द्वारा अन्य प्रान्तों से अनाज लाकर सार्वजनिक वितरण व्यवस्था को सुधार पाने में विफलता की आलोचना के बारे में पुनर्चिन्तन की आवश्यकता ही नहीं बचती अकाल जाँच आयोग ने बंगाल

प्रशासन की धाँधलियों और भारत सरकार द्वारा समग्र देश के लिए समन्वित खाद्य नीति निर्धारण में विफलता के बारे में जो टिप्पणियाँ की हैं—वे भी सार्थक एवं आवश्यक हैं।

किन्तु सरकार की अकाल की सम्भावना को बूझने और उसके छा जाने पर भी उसे स्वीकार कर पाने की असमर्थता पर अवश्य इन जानकारियों द्वारा एक नया प्रकाश पड़ा है। अंततः अक्तूबर 1943 में भारत सचिव ने संसद में अकाल का अस्तित्व स्वीकार किया, पर कलकत्ता के प्रभावशाली दैनिक 'स्टेट्समैन' ने उस वक्तव्य पर टिप्पणी करते हुए आश्चर्य व्यक्त किया कि "इस भाषण में प्रत्यक्षतः यह स्वीकार क्यों नहीं किया गया कि अधिकारियों से निर्णय लेने में चूक हुई है—क्योंकि लन्दन और दिल्ली की सरकारें तो अभी तक यही दावा करती रही हैं कि भारत में कहीं भी किसी तरह की खाद्य समस्या नहीं है।" हमारे इसी अध्याय में पहले किए गए विवेचन से यही ज्ञात होता है कि भारत में ब्रिटिश राज सकल खाद्य उपलब्धता के आकलन में तो ठीक ही था पर इसके अकाल सिद्धान्त पूरी तरह से विनाशकारी रहे।

खाद्य समस्या के विषय में सरकार का चिन्तन 'आवश्यकता' और उपलब्ध मात्रा का अनुमान लगाकर वास्तविक कमी जानने तक ही सीमित रहा—यह तो अन्धेरे कमरे में उस काली बिल्ली की खोज जैसा ही था जो कमरे में आई ही नहीं थी। इसी कारण सरकार को विनिमय अधिकारिताओं में हुए बदलाव के कारण भयंकर अकाल की छाया की झलक भी नहीं मिल पाई। यही नहीं, जब पूरा समाज अकाल की गिरफ़्त में फँस चुका था तब भी सरकार की चिन्तन धारा उस समस्या के सही स्वरूप और गहनता को स्वीकार कर पाने में असमर्थ रही।

भारत सरकार समय-समय पर खाद्यान्न की कमी के अनुमान लगाती रही है। दिसम्बर 1942 में भी बर्मा से चावल की आमद रुकने, सिन्ध में बाढ़, बंगाल-उड़ीसा में चक्रवात और बाढ़ तथा बंगाल की चावल की फ़सल अच्छी नहीं होने जैसी सभी बातों का पूरा लेखा-जोखा करते हुए चावल की कमी का अनुमान तैयार किया गया था। किन्तु सरकार को यह कमी कुछ ऐसी लग रही थी जिसे अर्थव्यवस्था सहन कर सकती थी। इस कमी का प्रयोग कर गेहूँ की पहले से चल रही कमी को पूरा करने के लिए 600,000 टन और आयात के लिए जहाज़ों की माँग ज़रूर लन्दन से की जा रही थी। भारत सचिव ने इस माँग पर अपनी टिप्पणी इन शब्दों में दर्ज की थी :

"इस माँग में चावल की 140,000 टन और मोटे अनाजों की 650,000 टन की कमी का कोई हिसाब ही नहीं लगाया गया। वस्तुतः भारत सरकार की गेहूँ से जुड़ी समस्याओं को इन कमियों के परिप्रेक्ष्य में ही देखा जाना चाहिए। किन्तु ये कमियाँ महत्त्वपूर्ण होते हुए भी भारत के 600 से 700 लाख टन कुल उत्पादन

को देखते हुए, सांख्यिकीय दृष्टि से यह कोई ख़ास मायने नहीं रखती।"

इस प्रकार 'खाद्य उपलब्धता ह्रास' के विचार का अनुसरण करते हुए भारत सचिव ने शहरी जनता को विशेष रूप से प्रभावित करने वाले अनेक कारकों का भी ज़िक्र किया है। उनका विचार था कि ये शहरी लोग तो बाज़ार में बिकने को आए उत्पादन पर ही आश्रित हैं, अतः किसी भी कमी का प्रभाव सबसे पहले इन्हीं पर पड़ेगा—और इन्हीं के श्रम द्वारा भारत की गोला-बारूद व अन्य सैन्य सामग्रियाँ निर्मित करने वाले कारखाने चलते हैं। किन्तु इस प्रकार के चिन्तन में ग्रामीण जन समुदाय, जिसकी अवस्था पहले ही विनिमय अधिकारिता के बदलाव के कारण खस्ता हो चली थी, की समस्याओं के लिए कोई स्थान ही नहीं था। वितरण का हवाला भी केवल इसलिए प्रासंगिक समझा गया कि रेल व्यवस्था का प्रयोग तो सैनिक एवं अन्य सरकारी माल-असबाब की ढुलाई के लिए पहले ही हो रहा था। वैसे भी सरकारी चिन्तन में वितरण प्रणाली केवल परिवहन का मुद्दा थी, इसे उन्होंने कभी-भी क्रय शक्ति और विनिमय की समस्या माना ही नहीं।

जैसा अक्सर होता रहा है, लन्दन को 6 लाख टन गेहूँ के आयात की अनुमति देना भी नहीं सुहाया। कुछ थोड़ा-सा आयात करने दिया गया, किन्तु सरकार स्वयं खाद्यान्न की कमी को गंभीर नहीं मानती थी। अतः उसके वितरण की व्यवस्था करना दूर की बात थी। यहाँ तो तत्काल गेहूँ के थोक भावों पर नियन्त्रण हटा दिया गया, एक सरकारी खरीद एजेन्सी बनाई गई और एक से दूसरे प्रान्त में गेहूँ का आवागमन बन्द कर दिया गया। एक बयान जारी कर विदेशों से आयात का वायदा किया गया और साथ ही यह भी शक ज़ाहिर कर दिया गया कि सरकार मानती है कि खाद्यान्न की कमी का मुख्य कारण ज़ख़ीराख़ोरी है।

26 जनवरी को वायसराय ने भारत सचिव को सूचित किया : हमारी खाद्यान्न सम्बन्धी कठिनाइयों को देखते हुए मैंने बंगाल के प्रधानमन्त्री से कहा है कि यदि बंगाल में कमी हो तो भी उसे बंगाल से लंका के लिए कुछ और चावल भेजना ही होगा। उसकी प्रतिक्रिया बहुत विपरीत नहीं थी, मुझे आशा है कि मैं उससे कुछ-न-कुछ माल निकलवा ही लूँगा।" यद्यपि अकाल पैदा करने वाली शक्तियाँ पराकाष्ठा की ओर बढ़ रही थीं, फिर भी उत्पादन के आँकड़ों के अनुसार 'कमी' का विचार सरकारी अधिकारियों के गले नहीं उतर पा रहा था।

बाद में, वसन्त के पास जब अकाल की विभीषिका पूरी तरह से प्रकट होने ही वाली थी, वायसराय ने भारत सचिव को बड़े हर्ष के साथ सूचित किया कि अब खाद्यान्न की स्थिति बहुत सुधर गई है। वैसे बंगाल की स्थिति अभी भी कुछ डाँवाडोल है पर कुल मिलाकर हम आशावादी हो सकते हैं—इस आशावादिता का आधार शेष देश की स्थिति में सुधार और रबी की शानदार फ़सल की उम्मीद है।

किन्तु जब अकाल पड़ा तो अधिकारी हतप्रभ रह गए। वायसराय का विचार

था कि मुख्य कारण मनोबल का टूटना है किन्तु खाद्यान्न उपलब्धता ह्रास (FAD) विधि का परित्याग नहीं किया गया—बस, अगली फ़सल आने तक की अवधि में बंगाल में 'कमी' के आँकड़े दुबारा गढ़ लिए गए। 2 अक्तूबर 1943 को वायसराय ने बंगाल के गवर्नर सर टी. रदरफ़ोर्ड की एक रिपोर्ट लन्दन भेजी जिसमें वर्तमान खाद्य स्थिति का विस्तृत ब्यौरा देते हुए यह रोना रोया गया था कि सारे आँकड़े ही कुछ ऐसे हैं कि उन पर भरोसा नहीं किया जा सकता, अतः वास्तविक कमी के बारे में सही ज्ञान का अभाव ही है। किन्तु उन्होंने कमी के आकलन की विधि की कमियों पर ध्यान देना ज़रूरी नहीं समझा। माना गया कि 15 वर्ष से बड़े व्यक्ति को रोज़ एक पौंड अनाज चाहिए तथा छोटों को ½ पौंड। फिर व्यापारियों के पास जमा भण्डारों और 1941-42 से चले आए पुराने भण्डार का अनुमान लगाकर यह निष्कर्ष निकाल लिया गया कि अगली फ़सल तक 650,000 टन की कमी पड़ेगी। पर वायसराय ने 8 दिनों के भीतर ही इस अनुमान को संशोधित कर दस लाख टन कर लिया—क्योंकि किसी विशेषज्ञ ने उन्हें कह दिया था कि कमी ज्यादा होगी।

खाद्यान्न उपलब्धता ह्रास विधि से बाहर के व्यावहारिक सुझावों को भी यदा-कदा सरकारी टिप्पणियों में स्वीकृति मिल जाती थी, किन्तु सरकार के खाद्य संकट के निदान सम्बन्धी सिद्धान्तों पर वही विधि छाई रही। जनवरी 1944 तक तो सरकार उस विधि के आधार पर अकाल की एक बहुत ही जटिल-सी व्याख्या गढ़ने में भी सफ़ल हो गई। वह व्याख्या कुछ इस तरह थी : "पिछले वर्षों के अनुभव से भारत सरकार यही समझी है कि 1942 से आयात बन्द होने के कारण लोग पुराने भण्डार को खा बैठे थे और भण्डार समाप्त हो जाना ही कमी का मुख्य कारण है—वैसे अभी भी इस बात के पुख्ता प्रमाण नहीं मिले हैं कि सारे छुपे हुए भण्डार समाप्त हो गए थे—पर इस घटनाक्रम के प्रभाव तो बने ही रहेंगे। "जैसा हमने पहले भी देखा है, सरकारी आँकड़ों में पुराने चले आ रहे भण्डारों का एक भी आँकड़ा नहीं दिया गया, और उपलब्धता की चल औसत, जिसमें उत्पादन व आयात शामिल हैं, किसी भी तरह पुराने भण्डार की समाप्ति का कोई संकेत नहीं देती।

अन्ततः जब रिपोर्ट देने और क्या कुछ हो गया यह समझाने का वक्त आया तो हमारा अकाल जाँच आयोग भी खाद्यान्न उपलब्धता ह्रास के जाल में ही उलझ कर रह गया। अकाल को उत्पादन और व्यापार तथा उस रहस्यमय पुराने भण्डार में भारी कमी का परिणाम बताकर मुक्ति पा ली गई। एक प्रकार से बहुचर्चित फ़ीनिक्स की भाँति यह खाद्यान्न उपलब्धता ह्रास विधि राख़ से पुनः जीवित हो उठी। आज भी विश्व में खाद्य संकटों की व्याख्या में बार-बार यही तोतारटन्त सुनाई पड़ जाती है—हाँ, यदा-कदा यह भी याद कर लिया जाता है कि जब बंगाल में बाढ़ के कारण चावल की फ़सल बर्बाद हुई तो वहाँ 20 से 40 लाख लोगों को अपनी जान से हाथ धोना पड़ गया था।

तालिका 6.9

अकालपूर्व (जनवरी 1939 से जनवरी 1943 के बीच) ग्रामीण बंगाल में व्यवसाय परिवर्तन

1939	*कृषक और बटाईदार*	*अंश कालिक कृषि श्रमिक*	*कृषि श्रमिक*	*अकृषक भूस्वामी*	*मछुए*	*दस्तकार*	*धान दराई*	*माल ढुलाई*	*व्यापारी*	*सेवायें*	*गैर कृषि पेशे*	*अन्य उत्पादक*	*निस्सहाय भिखारी*
	%	%	%	%	%	%	%	%	%	%	%	%	%
कृषक और बटाईदार	91.8	3.3	1.9	0.9	0.0	0.2	0.2	0.1	0.4	0.3	0.1	0.1	0.7
अंशकालिक कृषिश्रमिक	1.7	90.3	3.9	0.4	0.1	1.3	0.2	0.0	0.3	0.5	0.1	0.4	0.9
कृषिश्रमिक	2.6	4.3	87.1	1.0	0.0	0.5	0.8	0.0	0.3	1.0	0.2	0.6	1.7
अकृषक श्रमिक	3.7	0.7	1.2	90.5	0.0	0.2	0.6	0.0	0.4	1.3	0.3	0.4	0.7
मछुए	3.8	2.8	1.3	0.3	68.3	21.0	0.0	0.0	0.3	0.0	0.3	0.3	1.6
दस्तकार	8.0	0.7	1.6	2.7	0.0	81.1	0.1	0.1	0.6	1.0	0.3	0.7	3.0
धानदराई	8.8	1.0	2.6	4.1	0.0	1.6	73.7	0.5	0.5	1.0	1.6	1.0	3.6
माल ढुलाई	5.3	2.9	2.4	4.9	0.0	0.0	28.2	51.0	1.9	0.0	0.5	0.5	2.4
व्यापारी	11.9	1.8	1.9	2.5	0.0	0.7	0.4	0.1	77.1	1.6	0.7	0.3	1.1
सेवाएँ	7.3	1.6	2.2	5.8	0.0	0.9	0.5	0.0	1.5	77.6	0.7	0.5	1.4
ग़ैर कृषि श्रमिक	9.9	1.6	0.0	4.5	0.0	0.9	0.0	0.0	0.9	0.9	79.3	0.0	1.8
अन्य उत्पादक पेशे	3.7	1.9	1.5	4.3	0.0	0.3	0.3	0.0	0.9	0.9	0.3	84.0	1.9
निस्सहाय भिखारी	0.4	0.0	2.2	0.0	0.0	0.4	2.2	0.0	2.9	1.8	1.5	1.1	87.6

तालिका 6.10

अकाल के दौरान (जनवरी 1943–मई 1944) ग्रामीण बंगाल में व्यवसाय परिवर्तन

1943	*कृषक और बटाईदार*	*अंश कालिक कृषि श्रमिक*	*कृषि श्रमिक*	*अकृषक भूस्वामी*	*मछुए*	*दस्तकार*	*धान दराई*	*माल ढुलाई*	*व्यापारी*	*सेवायें*	*गैर कृषि पेशे*	*अन्य उत्पादक*	*निस्सहाय भिखारी*
	%	%	%	%	%	%	%	%	%	%	%	%	%
कृषक और बटाईदार	91.6	1.9	2.4	1.3	0.1	0.4	0.2	0.1	0.4	0.2	0.0	0.3	1.3
अंशकालिक कृषिश्रमिक	2.6	86.9	6.8	0.5	0.0	0.2	0.6	0.1	0.3	0.3	0.2	0.2	1.4
कृषिश्रमिक	0.9	1.5	88.2	0.0	0.1	0.5	1.5	0.2	0.3	1.2	0.2	0.8	4.6
अकृषक श्रमिक	0.6	0.1	0.8	92.6	0.0	1.1	0.8	0.1	0.5	1.2	0.2	0.5	1.6
मछुए	0.5	0.0	2.3	0.5	78.6	0.5	0.9	0.5	4.6	0.0	0.9	1.4	9.6
दस्तकार	1.8	0.5	2.9	1.1	0.1	87.4	0.5	0.3	0.3	0.9	0.5	0.1	3.8
धानदराई	0.0	0.4	0.8	0.0	0.4	0.8	90.6	0.4	0.8	0.0	0.4	0.8	4.7
माल ढुलाई	0.9	1.7	7.8	0.0	0.0	3.5	0.9	78.5	0.0	0.9	0.0	0.0	6.0
व्यापारी	1.8	0.6	2.8	1.1	0.1	0.6	0.4	17.5	69.6	2.0	0.5	0.8	2.2
सेवाएँ	1.4	0.4	0.9	1.2	0.0	0.6	0.5	0.3	0.9	91.5	0.1	0.1	2.1
ग़ैर कृषि श्रमिक	3.7	2.2	5.2	0.0	0.0	0.0	0.8	0.0	0.0	0.0	82.8	1.5	3.7
अन्य उत्पादक पेशे	0.6	1.8	1.5	0.6	0.0	0.6	0.0	0.3	0.3	1.5	0.0	88.4	4.6
निस्सहाय भिखारी	0.2	0.7	2.8	1.9	0.0	1.9	1.7	0.2	1.4	0.5	1.2	2.1	85.4

7.

इथोपिया का अकाल

अकाल के वर्ष : 1972-74

इथोपिया में अकाल का सबसे पुराना विवरण 9वीं शताब्दी में मिलता है। सन् 1540 से 1742 के बीच 10 से अधिक बड़े अकालों की जानकारी उपलब्ध है। सबसे भयंकर अकाल तो 1888-92 के दौरान रहा, जिसके गाल में देश की एक तिहाई आबादी समा गई। आज भी जनस्मृति में वह दुखद काल 'किफ़ू कान' (Kifu qan) यानी 'बुरे दिनों' के रूप में अंकित है। उस भयंकर अकाल की तुलना में 1972-74 का अकाल सामान्य-सा ही प्रतीत होगा क्योंकि इसमें केवल 50,000 से 200,000 लोगों के मरने का अनुमान रहा है। किन्तु जैसा कि एक्रोयड (Akroyd) का कहना है, इतिहास के इस काल में एक लाख से अधिक लोगों की अकाल के कारण मृत्यु होने देना अपने-आप में क्षम्य नहीं है।

इस अकाल का सबसे गहरा प्रभाव देश के उत्तर-पूर्वी प्रदेश वोलो (Wolo) पर पड़ा, उससे भी उत्तर में अवस्थित तिगराई (Tigrai) प्रान्त भी इसकी चपेट में रहा। वैसे थोड़ा-बहुत असर तो बाक़ी सारे ही क्षेत्र हारेर्घ (Harerghe) पर भी रहा। वोलो में अकाल की चरम सीमा 1973 में आई, वर्षांत तक सुधार आरम्भ हो गया था। तिगराई की स्थिति भी कुछ-कुछ ऐसी ही रही किन्तु हारेर्घ में तो 1974 में ही अकाल पूरी तरह अनुभव हुआ। एक प्रकार से इथोपिया में दो अकाल पड़े, पहला 1972-73 में रहा जिसका प्रभाव वोलो और तिगराई प्रदेशों पर पड़ा, तो दूसरा अकाल 1973-74 में देश के दक्षिणी प्रदेशों, विशेषकर हारेर्घ पर पड़ा। भूख के कारण सबसे ज़्यादा जनहानि 1973 में वोलो में ही हुई।

वैसे तो 1971-72 की वर्षा ही अनियमित रही थी, पर 1972 में मुख्य वर्षा काल 'क्रेम्ट' (Kremt) की अनावृष्टि और उसके बाद 1973 के वसन्त के पास 'बेल्ग' (Belg) वर्षा के स्थान पर सूखे ने पूर्वोत्तर इथोपिया में भारी अकाल के हालात पैदा कर दिए। पहली अनावृष्टि से घाटियों में अभाव आया तो दूसरी के कारण पठारी

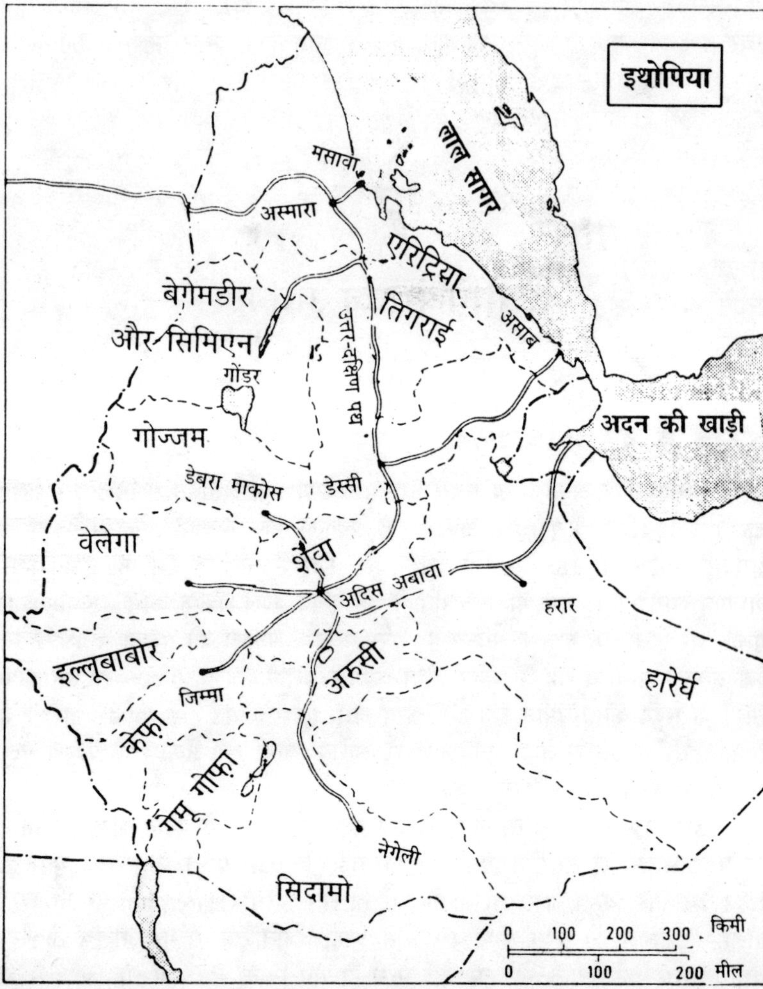

चित्र 7.1 इथोपिया

क्षेत्र भी अभावग्रस्त हो गया। इस अकाल से राहत 1973 की क्रेम्ट वर्षा के बाद सम्भव हुई किन्तु इसी समय देश के दक्षिणी क्षेत्रों में नई अकाल स्थिति पैदा हो गई। देश का अधिकांश अन्न उत्पादन मुख्य वर्षा पर आश्रित रहता है। 1972 की मुख्य वर्षा की विफलता से ही उत्तर-पूर्व में खाद्यान्न उत्पादन बहुत कम रह गया

था—फिर उसके साथ दिसम्बर 1972 की फ़सल का अभाव भी जुड़ गया।

निस्सन्देह 1972 के अन्तिम महीनों में संकट के आसार दिखाई देने लगे थे। दिसम्बर में इथोपियाई रेड क्रॉस राजधानी अदीस अबाबा के बाहर वोलो से आकर पड़े हुए एक हजार अकालपीड़ितों की सहायता कर रहा था। 1973 के आरम्भ से ही उत्तर-दक्षिण राजमार्ग पर वोलो प्रदेश में लोगों के झुंड जमा हो चुके थे, जो हर आने-जाने वाले वाहनों—बसों व कारों—को रोक कर कुछ खाने को माँग रहे थे। मार्च 1973 में डेढ़ हज़ार भूखे किसानों के समूह को अदीस अबाबा के रास्ते से पुलिस ने वापस मोड़ दिया। यद्यपि नवम्बर 1972 में ही कृषि मन्त्रालय के एक अध्ययन ने गम्भीर संकट की चेतावनी दे दी थी, फिर भी अधिकारिक रूप से अकाल की उपस्थिति को स्वीकार करने में बहुत ढील बरती गई। वस्तुतः शुरू में तो सरकार जान-बूझकर अकाल की गम्भीरता को कम बताती रही। यद्यपि यूनीसेफ़ (Unicef) तथा स्वीडेन द्वारा वित्तित इथोपियाई पोषण संस्थान अकाल के प्रारम्भिक समय से ही सहायता कार्यों में लगे थे, फिर भी अन्तर्राष्ट्रीय संस्थाओं को इस अकाल की गहनता समझने में बहुत समय लग गया।

शुरू में लगे सहायता-शिविर स्थानीय नगर समितियों और इने-गिने सामुदायिक विकास अधिकारियों एवं स्वास्थ्यकर्मियों के निःस्वार्थ सेवा-भाव के कारण ही सम्भव हो पाए थे। इन शिविरों में भीड़, गन्दगी, चिकित्सा सुविधाओं के अभाव की बड़ी दारुण गाथाएँ सुनने में आई हैं, पर स्थानीय समुदायों के संसाधन महती सहायता कार्यों की आवश्यकता की तुलना में नितान्त अपर्याप्त ही थे। अगस्त 1973 में जब भूख के मारे लोग बड़ी संख्या में मर रहे थे, उन शिविरों में, जहाँ 20,000 लोगों के लिए भी जगह नहीं थी, कम-से-कम 60,000 अकालपीड़ित शरण लिए हुए थे। दो महीने बाद जब बड़े पैमाने पर विदेशी सहायता सामग्री पहुँची, तब तक तो भुखमरी का दौर गुज़र चुका था और शिविरों में बस 15000 शरणार्थी ही बच रहे थे।

अन्ततः एक व्यापक अन्तर्राष्ट्रीय सहायता कार्य प्रारम्भ हुआ। यद्यपि तब तक वोलो और तिगराई से अकाल की छाया छंट चुकी थी, फिर भी सहायता की तलाश में फिर रहे ग़रीबों की कोई कमी नहीं थी। यही नहीं, देश के दक्षिण और पूर्वी भागों में और अनेक समुदाय बदहाली के शिकार होते जा रहे थे। यद्यपि सहायता एवं पुनर्वास आयोग के अकालपीड़ितों के अनुमान में तो 1974 तक वृद्धि ही हो रही थी किन्तु इस बात में किसी तरह का सन्देह नहीं है कि संकट का गहनतम स्वरूप 1973 में ही था। वस्तुतः उस गहनतम काल में तो अन्तर्राष्ट्रीय समाज ने कोई ध्यान ही नहीं दिया। इथोपिया की सरकार ने भी उसे आधी-अधूरी-सी ही स्वीकृति प्रदान की। सहायता कार्यों में तेज़ी तो अकाल ख़त्म होने के बाद ही आई। खाद्य सहायता के क्षेत्रवार वितरण में भी दुर्दशा और सहायता राशि में कोई तारतम्य नहीं था !

अकाल और खाद्य सहायता के समय सोपानों की तुलना तो बहुत चौंकाने

वाले परिणाम दिखाती है। सरकारी आँकड़े बताते हैं कि नवम्बर 1973 तक केवल 12000 टन अनाज का वितरण हुआ था—इसमें से वोलो में 6500 टन गया। इसके विपरीत नवम्बर 1973 से दिसम्बर 1974 के बीच इथोपिया को 126000 टन अनाज विदेशी सहायता और दान के रूप में प्राप्त हुए। इसमें 11000 टन पुनर्वासीय अनाज भी शामिल था। सारी अन्नराशि का 70 प्रतिशत वोलो और तिगराई में भेजा गया जबकि उन क्षेत्रों की समस्याएँ पहले ही समाप्त हो चुकी थीं। हारेर्घ, जहाँ इस दौरान अकाल अपनी पराकाष्ठा पर था, अन्तर्राष्ट्रीय सहायता का मात्र 8 प्रतिशत ही भेजा गया।

खाद्य उपलब्धता

इथोपिया का अकाल अनावृष्टि के कारण हुआ था। अनावृष्टि से अन्न उत्पादन में भारी गिरावट भी निर्विवाद रूप से आई। अतः खाद्यान्न उपलब्धता ह्रास विधि के अनुरूप व्याख्या करने की इच्छा का दमन सहज नहीं होगा। किन्तु सूखे से केवल कृषि एवं घुमन्तु जन के लिए खाद्य आपूर्ति में कमी नहीं आती, इस संकट के कारण इन लोगों की आमदनी में कमी आने से उनका खाद्य सामग्री पर नियन्त्रण भी कमजोर पड़ जाता है। पर पहला प्रश्न तो खाद्य उत्पादन के परिमाण से ही जुड़ा हुआ है।

खाद्यान्न उपलब्धता ह्रास के पक्षधरों ने बार-बार कृषि मन्त्रालय के नवम्बर 1972 के कृषि उत्पादन सर्वेक्षण की दुहाई दी है। यह भी बार-बार दोहराया गया है कि खाद्य उत्पादन में गिरावट की भविष्यवाणी पहले ही हो चुकी थी। यह सर्वेक्षण बहुत व्यापक था, अकाल पड़ने से ठीक पहले यह सम्पन्न हुआ, अतः इसकी जानकारी को बहुत ही गम्भीरता से लिया जाना चाहिए। किन्तु क्या वास्तव में इस सर्वेक्षण के आँकड़े खाद्यान्न की आपूर्ति में किसी बहुत भारी गिरावट का प्रमाण प्रस्तुत करते हैं ?

इथोपियाई कृषि मन्त्रालय की 1973 की रिपोर्ट में उत्पादन के आँकड़े तो नहीं दिए गए पर विभिन्न जनपदों का उत्पादन स्तर का चारवर्गीय विभाजन अवश्य दिया गया है। ये वर्ग हैं (1) सामान्य से अधिक, (2) सामान्य, (3) सामान्य से कम, तथा (4) सामान्य से बहुत ही कम। यह वर्गीकरण प्रत्येक महत्त्वपूर्ण फ़सल और 1972-73 के सकल कृषि उत्पादन के सम्बन्ध में किया गया है। हमारी तालिका 7.2 में सकल उत्पादन के अनुसार वर्गीकरण उद्धृत किया गया है। आँकड़े बताते हैं कि 65 प्रतिशत जनपदों में सामान्य, 21 प्रतिशत में सामान्य से कम और शेष 14 प्रतिशत में सामान्य से अधिक उत्पादन हुआ था। सामान्य से कम वर्ग को ही 'सामान्य कमी' और 'बहुत अधिक कमी' वाली उपश्रेणियों में बाँटा गया है, 'सामान्य से अधिक' वर्ग में इस प्रकार का विभाजन आवश्यक नहीं समझा गया।

आइए, अपने अनुमानों को कुछ निम्न स्तर पर रखने के लिए हम यह भी

तालिका 7.1

इथोपिया में फसलों का उत्पादन : प्रदेशवार मूल्यांकन : 1972-73

प्रदेश/क्षेत्र	ज़िलों की संख्या जहाँ से जानकारी मिली	विभिन्न वर्गों में ज़िलों का प्रतिशत				
		सामान्य	सामान्य से अधिक	सामान्य से कम	सामान्य से कम (शुद्ध)	सामान्य से बहुत कम
	(1)	(2)	(3)	(4)	(5)=(4)−(3)	(6), included in (4)
1. वोलो	21	10	0	90	90	52
2. अरूस्सी	20	70	5	25	20	10
3. हारेर्घ	22	39	23	39	16	9
4. एरिट्रिया	23	78	4	18	14	9
5. शेवा	72	54	17	29	12	8
6. तिगराई	42	84	6	10	4	8
7. वेलेगा	35	86	0	14	14	0
8. गेमू गोफा	17	82	6	12	6	0
9. इलुबबोर	14	64	22	14	-8	0
10. गोज्जाम	22	82	14	4	-10	0
11. केफ़ा	9	45	33	22	-11	0
12. बेगमडिर एवं सिमियन	29	72	21	7	-14	0
13. सिदामो	23	78	22	0	-22	0
14. बाले	11	9	82	9	-73	0
कुल	360	65	14	21	7	7

स्रोत : इथोपिया के कृषि मंत्रालय (1973) तथा हुसैन (1976) तालिका 10 में दिए गए आँकड़ों पर आधारित

मान लें कि 'सामान्य से अधिक' उत्पादन वाले जनपदों में कहीं भी बहुत अधिक वृद्धि नहीं हुई। यदि सभी जनपदों का भार-मान समान हो तो 'सामान्य से कम' वर्ग के 14 प्रतिशत उत्पादन की कमी की क्षतिपूर्ति 'सामान्य से अधिक' 14 प्रतिशत के आधिक्य से हो जानी चाहिए। अब हमारे पास 65 प्रतिशत 'सामान्य' और 7 प्रतिशत 'सामान्य से बहुत कम' उत्पादन वाले जनपद बच रहते हैं। यदि इन 7 प्रतिशत का उत्पादन शून्य भी मान लिया जाए—जबकि ऐसा नहीं हुआ—तो हमारे कुल उत्पादन के आँकड़े हद-से-हद 7 प्रतिशत की गिरावट का प्रमाण ही दे पाएँगे। किसी मूलतः वर्षानिर्भर कृषि अर्थव्यवस्था में 7 प्रतिशत की कमी को किसी भी सूरत में 'भयंकर कमी' कहना उचित नहीं माना जाएगा।

उसी रिपोर्ट में उपलब्ध कुछ अन्य जानकारियों का प्रयोग कर उत्पादन में कमी का अनुमान भी लगाया जा सकता है। रिपोर्ट में प्रत्येक फ़सल के अलग-अलग आँकड़े दिए गए हैं, साथ ही यह भी बताया गया है कि किस जनपद में उत्पादन सामान्य से कम था और कहाँ सामान्य से अधिक रहा। ये आँकड़े तालिका 7.2 में प्रस्तुत किए जा रहे हैं। अकालपूर्व वर्ष 1971-72 में कुल उत्पादन में उन फ़सलों के अनुपात को उनके भार का मान माना गया है।

भारित ह्रास का शुद्ध मान केवल 5.72 जिलों में सामान्य से कम उत्पादन

तालिका 7.2

इथोपिया 1972-73 कृषि उत्पादन : फ़सलवार विश्लेषण

फ़सल	*विभिन्न वर्गों में ज़िलों की प्रतिशत* *सामान्य से अधिक*	*सामान्य से कम*	*शुद्ध सामान्य से कम*	*सापेक्ष भार 1971-72*	*भारित सामान्य से शुद्ध नीचे सामान्य ज़िला प्रतिशत*
	(1)	(2)	(3)=(2)-(1)	(4)	(5)=(4)×(3)
जौ	21	15	-6	0.259	-1.55
टेफ़	18	25	7	0.228	1.60
ज्वार	16	33	17	0.182	3.09
मक्का	17	28	11	0.160	1.76
गेहूँ	18	22	4	0.145	0.58
अन्य	14	24	10	0.026	0.26
कुल				1.000	5.74

स्रोत : इथोपियाई कृषि मंत्रालय (1973) और हुसैन (1976) के आँकड़ों पर आधारित

के रूप में आकलित होता है। हम खाद्यान्न उपलब्धि ह्रास विधि की ओर ही अपने आकलन का रुख मोड़ते हुए यही मान लेते हैं कि 5.74 जनपदों में उत्पादन शून्य था। इसका अर्थ होगा कि उत्पादन में सकल गिरावट सामान्य के 6 प्रतिशत से अधिक नहीं थी।

अतः हम कह सकते हैं कि अकाल के दौरान इथोपिया में खाद्य पदार्थों की उपलब्धता मे किसी भारी कमी के कोई साक्ष्य नहीं मिलते। वस्तुतः इथोपियाई राष्ट्रीय बैंक ने तो पिछले वर्षों की तुलना में उत्पादन कुछ ज़्यादा ही होने का दावा किया है। संयुक्त राष्ट्र संघ के खाद्य एवं कृषि संगठन (FAO) द्वारा उत्पादन के अनुमानों में कोई स्थिरता नहीं है, पर कैलोरी-उपभोग के अनुमान में गिरावट नहीं बल्कि अच्छे-ख़ासे सुधार के ही संकेत मिलते हैं। तालिका 7.3 में 1961-65, 1964-66, 1967-69, 1970, 1972 और 1973 व 1974 के प्रति व्यक्ति कैलोरी उपभोग आँकड़ों की तुलना खाद्य एवं कृषि संगठन' की जानकारी के आधार पर की गई है। स्पष्ट है कि 1973 में अन्न की उपलब्धता 1972 से तो अवश्य कुछ कम है किन्तु 1961-65 की औसत कम नहीं रही। यही नहीं, 1964-66 और 1967-69 व 1970 की औसत से वह बहुत ज्यादा है। इन आँकड़ों से अकाल वर्ष 1973 में खाद्य उपभोग में किसी तरह की कमी के कोई संकेत नहीं मिलते। अगले वर्ष 1974 में गिरावट के साक्ष्य अवश्य स्पष्ट होते हैं।

तालिका 7.3

इथोपिया 1961-74 : खाद्य उपलब्धता, कैलोरी प्रति व्यक्ति

		परिवार प्रति	व्यक्ति कैलोरी सूचक
अवधि	कैलोरी	1973	1974
1961-5	2,092	99	91
1964-6	1,910	109	100
1967-9	1,950	107	98
1970	1,980	105	97
1972	2,152	97	89
1973	2,081	100	92
1974	1,912	109	100

स्रोत : फाओ प्रोडक्शन इयर बुक, 1976, 1971

वोलो : परिवहन संरोध या अधिकारिता संरोध ?

यद्यपि सारे इथोपिया में तो खाद्यान्न की सुलभता में कोई कमी नहीं आई किन्तु वोलो प्रदेश में निश्चय ही कमी आई थी। इस कमी की व्याख्या दो प्रकार से हो सकती है। एक तरीका तो अधिकारिता विधि का है। वोलो में खाद्य उत्पादन में गिरावट से किसानों को प्रत्यक्ष अधिकारिता विफलता और शेष समाज को व्यापार अधिकारिता विफलता का सामना करना पड़ा। यहाँ वोलो की जनता अपने उत्पादन में तो गिरावट का सामना कर ही रही थी, क्रय शक्ति में कमी के कारण ये लोग अन्य प्रदेशों से अनाज मँगा पाने में भी असफल रहे। दूसरी वैकल्पिक व्याख्या में इथोपिया के अन्य प्रदेशों से वोलो में अनाज पहुँचाने में आने वाली कठिनाइयों का सहारा लिया जा सकता है। इस मत के अनुसार, इथोपिया में अनाज की कोई कमी नहीं थी, बस परिवहन व्यवस्था की बाधाओं के कारण वोलो तक अनाज पहुँचा पाना सम्भव नहीं हुआ। बहुत से लोगों ने परिवहन की कठिनाइयों के आधार पर वोलो के संकट की व्याख्या करने के प्रयास किए हैं।

वास्तव में वोलो में सड़कों का विकास हुआ ही नहीं है और इसके भीतरी क्षेत्रों में अनाज पहुँचाने में आने वाली कठिनाइयों को कम करके आँकना उचित नहीं होगा। फिर भी मेरी दलील यही होगी कि वोलो के अकाल की सटीक व्याख्या परिवहन की कठिनाइयों नहीं वरन् अधिकारिताओं की विफलता से ही सम्भव होगी।

एक बात तो यह है कि, माना वोलो की सड़कें ख़स्ताहाल हैं किन्तु दो बड़े राजमार्ग भी इस प्रांत से गुज़रते हैं। इथोपिया का मुख्य उत्तर-दक्षिण राजमार्ग जो असमारा और अदीस अबाबा को जोड़ता है, अकाल से बुरी तरह प्रभावित क्षेत्र के बीचों-बीच से गुजरता है। इस अकाल की प्रारम्भिक जानकारी तो इस राजमार्ग पर भूखे लोगों की भीड़ द्वारा रोके गए वाहन चालकों ने ही उपलब्ध कराई थी। ज्यादातर राहत-शिविर भी इस राजमार्ग के आस-पास ही स्थापित हुए—इसलिए नहीं कि राजमार्ग से अनाज आसानी से शिविरों तक पहुँच सकता था। वास्तव में इस राजमार्ग के आस-पास के इलाकों में ही राहत की सबसे अधिक ज़रूरत थी, अतः सड़कों की टूटी-फूटी दशा अकाल-प्रभावित क्षेत्रों में भुखमरी की व्याख्या नहीं कर पाएगी।

दूसरे, अकाल के समय में भी वोलो क्षेत्र से अनाज के निर्यात के समाचार मिले हैं। यह निर्यात बहुत अधिक तो नहीं रहा फिर भी इससे बाज़ार अधिकारिता की विफलता को बल मिलता है—परिवहन की सीमितता को नहीं।

तीसरे, खाद्य उत्पादन में काफी गिरावट के बाद भी वोलो में खाद्य क़ीमतें कुछ ख़ास बढ़ी नहीं—यदि बढ़ीं भी तो बहुत थोड़े समय तक ही उच्च स्तर पर टिक पाईं। अक्तूबर 1973 में होल्ट और सीमैन (Holt and Seaman) ने सबसे अधिक प्रभावित जनपदों, राया (Raya) तथा कोबो (Kobo) में खाद्य कीमतों के आँकड़े संग्रह किए

तो पता चला कि ये अकालपूर्व की अपेक्षा मात्र 15 प्रतिशत अधिक थे। यह स्थिति तो उन ज़िलों की थी जिनकी जनसंख्या का दसवां हिस्सा मई-जून 1974 तक राहत-शिविरों में शरण लेने को बाध्य हो गया था।

वोलो की मुख्य अनाज मण्डी डेस्सी (Dessie) के भाव तालिका 7.4 में संकलित हैं। यदि 1970-72 के औसत दामों को अकाल-पूर्व का औसत माना जाए तो अकाल वर्ष 1973 के दाम उस औसत से विशेष रूप में मिलते-जुलते ही रहे। कुछ वस्तुओं के दाम ज़रा से ज़्यादा थे तो कुछ के कम। अनाज महँगा हुए बिना भी लोग भूख से मर गए। किन्तु अधिकारिता विधि इस अवस्था की सहज ही व्याख्या कर देती है। किसानों की खाद्य अधिकारिता प्रत्यक्षतः उत्पादन पर निर्भर है। यदि उत्पादन ही न हो तो अनाज के महँगा होने या न होने का किसानों के लिए कोई मतलब नहीं रह जाता। परिवहन की कठिनाइयों पर आधारित व्याख्या के अनुसार तो आपूर्ति

तालिका 7.4

वोलो प्रदेश, डेस्सी, में खाद्य फ़सलों के थोक मूल्य : 1970-73

खाद्य फ़सल	*1970*	*1971*	*1972*	*1973*	*1973 की कीमतों का 1970-72 कीमतों से आधिक्य प्रतिशत*
श्वेत गेहूँ	36	34	27	28	13
पिसाई गेहूँ	22	30	23	25	0
श्वेत ज्वार	27	28	23	26	0
अन्य ज्वार एवं ज़ेंगाडा	23	24	19	21	-5
श्वेत टेफ़	37	35	33	36	+3
सरगंग टेफ़	33	31	29	34	+10
लाल एवं अन्य टेफ़	31	29	27	30	+3
सफेद जौ	28	27	19	24	3
अन्य जौ	24	23	15	20	–3
मक्का	21	20	23	21	-2
बाजरा आदि	20	21	24	22	+2
मिश्रित मटर	21	24	17	21	+2
तिल	3[illegible]	32	24	25	-19
तोरिया	26	31	22	26	-1
अलसी	40	42	25	30	-16

स्रोत : नेशनल बैंक ऑव इथोपिया और इथोपियन ग्रेन एजेन्सी के आँकड़े

की सीमाओं के कारण कीमतों में भारी वृद्धि होनी चाहिए थी।

अतः परिवहन विधि को उचित ठहराना सहज सम्भव नहीं होगा। कहा जा सकता है कि वोलो के भूखपीड़ित नागरिक शेष इथोपिया से अनाज पा सकते थे—यदि उनके पास पर्याप्त क्रय शक्ति होती। इस प्रकार खाद्यान्न उपलब्धता ह्रास विश्लेषण की भौगोलिक इकाई इथोपिया बन जाता है, वोलो नहीं। खाद्य पदार्थ वोलो में नहीं पहुँच पाए, इसका कारण सड़कों का टूटा-फूटा होना नहीं था। वोलो के नागरिकों में अन्न ख़रीद पाने की सामर्थ्य ही नहीं बची थी (हालाँकि अनाज महँगा नहीं हुआ था, अतः कहा जा सकता है कि इन नागरिकों के पास क्रय शक्ति का नितान्त अभाव हो गया था)।

दरिद्र जनसमुदाय की आर्थिक पृष्ठभूमि

अकालपीड़ित लोग किस वर्ग के थे ? उनकी आर्थिक पृष्ठभूमि क्या थी ? यद्यपि इस विषय में कोई सर्वेक्षण नहीं हुआ है, पर अनेक स्रोतों से उन लोगों की व्यावसायिक वर्ग सम्बन्धी जानकारी मिल सकती है। उस जानकारी के आधार पर विभिन्न समूहों के परिमाणात्मक महत्त्व की प्रतिस्थापना तो सम्भव नहीं है, फिर भी, अकालपीड़ित समुदायों के विषय में काफ़ी स्पष्ट चित्रण हो सकता है।

यह तो बहुत ही स्पष्ट है कि अफ़ार (Afar) नामक घुमन्तु जन-जाति पर अकाल का गहन प्रभाव पड़ा था। दिसम्बर 1972 में ही अदीस अबाबा में शरण चाहने वाले यही लोग थे, इन्हीं के झुन्ड 1973 के आरम्भ में राजमार्गों पर आने-जाने वालों से कुछ खाने को माँग रहे थे। इस बात के अनेक प्रमाण हैं कि 1972 की वर्षा के विफल होने का सबसे पहले दुष्प्रभाव अफ़ार कबीलों पर ही पड़ा था।

मई-जून 1974 में वोलो के 13 राहत-शिविरों में रह रहे लोगों के अध्ययन से पता चला है कि इनमें प्रान्त के विभिन्न क्षेत्रों का प्रतिनिधित्व बहुत ही अलग-अलग रहा। तालिका 7.5 में वोलो के विभिन्न अवराजों (Awarajas) अथवा उपक्षेत्रों से आए हुए परिवारों के आँकड़े दिए गए हैं। यहाँ तीन उपक्षेत्रों में दरिद्रता का प्रभाव सबसे गहन प्रतीत होता है। ये हैं राया-कोबो, येजू (Yeju) और अम्बेस्सल (Ambassel)। शिविरों के तीन-चौथाई निवासी इन्हीं क्षेत्रों से आए थे। ये सभी उपक्षेत्र वोलो की पूर्वी घाटियों में अवस्थित हैं। यही वह क्षेत्र है जहाँ घुमन्तु चरवाहे विचरण करते हैं। जाति अनुसार विपत्ति दर का आकलन तो सम्भव नहीं है, पर यह साफ़ पता चलता है कि चरवाहों के वर्ग पर सबसे गहरा असर पड़ा था और 1973 के इस वोलो अकाल में घुमन्तु अफ़ार कबीले को प्रकृति की मार सबसे अधिक झेलनी पड़ी।

बेशक घुमन्तु क़बीलों को यह मार सबसे अधिक पड़ी हो, किन्तु यदि सारे दरिद्रों की संख्या देखें तो उसमें कृषकों की ही बहुतायत थी—कारण इतना ही है

तालिका 7.5

वोलो में राहत चाहने वालों का उपक्षेत्रवार ब्यौरा

उपक्षेत्र	*जनसंख्या*	*इस क्षेत्र से राहत-शिविर में आए परिवारों की संख्या*	*शिविरों में आए लोगों की संख्या प्रति हज़ार*	*सापेक्ष दरिद्रता सूचक*
(1)	(2)	(3)	(4)	(5)
1. राया और कोबो	54	1,350	112.5	100
2. येजू	159	1,994	56.4	50
3. अम्बेस्सल	261	1,639	28.3	25
4. कालू	126	515	18.4	16
5. अवसा	73	184	11.3	10
6. वाग	142	169	5.4	5
7. लास्टा	292	182	2.8	2
8. डेस्सी जूरिया	179	110	2.8	2
9. वाडला डेलाण्टा	147	18	0.6	0.5
10. वोर हिमेनू	225	22	0.4	0.4
11. बोरानेआ	265	15	0.3	0.3
12. वेर इलु	137	0	0.0	0.0

स्रोत : बेलेट इत्यादि (1977) के आँकड़ों पर आधारित

कि कृषक समुदाय घुमन्तुओं से कई गुना बड़ा है। राहत केन्द्रों में घाटी क्षेत्रों से आए किसान भरे पड़े थे–इन क्षेत्रों का जनसंख्या घनत्व भी अफ़ार क्षेत्र से बहुत अधिक रहा है। वस्तुतः राया-कोबो, येजू और अम्बेस्सल क्षेत्रों के शरणार्थियों में भी किसानों की ही बहुतायत रही।

किसानों को काफ़ी पहले ही संकट का सामना करना पड़ गया। मार्च 1973 में जो 1500 वोलोवासी चलकर अदीस अबाबा सहायता माँगने गए थे, वे किसान ही बताए जाते हैं। सामान्यतः विरोध आन्दोलनों से समुदाय या व्यवसाय का अनुमान कठिन ही होता है क्योंकि इनमें संगठन और उग्रता के दर्शन अधिक होते हैं, पर इस विषय में किसी को सन्देह नहीं है कि वोलो के किसानों को 1973 के अकाल की भीषणता की अनुभूति सबसे पहले ही हो गई थी।

सहायता शिविरों में इन समुदायों की संख्या सबसे महत्त्वपूर्ण रही :

(1) आस-पास के कृषि क्षेत्र से आए बच्चे और महिलाएं;

(2) उत्तरी क्षेत्र से काम की तलाश में दक्षिण की ओर आए लोग–यह बात डेस्सी और कोम्बोल्चा (Kombolcha) क्षेत्र में विशेषतः देखी गई;

(3) सड़क किनारे के कसबों और आस-पास से आए लोग। इनमें पेशेवर भिखारी, दिहाड़ी पर काम करने वाले पुरुष, और आर्थिक कठिनाइयों के कारण अपना सेवा-क्षेत्रीय काम खो बैठी महिलाएँ, कम सम्पन्न परिवारों के घरेलू नौकर, पानी भरने वाले, बीयर-शराब बेचने वाले और वेश्याएँ मुख्य समूह थे।

शरणार्थियों से बातचीत में कृषक समुदाय में दरिद्रता की पैठ के बारे में काफ़ी जांनकारी मिली है। फ़सल में गिरावट, चारे में कमी के कारण पहले तो किसानों ने अपने नौकर-चाकरों को निकालना शुरू किया। ये सबसे पहले अन्य कार्यों की खोज में चले। इनके बाद मुज़ारों की बेदख़ली शुरू हुई और वे भी रोज़गार की तलाश में निकल पड़े। धीरे-धीरे मुज़ारे और छोटे भूस्वामी अपने पशु धन को बेचने लगे--वैसे भी सूखे के कारण चारे का अभाव उन पशुओं को लील रहा था। जब पहली वर्षा के बाद सूखे का दौर चला तो बीज नष्ट हो गए। फिर उनके पास दो बार बीजाई के लिए बीज ही नहीं बचे थे। इथोपिया में काम की तलाश में लोगों का आना-जाना कोई नई बात नहीं थी—पर अब तो दिहाड़ी या फ़सल कटाई का काम तलाशने वालों की संख्या अतिविशाल हो चली थी। लोग काम की तलाश में वोलो के कसबों तक नहीं बल्कि सूडान की सीमा से लगे सेटिट्-हुमेरा (Setit-Humera) के नकद फ़सल उगाने वाले इलाकों और अवाश नदी के क्षेत्र में कपास के खेतों तक जा पहुँचे। इनके बच्चे और महिलाएँ क़सबों में भीख माँगने या फिर राहत शिविरों में सिर छिपाने को बाध्य हो गए।

जन पलायन पर और कई स्रोतों से भी जानकारी मिल सकती है। ए. पी. वुड (A. P. Wood) ने कोरब और गैइन्ट (Koreb and Gayint) के 92 मुस्लिम परिवारों के पलायन का अध्ययन किया है। अधिकतर प्रवासी पहले कृषि द्वारा ही जीवन-यापन करते थे। कुछ लोग जुलाहे या घरेलू नौकर थे या फिर शराब निकालते-बेचते थे। जिनके पास बहुत ज़मीन थी या जो बिलकुल ही ग़रीब थे, बड़ी मुश्किल से पलायन कर पाए। जो लोग सबसे पहले भागे, वे या तो समृद्ध मुज़ारे थे या फिर छोटे किसान। वुड साहब ने इस प्रक्रिया को कुछ इस प्रकार समझाया है :

"ज़्यादा ग़रीब मुज़ारे तो पिछले सात वर्ष से अकाल जैसे हालात झेल रहे थे। इनके सीमित साधन भी समाप्त हो गए थे। वे या तो इस क्षेत्र से पहले ही भाग चुके थे या अपने मालिकों के ऋणपाश में जकड़े होने के कारण गाँव छोड़कर कहीं नहीं जा सकते थे—या फिर अभावों से ग्रस्त होकर मर चुके थे। अपेक्षाकृत समृद्ध मुज़ारे अपनी अधिक ज़मीन और पशुधन के सहारे गाड़ी खींच रहे थे, पर अब जीवन-यापन दूभर हो चला था। बड़े भूस्वामियों को तो लगान भी नहीं चुकाना पड़ता; उनके मुज़ारे अकाल के दिनों में भी उन्हें लगान देते रहे थे अतः उन पर उत्पादन

में गिरावट का विशेष प्रभाव नहीं पड़ा। हाँ, जिनके पास ज़मीन एवं पशुधन बहुत कम था, उन्हें सात वर्षों से चल रहे अभाव के कारण बहुत कठिनाइयों का सामना करना पड़ रहा था।''

अतः अन्यान्य स्रोतों से जानकारी संग्रहीत कर हम यह कह सकते हैं कि इन पेशों के लोग और उनके आश्रितों को दारिद्र्य का सामना करना पड़ा :

(1) घुमन्तु जन, विशेष कर अफ़ार कबीले से;
(2) खेतों से निकाले गए नौकर, किसानों के आश्रित एवं देहाती मज़दूर;
(3) बेदख़ल या हालात से मजबूर मुज़ारे;
(4) बहुत कम ज़मीन के मालिक किसान;
(5) शहरी दिहाड़ी मज़दूर;
(6) सेवा कार्यों में लगी महिलाएँ;
(7) जुलाहे एवं अन्य कारीगर, दस्तकार; तथा
(8) पेशेवर भिखारी।

वोलो और उत्तर पूर्व की अपेक्षा दक्षिण का अकाल आर्थिक दरिद्रता एवं मृत्यु दर की दृष्टि से काफ़ी 'छोटा अकाल' कहा जा सकता है। इसका मुख्य प्रभाव देश के सबसे बड़े प्रान्त हारेर्घ और कुछ-कुछ बाले और सिडामो (Bale and Sidamo) में भी पड़ा। हारेर्घ से मृत्यु के आँकड़े बहुत स्पष्ट हैं–लगता है, ओगडन सोमाली एवं इस्सा सोमाली समुदायों पर, जो दोनों ही घुमन्तु क़बीले थे, अकाल का असर सबसे अधिक रहा। यद्यपि इस प्रांत की भी अधिकतर आबादी किसानों की ही है–पर सबसे अधिक दुष्प्रभाव घुमन्तु कबीलों पर ही रहा। विभिन्न समुदायों की पोषण आवश्यकताएँ अलग-अलग होती हैं, अतः मानवशास्त्रीय लक्षणों के मानकों के अनुसार तुलना कर पाना सहज नहीं होता। पर अकाल के ब्यौरे और राहत्-शिविरों के सर्वेक्षण से ये अन्तर बहुत अच्छी तरह से समझ आ जाते हैं। ये अन्तर मृत्यु दर के आँकड़ों में भी साफ़ झलकते हैं। पाँच वर्ष से कम आयु के बच्चों की मृत्यु दरों में तो अन्तर बहुत ही गहन हैं। 1974 का एक सर्वेक्षण बताता है कि पाँच वर्ष से कम आयु वर्ग की मृत्यु दर कृषकों में तो पिछले वर्ष भी स्थिरप्राय थी किन्तु घुमन्तुओं में यह चार गुणा हो गई। अतः हारेर्घ के दक्षिणी अकाल की विभीषिका का सही मूल्यांकन करने के लिए हमें घुमन्तु जन-जातियों की दुरवस्था और इनके निवास-स्थान, औगडन और इस्सा के मरुस्थलों पर विशेष ध्यान देना होगा।

कृषकों में दरिद्रता एवं अधिकारिताएँ

हमने पहले भी देखा है कि वोलो के अकाल में अधिकांश दरिद्रताग्रस्त लोग किसान ही थे–वे चाहे मुज़ारे या छोटे किसान ही रहे हों। यहाँ अधिकारिता ह्रास का स्वरूप प्रत्यक्ष अधिकारिता विफलता का रहा। इसमें बाज़ार की कोई तात्कालिक

भूमिका नहीं थी। खाद्य फ़सलों के उत्पादन में विशेष कमी आई थी, अतः सीधे ही किसानों का भूख से वास्ता पड़ गया। जहाँ तक इथोपियाई किसान की उदर पूर्ति अपने उगाए अन्न से होती है, उसकी भूख का रिश्ता देश में अनाज के उत्पादन नहीं बल्कि अपने खेत में उत्पादन में कमी से ही रहता है। यह भेद समझना बहुत जरूरी है, क्योंकि खाद्यान्न उपलब्धि विधि तो सारे देश में उत्पादन पर ही केन्द्रित रहती है। वोलो के किसानों की भूख का स्रोत बहुत ही प्रत्यक्ष था।

अपनी फ़सल ख़राब होने पर ये किसान बाज़ार का सहारा ले सकते थे—पर फ़सल की बर्बादी का अर्थ बाज़ार पर अधिकार का विध्वंस भी होता है। आय ही नहीं हो तो कोई बाज़ार में खरीदारी कैसे कर पाएगा ? हमने देखा है कि वोलो के किसान बाज़ार में अपनी खाद्यान्न की माँग को प्रभावी नहीं बना पाए इसीलिए व्यापक भुखमरी के बावजूद क़ीमतें स्थिरप्राय ही रहीं।

कृषि उत्पादन में कमी के साथ-साथ तीन अन्य कारणों से भी किसानों की प्रभावी माँग का स्तर संकुचित ही रहा : (1) ज़मीन की क़ीमतें कम हो जाना; (2) पशु-धन की व्यापक हानि; (3) पशुधन की बाज़ार क़ीमतों में गिरावट। अकाल पड़ने पर किसानों को ज़मीन एवं पशुधन के दामों में गिरावट भी भुगतनी पड़ती है। जब फ़सल का सहारा नहीं बचे तो किसान इन्हीं सम्पत्तियों को बेचकर निर्वाह करना चाहता है, किन्तु इस प्रकार आपूर्ति बढ़ने से इनके बाज़ार भाव गिरने लगते हैं। यहाँ तो सूखे के कारण पशु भी भूख से मर रहे थे पर इस तरह पशुधन की हानि के बाद भी इनके बाज़ार दाम कम ही होते रहे। यह भी चरवाहों के समुदाय पर पड़े अकाल की सामान्य विशेषता ही है। इस बारे में हम अगले खण्ड में चर्चा करेंगे।

आइए, अब किसानों पर एक नज़र डालें। वोलो के अकाल में किसानों ने बड़े पैमाने पर अपने नौकरों को काम से निकाल दिया था। यह भी आर्थिक संकटों से जूझ रहे कृषकों का सामान्य व्यवहार ही होता है—इसकी झलक अध्याय-6 तथा परिशिष्ट-2 में भी देखी जा सकती है। इन मज़दूरों की एकमात्र सम्पत्ति उनका श्रम होती है। बेरोज़गारी से इनकी विनिमय अधिकारिता पूरी तरह तहस-नहस हो जाती है। कहीं और जाकर काम की खोज से समस्या का समाधान हो जाना निश्चित नहीं होता—उनकी मौत या सहायता-शिविरों में भरती इसी अनिश्चितता का प्रमाण है। जिन्हें रोज़गार मिल भी गया, उनके बीवी-बच्चे पीछे भूख से मर गए या राहत केन्द्रों तक पहुँच गए—क्योंकि रोज़गार की तलाश में बहुत लम्बी यात्राएँ और भटकाव शामिल रहा और कुछ कमा कर लौटने में बहुत वक्त गुज़र गया, बहुत देरी हो गई। पीछे से अनेक आश्रित, विशेषकर पाँच वर्ष से कम आयु के बच्चे तो चल ही बसे। इतने लम्बे अज्ञातवास के कारण कितने ही परिवार स्थाई रूप से टूट या छिन्न-भिन्न हो गए।

किसानों के आश्रितों की बेदख़ली को कठिन हालात की हृदयहीनता कह देना

पर्याप्त नहीं होगा—ये लोग मूलतः कृषि मज़दूरों की तरह ही काम करते हैं—रोटी, कपड़ा और आश्रय के बदले अपना श्रम बेचते हैं। इन्हें निकालने के पीछे भी वही कारण रहे जिनके कारण खेत में काम करने वाले नौकरों को निकालना पड़ा था। काम से निकलने के बाद उनकी भी वही हालत हो गई जो बेरोज़गार मज़दूरों की थी।

अन्य पेशेवर लोगों, जुलाहों, कारीगरों, सेवाकर्मियों, शहरी मज़दूरों और भिखारियों के कष्ट तो मूलतः 'व्युत्पन्न दरिद्रता' (Derived Destitution) का परिणाम थे। समाज के एक बड़े वर्ग पर आए आर्थिक संकट के कारण इनके उत्पादन, कपड़ा आदि और सेवाओं की माँग बहुत कम हो गई। ऐसी दशा में जो लोग केवल दानियों की उदारता के सहारे जीते हैं, उनकी अवस्था तो और भी शोचनीय हो जाती है। एक समुदाय का ह्रास गुणक की पद्धति से दूसरे समुदायों के ह्रास को जन्म देता है। यही नहीं, ग्रामीण क्षेत्रों से काम की तलाश में आए लोगों के कारण कुछ पेशों में तो स्पर्धा भी बहुत बढ़ गई। यह व्यापार अधिकारिता ह्रास वोलो के कृषि ह्रास का परोक्ष प्रभाव ही है।

यहाँ दो प्रकार के प्रश्न उठाए जा सकते हैं। वोलो के किसानों की दरिद्रता को हमने प्रत्यक्ष अधिकारिता विफलता का नाम दिया है। उनकी ये अधिकारिताएं तो अपने उत्पादित अनाज से जुड़ी थीं, फिर उनकी अन्य चीज़ों की माँग क्यों कम हो गई ? क्या इसमें कोई विसंगति नहीं है ? उत्तर होगा, नहीं। यह आवश्यक नहीं कि किसान अपने सारे अनाज का उपभोग भी करे। वह इसके एक हिस्से के बदले में ही अन्य वस्तुएं ख़रीदता है। अकाल में तो उपज घट जाती है और जो कुछ प्राप्त होता है, वह घर में ही काम आ जाता है, अतः अन्य चीज़ों की ख़रीदारी के बदले में देने को अनाज बचता ही नहीं। इसी कारण किसान ऐसे दुःसमय में अपनी सारी खाद्य अधिकारिता का अपने भरण-पोषण में ही प्रयोग कर लेता है, उसके आधार पर बाज़ार में विनिमय की अधिकारिता का प्रयोग कर पाने की स्थिति में नहीं होता।

दूसरा प्रश्न यह है कि ग़ैर-खाद्य पदार्थों की माँग में कमी और खाद्य उत्पादन में कमी से बाज़ार में खाद्य क़ीमतों में उछाल क्यों नहीं आया ? आखिर डेस्सी आदि मण्डियों में भाव स्थिरप्राय क्यों रहे ? इस प्रश्न का उत्तर भी नकारात्मक ही होगा। बाज़ार में ग़ैर-खाद्य वस्तुओं की माँग में कमी से उनके उत्पादकों की खाद्य माँग कम होती है। ऐसे में खाद्य आपूर्ति कम होने के कारण उनकी क़ीमतें बढ़ने की सम्भावना नहीं रहती। एक तरह से खाद्य आपूर्ति के साथ-साथ खाद्य-माँग भी कम हो जाती है। हाँ, यह बात स्पष्ट नहीं हो पा रही कि क्या शेष इथोपिया से अलग-थलग पड़ जाने पर भी खाद्य क़ीमतें स्थिर ही रहतीं। पर बाज़ार अलग-थलग नहीं थे और डेस्सी में क़ीमतों में तीव्र वृद्धि से उस क्षेत्र में अनाज का प्रवाह अवश्य होता।

आइए, अब हम पशुपालकों की दुर्दशा पर और अच्छी तरह विचार करें।

पशुपालकों की अधिकारिताएँ एवं घुमन्तु चरवाहे

हमने पहले भी यह देखा था कि वोलो के अकाल का पशुपालक समुदाय अफ़ार पर बहुत गहरा प्रभाव पड़ा था। इसी प्रकार दक्षिण में अकाल से ओगडन और इस्सा के सोमाली घुमन्तु चरवाहे बुरी तरह प्रभावित हुए। इसका बहुत सीधा-सा सरलीकरण भी हो सकता है : सूखे से चारे के अभाव में जानवर मर गए और चरवाहे जानवरों को खा नहीं पाए। अतः भूखों मर गए। पर वास्तविक स्थिति बहुत ही जटिल थी।

अफ़ार समुदाय के पशुपालकों पर तो दोहरी मार पड़ रही थी। एक ओर सूखे के कारण चरागाह सूखते जा रहे थे तो व्यापारिक कृषि के प्रसार से चरागाहों का आकार भी सिकुड़ता जा रहा था। अवाश घाटी में ही 1971-72 में 50,000 हैक्टेयर अच्छी भूमि को साफ कर वहाँ कपास और गन्ने की व्यावसायिक खेती शुरू हो गई थी। इस कार्य में विदेशी बड़ी कम्पनियाँ जुटी थीं और 1970 के दशक के कई वर्षों तक यह कार्य चलता ही रहा। सितम्बर से मई तक के सूखे महीनों में अफ़ार समुदाय के मवेशियों को जो सर्वश्रेष्ठ चरागाहें सुलभ होती थीं, वही इस व्यावसायिक खेती के लिए विकसित हो गईं। इस तरह भूमि से नाता टूट जाना भी इस समुदाय के लिए बहुत बड़ा संकट था। ये पशुपालक उसी दशा में बरसात के मौसम में विस्तृत भू-भाग का प्रयोग कर पाते हैं जबकि सूखे मौसम में इन्हें नदियों के आस-पास कुछ जगह उपलब्ध हो। यदि यह उपलब्धि नहीं हो पाती, तो वे बरसात में बहुत बड़े भू-भाग का इस्तेमाल करने लायक नहीं बचते। जिस भूमि का विकास हुआ, वहाँ बरसात में पानी भरकर धीरे-धीरे सूखता था और फरवरी से जून तक के अति गर्म महीनों में पशुओं को सहज ही वहाँ बढ़िया चारा मिल जाता था। इस तरह से वह भू-क्षेत्र अफ़ार समुदाय के लिए बहुत ही क़ीमती था।

सन् 1972-73 का उत्तरी अकाल इन परिस्थितियों में पड़ा। बरसात देर से और कम हुई तथा सूखे समय का सहारा पहले ही व्यावसायिक कृषि की भेंट चढ़ चुका था, अतः अवाश घाटी के इस संरचनात्मक परिवर्तन के कारण सूखे के दुष्प्रभाव कहीं और बहुगुणित हो गए।

दूसरे, पशुपालकों का आर्थिक संकट केवल सूखे और चरागाहों के सिमटने से पशुधन की हानि के कारण पैदा नहीं हुआ था। पशुधन के निश्चित भण्डार से जुड़ी अन्न विनिमय अधिकारिता में भी भारी कमी आई थी। अक्सर लोग इस बात को भूल जाते हैं कि पशुपालक दूध और माँस के साथ-साथ अनाज भी खाते हैं। पशुधन के बदले में ही उन्हें अनाज आदि मिलते हैं। इथोपियाई बाज़ार में सामान्य हालात में भी अनाज कैलोरियों की लागत पशुधन कैलोरियों से आधी ही रहती है। अतः पशुपालक पशुओं को बेचकर सहज ही अपनी अनाज की आवश्यकता पूरी कर सकते है—उन्हें इस कार्य के लिए छोटा-सा पशु-संग्रह ही काफी रहता है। सामान्यतः

तालिका 7.6

पशु-अन्न विनिमय दर, वर्गवार, हारेर्घ प्रदेश

	दक्षिण ओगडन वर्ग : पशुपालक			उत्तरी ओगडन वर्ग : पशुपालक			इस्सा वर्ग : पशुपालक			हारेर्घ वर्ग : पशुपालक		
	सामान्य	1973	1974	सामान्य	1973	1974	सामान्य	1973	1974	सामान्य	1973	1974
(A) कीमतें इथोपियाई डालर/क्विंटल												
ज्वार	16	37	51	17	27	42	16	24	32	15	25	31
मक्का	14	34	48	14	24	36	15	21	27	14	20	27
पशु	86	83	77	87	85	61	132	74	100	87	109	125
भेड़-बकरियाँ	18	16	19	21	18	18	24	14	18	158	147	159
ऊँट	222	216	223	238	219	293	234	151	166	158	147	159
(B) विनिमय दर (सूचक)												
ज्वार-पशु	100	42	28	100	62	28	100	37	38	100	75	70
मक्का पशु	100	40	26	100	57	27	100	40	43	100	88	74
ज्वार-भेड़	100	38	33	100	54	35	100	39	38	100	76	81
मक्का भेड़	100	37	31	100	50	33	100	42	42	100	89	86
ज्वार-ऊँट	100	42	32	100	58	33	100	43	35	100	56	49
मक्का ऊँट	100	40	29	100	54	32	100	46	39	100	65	52

स्रोत : सीमैन, होल्ट और रिवर्स (1974) के आँकड़ों पर आधारित

ये लोग अपनी आधी पोषण आवश्यकताएँ कृषि उत्पादनों से ही पूरी करते हैं।

उत्तर-पूर्वी क्षेत्रों में तो पशुधन-अन्न विनिमय दर में कुछ गिरावट ही आई थी, पर दक्षिणी अकाल में तो यह दर और विनिमय व्यवस्था पूरी तरह से ही बिखर गई। मई-जून 1974 में हारेर्घ के बाज़ारों के विस्तृत सर्वेक्षण में तात्कालिक एवं पिछले वर्ष की क़ीमतों की स्मृतियों के आधार पर क़ीमतों के आँकड़े एकत्र किए गए थे। यद्यपि क़ीमतों की स्मृति अक्सर धोखा दे जाती है फिर भी पशुओं और अनाज की विनिमय दरों से बहुत अच्छी जानकारी मिल सकती है। ये आँकड़े तालिका 7.6 में प्रस्तुत किये जा रहे हैं।

यह ध्यान देने योग्य बात है कि कृषि की तुलना में पशुपालक क्षेत्रों में पशु-अन्न विनिमय दर में भारी कमी हुई है। ये आँकड़े भी उस समय के हैं जब पशुधन क़ीमतों में सुधार हो चला था। अतः इनसे पशुपालकों की दुर्दशा का पूरा अनुमान नहीं लग पाता। अधिकतर व्यक्तियों ने बताया कि पशु क़ीमतों में बहुत उतार-चढ़ाव आए हैं और अकाल की पराकाष्ठा, जो सर्वेक्षण से 6 माह पहले थी, के दौरान तो यह कीमत बहुत ही कम हो गई थी।

इस विनिमय दर में ह्रास के साथ ही सूखे के कारण पशुधन की हानि भी जुड़ गई। इन्हें तालिका 7.7 में इकट्ठे रखा गया है। अलग-अलग पशुओं के मूल्य भार मान अकालपूर्व सामान्य पशुपालक परिवारों के पास उनके सामान्य झुन्ड में उन पशुओं की संख्या के आधार पर निश्चित किए गए हैं। सामान्य अकालपूर्व क़ीमतें वही हैं जो तालिका 7.6 में संकलित हैं। 1974 में झुन्ड के मूल्यमान और अकालपूर्व मूल्यमान का सम्बन्ध बेचे गए तथा मर गए पशुओं की संख्या के आधार पर बनाया गया है। अकालपूर्व के सामान्य स्तर की तुलना में अन्न विनिमय अधिकारिता ह्रास भी तालिका 7.6 से ही लिया गया है। इन सभी आकलनों में ज्वार को मुख्य अन्न माना गया है। अगली ही पंक्ति में पशुधन हानि और विनिमय दर में गिरावट को मिलाकर अन्न अधिकारिता का आकलन हुआ है। पशुपालक क्षेत्रों में इस अधिकारिता की गिरावट चौंका देने वाली रही है : दक्षिण ओगडन में 84 प्रतिशत, उत्तरी ओगडन में 86 प्रतिशत और इस्सा रेगिस्तान में तो यह गिरावट 92 प्रतिशत तक आंकी गई है।

इन दोनों कारकों की तुलना भी सहज ही हो सकती है। उत्तरी एवं दक्षिणी ओगडन में विनिमय दर में गिरावट का योगदान पशुधन की हानि से कहीं अधिक बढ़ा-चढ़ा रहा, पर इस्सा मरुस्थल में ऐसा नहीं पाया गया—वहाँ की आबादी भी ओगडन के एक तिहाई से कम ही है।

वैसे यदि ज्वार की बजाय मक्का के आधार पर तुलना की जाए तो विनिमय दर में गिरावट और भी अधिक हो जाती है। वैसे भी इन सभी गणनाओं में पशुधन हानि के आँकड़े कुछ बढ़े-चढ़े हैं—क्योंकि पशुओं की सामान्य मृत्यु दर का कोई हिसाब

ही नहीं रखा गया। यदि इन दोनों बातों का भी पूरा हिसाब लगाया जाए तो कुल अन्न अधिकारिता ह्रास में विनिमय दर की गिरावट का योगदान बहुत अधिक हो जाएगा। कुल अन्न अधिकारिता हानि भी कम हो जाएगी क्योंकि इन क्षेत्रों में लगभग आधी पशु मृत्यु की क्षतिपूर्ति नए जन्मे पशुओं की संख्या से हो जाती है।

अन्न अधिकारिता का आकलन आवश्यक है—इसलिए नहीं कि पशुपालक पशुओं को बेच कर अनाज ख़रीद सकता है—बल्कि इसलिए कि इस तरह की खरीद-फ़रोख़्त से उन्हें सस्ते दामों में आवश्यक पोषक तत्व प्राप्त हो सकते हैं। आमतौर पर पशुपालकों को इसी सुविधा का आसरा रहता है—जब आर्थिक संकट के कारण पशु हानि का सामना हो तो अनाज पर यह निर्भरता और भी अधिक हो जाती है। यही कारण है कि अनाज और पशुधन, दोनों में कमी लाने वाले सूखे के कारण पशु क़ीमतें अनाज से भी कम हो जाती हैं। बाज़ार में आए पशुओं के अनुपात में गिरावट बचे पशुधन के अनुपात की कमी से कहीं कम रहती है। यह गिरावट अनाज के अनुपात की गिरावट से भी कम ही रहती है।

इस अवस्था की तीन विशेषताएँ हैं। सामान्य क़ीमतों पर अनाज पोषण का एक सस्ता ज़रिया है। आर्थिक संकटकाल में तो इनकी माँग और बढ़ जाती है। पशुओं को 'श्रेष्ठ पदार्थ' कहा जा सकता है और आय के विध्वंसन की स्थिति में इनकी माँग पर दुष्प्रभाव स्वाभाविक होगा। जब अनाज की अपेक्षा पशु कीमत में अधिक कमी हो तो हालत कुछ बदल सकती है पर सूखे में तो पशुओं की हालत भी ख़राब हो जाती है। इस कारण भी उनकी कीमतें गिर जाती हैं।

दूसरे, पशुपालकों की बचत भी पशुओं पर ही होती है। कठिनाई का सामना होने पर उसी पशु भण्डार का एक हिस्सा बेचकर वे अपना काम चलाते हैं। किसान की बचत भूमि और पशुधन को मिलाकर आंकी जा सकती है। अकाल में लोग ज़मीन को भी बेचने की कोशिश करते हैं, अतः ज़मीन के दाम गिरने लगते हैं। अन्न भण्डार के रूप में बचत इतनी सहज और लोकप्रिय नहीं रहती। इसके कई कारण हैं : भण्डारण की लागत, अनाज के ख़राब हो जाने की आशंका और भण्डार का कोई अन्य आनुषंगिक उपयोग हो पाने की सम्भावना न होना। अतः पशुपालकों के लिए पशुधन ही उत्पादन और बचत है। इसी कारण आर्थिक संकट के समय पशुपालकों की अनाज एवं अन्य जरूरतों को पूरा करने का सारा दायित्व पशुधन पर ही आ जाता है—उनके पास किसान की तरह बेचने को ज़मीन नहीं होती (पशुओं के उत्पादन—दूध, माँस आदि तो अनाज से भी कम समय तक संग्रहीत किए जा सकते हैं)।

तीसरी विशेषता यह है कि अनाज के उपभोग के काल सोपान में पशुधन की अपेक्षा बहुत ही लचीलापन होता है। जिस प्रकार अनाज का विभाजन हो सकता है, पशुओं को नहीं बाँटा जा सकता। सारा सुलभ अनाज तो एक-साथ प्रयोग हो

तालिका 7.7

पशुहानि एवं विनिमय दर परिवर्तन के कारण अन्न अधिकारिता की क्षति

	दक्षिणी ओगडन				उत्तरी ओगडन				इस्सा क्षेत्र			
	मवेशी	औसत भेड़	ऊँट	औसत भण्डार	मवेशी	भेड़ें व बकरियाँ	ऊँट	औसत भण्डार	मवेशी	भेड़ें व बकरियाँ	ऊँट	औसत भण्डार
1. अकाल पूर्व भण्डार में मूल्य भार मान	0.571	0.157	0.271	1.000	0.295	0.276	0.429	1.000	0.396	0.425	0.179	1.000
2. मृत्यु के कारण प्रतिशत पशुहानि (q)	47	45	52	48	56	61	55	57	88	74	69	79
3. प्रतिशत अन्न अधिकारिता हानि, विनिमय दर (परिवर्तन के कारण) (p)	72	67	68	70	72	65	67	68	62	62	65	62
4. समग्र अन्न अधिकारिता हानि (p+q-pq)	85	82	85	84	88	86	85	86	95	90	89	92
5. विनिमय हानि एवं पशु हानि का अनुपात (p/q)	1.53	1.49	1.31	1.46	1.29	1.07	1.22	1.19	0.70	0.84	0.94	0.78

सकता है पर पशुओं से प्राप्य दूध किश्तों में ही मिलेगा। अतः जब उपभोग के समय सोपान में लचीलापन आवश्यक हो तो फिर अनाज ही पशुओं से श्रेष्ठ रहता है। अतः असामान्य हालात में अन्न का मूल्यांकन पशुओं की तुलना में अधिक हो जाता है—कैलोरी मूल्यों की समानता के आधार पर दामों की तुलना का कोई अर्थ नहीं बचता। यही कारण है कि पशु सस्ते होने पर भी खाद्यान्नों की क़ीमतें कम नहीं होती। इसी से अकालपूर्व की अपेक्षा अन्न की सापेक्ष क़ीमत पशुधन की तुलना में अधिक हो जाती है।

निष्कर्ष

सन् 1972-74 का इथोपियाई अकाल दो चरणों में आया—1972-73 में उत्तर-पूर्वी क्षेत्र, विशेष कर वोलो प्रदेश प्रभावित हुआ और 1973-74 में दक्षिण के हारेर्घ क्षेत्र पर इसकी काली छाया पड़ी। अकाल मृत्यु का प्रभाव उत्तर पूर्व में अधिक रहा क्योंकि वहाँ सहायता बहुत विलम्ब से पहुँची। यद्यपि अकाल की सबसे गहरी चोट पशुपालकों पर पड़ी फिर भी उत्तर-पूर्व के किसानों की ही बहुत भारी संख्या अकालपीड़ित मानी गई। किन्तु हारेर्घ के किसान अकाल की चपेट से बच निकले; वहाँ प्रकृति की सारी मार मुख्यतः पशुपालकों को ही झेलनी पड़ी।

इथोपिया के अकाल में भी खाद्यान्न उत्पादन में विशेष कमी नहीं आई, पूरे देश का औसत देखें तो अकाल की चरम सीमा पर भी लोगों का उपभोग सामान्य ही था। वोलो में 1973 में अन्न उत्पादन काफी कम रहा, पर अपनी न्यून क्रयशक्ति के कारण यह प्रदेश देश के अन्य भागों से अनाज को आकर्षित नहीं कर पाया। एक विलक्षण बात यह रही कि अकाल के बावजूद वोलो में अनाज की क़ीमतें स्थिरप्राय रहीं फिर भी लोग भूख से मरते रहे। इस प्रक्रिया की व्याख्या वोलो के जनसमुदाय के विभिन्न अवयवों की अधिकारिताओं की व्यापक विफलता द्वारा ही हो सकती है।

देश के उत्तरी एवं दक्षिणी भागों में जिन पशुपालकों को अकाल के दुष्प्रभाव सबसे अधिक सहने पड़े, वे घुमन्तु या अर्ध-घुमन्तु वृत्ति के ही हैं। ये केवल सूखे ही नहीं बल्कि व्यापारिक कृषि के प्रसार द्वारा उनके परम्परागत चरागाहों को निगल जाने के मारे हुए भी थे। इसी से उन पर सूखे का प्रभाव और बहुगुणित हो गया। पशुहानि का दुष्प्रभाव भी पशु-अन्न विनिमय दर में ह्रास के कारण और गहरा हो गया। इस तरह उनका सामान्य गुज़ारा करने का ढंग नाकाम हो गया। पशुपालकों-किसानों के बीच विनिमय की विलक्षणताओं से पशुहानि का प्रभाव और घनीभूत एवं पशुपालकों का जीवन कठिन हो गया। सूखे से आहत पशुपालक के प्राण बाज़ार व्यवस्था लील गई।

8.

साहेल प्रदेश में सूखा और अकाल

साहेल, सूखा एवं अकाल

साहेल (Sahel) शब्द की व्युत्पत्ति 'सीमा' या तटप्रान्त का बोध करानेवाले अरबी भाषा के शब्द से हुई है। यह विश्व के सबसे बड़े मरुप्रदेश–सहारा के सीमा प्रान्त का ही नाम है। यह प्रदेश सहारा और अफ्रीका के उष्णकटिबन्धीय बरसाती वन क्षेत्र (Tropical Rain Forests) के बीच अवस्थित है। भूगोलशास्त्रियों तथा मौसमविशेषज्ञों ने साहेल क्षेत्र का निरूपण और भी विविध स्वरूपों में किया है। इन स्वरूपों के भेद समझ लेना उचित ही होगे–ताकि बाद में साहेल के सूखे का विश्लेषण करते समय किसी प्रकार का भ्रम उत्पन्न न हो।

(1) पारिस्थितिकीय (Ecological) परिभाषाएँ

साहेल को सूखा क्षेत्र कहा जा सकता है। इसमें निर्जल क्षेत्र (Arid Zone) जहाँ वार्षिक औसत वर्षा 100 मि.मीटर से कम होती है और 100 से 500 मि. मीटर वर्षा वाले अर्द्धनिर्जल (Semi-arid) क्षेत्रों को शामिल किया जाता है। यह क्षेत्र सहारा के दक्षिण प्रान्त में है तथा इसे उष्णकटिबन्धीय वृक्षशून्य वनस्पति क्षेत्र (Tropical Steppe Vegitation Belt) कहा जा सकता है। इसका प्रसार अटलान्टिक से लेकर रक्तसागर तक फैला है–यह अफ्रीका के सबसे चौड़े पटल पर अवस्थित है। कभी-कभी साहेल में सहारा के दक्षिण का सारा सूखा क्षेत्र नहीं बल्कि अर्द्धनिर्जल क्षेत्र ही सम्मिलित किया जाता है–फिर भी इसका प्रसार अटलान्टिक से रक्तसागर तक ही बना रहता है।

(2) राजनैतिक-पारिस्थितिकीय परिभाषाएँ

राजनैतिक दृष्टि से साहेल छः पश्चिम-अफ्रीकी देशों के अर्द्धनिर्जल वनस्पति क्षेत्र को कहा जाता है–ये देश हैं मौरिटानिया, सेनेगल, माली, अपर वोल्टा, नाइजर

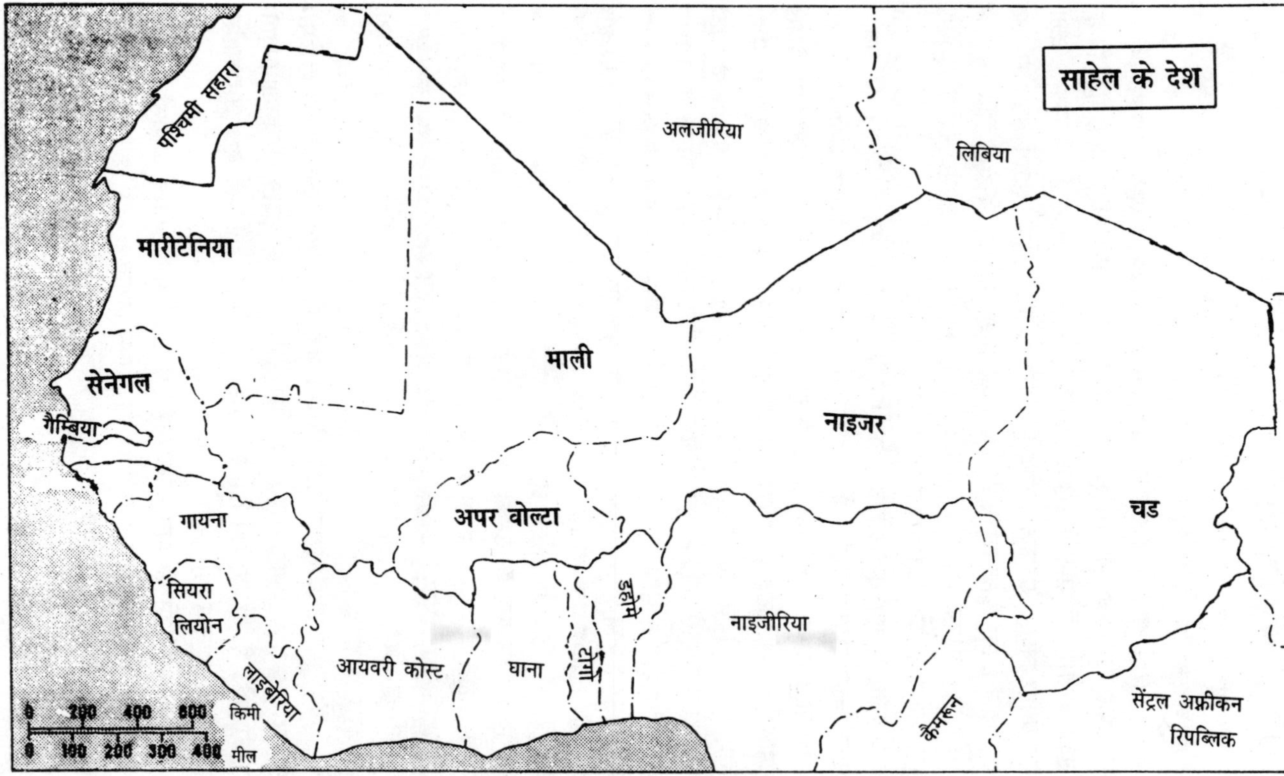
साहेल के देश
पश्चिमी सहारा
अलजीरिया
लिबिया
मारीटेनिया
माली
सेनेगल
गैम्बिया
नाइजर
चड
अपर वोल्टा
गायना
सियरा
लियोन
डहोमे
नाइजीरिया
आयवरी कोस्ट
घाना
टोगो
लाइबेरिया
कैमरून
सेंट्रल अफ्रीकन
रिपब्लिक
0 200 400 600 किमी
0 100 200 300 400 मील

चित्र 8.1 साहेल देश

और चाड। दूसरे शब्दों में, इन छः देशों के शुष्क क्षेत्रों का मिला-जुला नाम 'साहेल' है।

(3) राजनैतिक परिभाषाएँ

साहेल शब्द का प्रयोग अन्तर्राष्ट्रीय समाचार माध्यमों में हाल ही के सूखापीड़ित देशों के लिए भी हुआ है।

इन परिभाषाओं में सर्वश्रेष्ठ कौन-सी है, यह हमारी बहस का मुद्दा नहीं है। पर, फिर भी अनावश्यक भ्रम एवं संशय से बचने के लिए इन परिभाषाओं में निहित सूक्ष्म अन्तरों को ध्यान में रखना आवश्यक है। इस पुस्तक में हम 'साहेल देशों' का प्रयोग विशुद्ध राजनैतिक सन्दर्भ में करेंगे। जहाँ 'शुष्क साहेल क्षेत्र' की बात होगी वहाँ हमारा संकेत साहेल देशों के शुष्क प्रदेशों की ओर ही होगा, जहाँ 'अफ्रीका की साहेल पट्टिका' की चर्चा हो, वहाँ हमारा भाव पूर्णतः पारिस्थितिकीय ही होगा (राजनैतिक बन्धनों और बाधाओं से पूरी तरह मुक्त)।

आइए, अब सूखे की चर्चा करें। यहाँ हमारा आशय 1968-73 की अवधि में हुई बहुत ही कम वर्षा से है। यह भी कहा गया है कि वास्तव में तो इस अवधि की वर्षा सामान्य ही थी, यह 1960 में हुई अतिवृष्टि की तुलना में ही कम दिखाई पड़ती है। उस अतिवृष्टि ने इस क्षेत्र की वर्षा के चक्रीय स्वरूप को कुछ समय के लिए भुला ही दिया था। लगता है कि सूडान-साहेल क्षेत्र में 1956-65 के बीच इस शताब्दी की सबसे अधिक वर्षा होती रही है। इसी कारण, जहाँ औसत से ज़रा-सी कम वर्षा हुई कि सूखा पड़ने की बात उठ गई। किन्तु यदि हम मौसम विज्ञान के साक्ष्यों पर दृष्टिपात करें तो यह बात एकदम स्पष्ट हो जाती है कि वर्षा की गहनता दक्षिणायन प्रयाण कर रही थी—अर्थात वर्षा लगातार दक्षिणी क्षेत्र की ओर खिसकती जा रही थी। इस कारण जो क्षेत्र पहले अर्द्धनिर्जल थे वे जलविहीन हो गए और जो पर्याप्त जल वाले थे, उनकी गणना अर्द्धनिर्जल क्षेत्रों में होने लगी। यह परिवर्तन पुराने रिकार्ड की तुलना में आया था, न कि अतिवृष्टि के दशक की तुलना में। इसे साहेल का अभूतपूर्व अकाल कहना तो उचित नहीं होगा, किन्तु वर्षा के स्वरूप का परिवर्तन बहुत बड़ा था और पिछले कुछ वर्षों की अतिवृष्टि की तुलना में कमी भी बहुत तीखी थी।

यह समस्या केवल इन देशों के क्षेत्र तक ही सीमित नहीं रही, ये देश पूरे ही इस समस्या से प्रभावित रहे। यही नहीं, आस-पास के सूडान एवं इथोपिया भी इसकी लपेट में आ गए थे। पिछले अध्याय में चर्चित इथोपियाई सूखे और साहेल के सूखे में बहुत-से सांझे सूत्र विद्यमान रहे हैं।

यह ध्यान देने की बात है कि साहेल के उत्तरी भागों में वर्षा सामान्य से बहुत ज्यादा कम रही। अतः जिन क्षेत्रों में वैसे ही जल का अभाव रहता है, वहीं पर अनावृष्टि का प्रभाव भी अधिक तीव्रता से अनुभव किया गया। पर इसमें अस्वाभाविक कुछ

भी नहीं है। हम जैसे-जैसे अफ्रीका महाद्वीप के उत्तर की ओर बढ़ते हैं, सामान्य वृष्टि स्तर गिरता जाता है और उसके उतार-चढ़ावों में वृद्धि होती रहती है। इस सूखे का साहेल की कृषि एवं पशुपालन व्यवस्थाओं पर गहरा असर पड़ा। यह सत्य है कि सूखे के अतिरिक्त भी अनेक कारक अकाल के कारण बन जाते हैं, पर सूखे के महत्त्व को कम विध्वंसकारी मानना तो सरासर मूर्खता ही होगा। 1973 का वर्ष सबसे अधिक कष्टमय रहा। 1974 में अच्छी वर्षा के बाद ही सूखे की दशा में सुधार का क्रम आरम्भ हो पाया। पशुधन की हानि 40 से 60 प्रतिशत तक आँकी गई है—पर इन आँकड़ों की सत्यता निर्विवाद नहीं है—वैसे भी इनमें क्षेत्रवार अन्तर बहुत भारी रहे हैं। किन्तु इस सूखे और इसके साथ विकसित अकाल के कारण जनसामान्य को बहुत ही संकटों का सामना करना पड़ा, इस बात पर कोई विवाद नहीं है। छः में तीन देशों—मौरीटानिया, माली और नाइजर को अन्यों की अपेक्षा बहुत ज्यादा कष्ट भोगना पड़ा।

वर्ष 1969 में ही पश्चिमी अफ्रीका में 'लम्बे सूखे' की ख़बरें आने लगीं थीं। यह स्थिति और बिगड़ती ही गई। 1972 में संयुक्त राष्ट्र विश्व खाद्य कार्यक्रम (United Nations World Food Programme) ने यह घोषणा की कि साहेल देशों में तो सूखा एक स्थायी समस्या बन चुका है तथा उन देशों को तत्काल खाद्य सहायता की विशेष व्यवस्था करनी जरूरी हो गया है। उसी वर्ष सितम्बर में खाद्य एवं कृषि संगठन (FAO) ने साहेल क्षेत्र में बहुत ही खराब फ़सलों के परिणामस्वरूप बहुत बड़े भूभाग में खाद्य संकट की चेतावनी भी दी। उस समय भूख का प्रभाव पिछले चार वर्षों की तुलना में और भी गहरा हो गया था—बच्चे और बूढ़े उसे सहन नहीं कर पा रहे थे और इस कारण मौत के मुँह में समाते जा रहे थे।

साहेल देशों में अकाल की पराकाष्ठा वर्ष 1973 में रही। तब तक निरन्तर दरिद्रता एवं अभावों का सम्मिलित प्रभाव बहुत भारी भुखमरी की सीमा तक पहुँच गया था। इस वर्ष लगभग एक लाख लोगों के भूख से मरने का अनुमान रहा है किन्तु मृत्यु दर के आकलन को लेकर काफी विवाद रहा है—बहुत स्पष्ट रूप से इसका निर्णय कर पाना सम्भव भी नहीं है। अकाल के कारण साहेल क्षेत्र में फैली महामारियों के प्रसार-प्रभाव पर भी मतभेद बने हुए हैं। महामारियों के ख़तरे बहुत थे, मोतीझरा जैसे रोग फैले भी, पर यह दलील भी दी गई है कि एक तो इनकी गहनता बहुत कम थी और दूसरे ये सहायता-शिविरों तक ही सीमित रहीं—जहाँ बहुत भीड़ के कारण बीमारियों की सम्भावनाएँ भी अधिक रहती हैं। इन महामारियों का स्वरूप बंगाल के अकाल आदि की तुलना में तो बहुत ही मामूली था।

यद्यपि सहायता कार्य कुछ विलम्ब से शुरू हुए, पर इनका आयोजन बहुत बड़े स्तर पर हुआ था। अन्तर्राष्ट्रीय सहयोग से भोजन, चिकित्सा व रहन-सहन का काफ़ी अच्छा प्रबन्ध सम्भव हो पाया। वैसे सहायता कार्यों की दक्षता को लेकर सवाल उठते

ही रहते हैं–पर कुछ इनमें 'भयंकर संकट कैसे टाला गया' की झलक देखते हैं और इसका बहुत-सा श्रेय अन्तर्राष्ट्रीय संस्थाओं और आन्तरिक प्रयासों को प्रदान करते हैं। दूसरी ओर कुछ लोगों को केवल ढुलमुलपन, अव्यवस्था और पीड़ितों के बीच भेदभाव की ख़बरें अक्षम्य कुप्रबन्ध का प्रमाण प्रतीत होती हैं।

खाद्य उपलब्धता ह्रास बनाम अधिकारिताएँ

क्या साहेल अकाल खाद्यान्न की उपलब्धि में गिरावट (FAD) के कारण पैदा हुआ था ? यहाँ इस बात के पक्के प्रमाण हैं कि प्रति व्यक्ति उत्पादन में काफ़ी कमी

तालिका 8.1

प्रति व्यक्ति शुद्ध उत्पादन (सूचक)

	1961-65	*1968*	*1969*	*1970*	*1971*	*1972*	*1973*	*1974*	*1975*
चाड	100	90	87	84	84	69	63	69	71
माली	100	93	99	97	90	73	61	65	80
मौरीटानिया	100	98	100	98	92	80	67	68	68
नाइजर	100	92	99	88	88	81	57	65	60
सेनेगल	100	81	87	66	89	56	67	88	107
अपर वोल्टा	100	106	103	102	93	85	76	84	90

स्रोत : फ़ाओ प्रोडक्शन इयरबुक 1976, तालिका 6

तालिका 8.2

साहेल देशों में प्रति व्यक्ति कैलोरी उपभोग

	1961-65	*1972*	*1973*	*1974*
चाड	100	76	73	76
माली	100	86	86	88
मौरीटानिया	100	91	94	95
नाइजर	100	86	89	85
सेनेगल	100	93	104	107
अपर वोल्टा	100	86	85	96

स्रोत : फ़ाओ प्रोडक्शन इयरबुक 1976, तालिका 97 पर आधारित

आ गयी थी। तालिका 8.1 में इन छः देशों में प्रति व्यक्ति खाद्यान्न उपलब्धता के खाद्य एवं कृषि संगठन के अनुमान संकलित हैं। यदि तालिका 8.2 में प्रति व्यक्ति कैलोरी एवं प्रोटीन उपभोग को देखें तो विशेष कमी नज़र नहीं आती। पर सेनेगल को छोड़कर शेष पाँचों देशों में प्रति व्यक्ति खाद्य उपभोग में कमी अवश्य रही है। अतः हम खाद्यान्न उपलब्धता ह्रास के विचार को ऐसे रद्द नहीं कर सकते।

यह बात बहुत ही महत्त्वपूर्ण है कि खाद्य-उपलब्धता दृष्टिकोण को इस साक्ष्य के बावजूद नकारा नहीं जा रहा कि इन साहेल देशों की अपनी सीमाओं में ही इतनी खाद्य सामग्री विद्यमान थी जिसके समतापूर्ण बँटवारे से भुखमरी पर काबू पाया जा सकता था। यही नहीं, 1968 से 1972 तक सारे साहेल देशों का खाद्यान्न उत्पादन खाद्य एवं कृषि संगठन/विश्व स्वास्थ्य संगठन के सुझाए गए मानक प्रति व्यक्ति उपभोग से कहीं अधिक था। विश्व खाद्य-संगठन के एक सर्वेक्षण के अनुसार खनिज सम्पदा सम्पन्न मौरीटानिया को छोड़ प्रत्येक साहेल देश सबसे कठिन अकाल वर्ष में भी अपनी जनसंख्या की आवश्यकताओं से कहीं अधिक अन्न उत्पादन कर पाने में सफल रहा था। ये बातें वितरण की विषमताओं के भुखमरी पर प्रभावों को समझा सकती हैं। इनसे यह भी ज्ञात होता है कि खाद्य एवं कृषि संगठन ने किस प्रकार की जानकारी के आधार पर इस अकाल की समस्या को समझने का प्रयास किया। किन्तु इनका अकाल के प्रति खाद्यान्न उपलब्धता ह्रास की वैधता पर कोई प्रभाव नहीं पड़ता। यह मत कुल खाद्य उपलब्धता की पर्याप्तता नहीं वरन् पिछले वर्षों की तुलना में आयी कमी का ही सहारा लेता है। इस मत का दावा है कि अकाल का कारण खाद्य आपूर्ति का किसी मानक स्तर से अपर्याप्त रह जाना नहीं है, इसका कारण तो इस प्रति व्यक्ति आपूर्ति में तीखी गिरावट होती है और यह निश्चित रूप से कहा जा सकता है कि 1969-73 के वर्षों में साहेल देशों में आपूर्ति में गिरावट आयी थी। वस्तुतः यदि खाद्यान्न उपलब्धता ह्रास मत को किसी आँचल में मुँह छिपाकर चैन की साँस मिल सकती है तो वह साहेल के अकाल का आँचल ही है। यहाँ खाद्य आपूर्ति में कमी आई थी। हाँ, अकाल भी पड़ा था।

इन सब बातों के बाद भी मेरा आग्रह है कि साहेल के अकाल के सन्दर्भ में भी खाद्यान्न उपलब्धता ह्रास की अवधारणा हमें बहुत कुछ नहीं बता पाती। एक तो अकाल के चरमोत्कर्ष वर्ष 1973 में भी माली, मौरीटानिया, नाइजर और अपर वोल्टा की खाद्य आपूर्ति अतिवृष्टि वर्षों की तुलना में केवल 15 प्रतिशत ही कम रही। सेनेगल में तो यह भी नहीं हुआ। यद्यपि चाड में यह कमी 27 प्रतिशत थी, पर यह तो इस अकाल से सबसे कम प्रभावित रहा माना जाता है। अकाल का सर्वाधिक प्रभाव मौरीटानिया, माली और नाइजर में (शायद अपर वोल्टा में भी) रहा। किन्तु इन चारों देशों में प्रति व्यक्ति खाद्यान्न उपलब्धता में तीखी गिरावट के कोई संकेत नहीं मिलते। हाँ, यदि प्रति व्यक्ति उत्पादन

(तालिका 8.1) पर ध्यान दें, तो नाइजर और माली में 1973 में क्रमशः 57 एवं 61 प्रतिशत की भारी गिरावट आयी थी। पर सेनेगल, जिस पर सबसे कम प्रभाव रहा, वहाँ तो 1972 में उत्पादन का सूचक सभी देशों से नीचे गिर कर 56 रह चुका था। जैसे ही हम थोक आँकड़ों पर जरा गहराई से विचार करते हैं तो यह खाद्यान्न उपलब्धता ह्रास का सिद्धान्त लड़खड़ाने लगता है।

यह उपलब्धता ह्रास सिद्धान्त केवल समग्र पूर्ति पर आश्रित रहता है, इसमें वितरण में आये परिवर्तन पर कोई ध्यान नहीं दिया जाता। किन्तु इस बात के प्रमाण तो बहुत ही स्पष्ट हैं कि सूखे से प्रभावित वर्षों में साहेल देशों में आन्तरिक रूप से शुष्क एवं आर्द्र क्षेत्रों के बीच क्रय शक्ति के वितरण में भारी परिवर्तन आ रहे थे। यह बात भी ध्यान देने योग्य है कि सूखे का प्रभाव साहेल पर पड़ा—हरित क्षेत्र (Savanna), जहाँ कि इन देशों की अधिकांश जनसंख्या निवास करती है, पर नहीं। दक्षिणी क्षेत्र में लगाए गए राहत-शिविरों में भी उत्तर के शुष्क क्षेत्रों से आये हुए लोग ही भरे थे। अकालपीड़ित लोग मुख्यतः घुमन्तु, अर्द्धघुमन्तु पशुपालक तथा साहेल क्षेत्र में रहनेवाले छिटपुट किसान और मछुआरे आदि ही थे। साहेल के अकाल का वस्तुपरक विश्लेषण पूरे देश या क्षेत्र की समग्र खाद्यान्न पूर्ति के आधार पर करना भ्रामक होगा। इसके लिए तो हमें समाज के उन वर्गों की आर्थिक दशा की चिन्ता करनी पड़ेगी जिनका ऊपर ज़िक्र किया गया है।

तीसरी मुख्य बात है कि हमारे पास साहेल में रहनेवाले पशुपालकों और किसानों की आय में कमी के प्रत्यक्ष साक्ष्य हैं। इस क्षेत्र में फ़सल एवं पशुधन की बहुत व्यापक हानि हुई थी। ये बर्बाद हुई फ़सलें भी खाद्यान्न की थीं, पशु भी खाद्य आपूर्ति का ही स्रोत हैं—फिर भी साहेल के लोग अक्सर व्यापार के माध्यम से ही खाद्यान्न प्राप्त कर पाते हैं। अतः कृषि उत्पादन एवं पशुधन में गिरावट की दोहरी मार इन्हें भुगतनी पड़ी। एक तो प्रत्यक्ष रूप से उपलब्ध सामग्री कम रह गई, दूसरे, व्यापार के माध्यम से खाद्य पदार्थ पा सकने की क्षमता में भी गिरावट आ गई। यह स्थिति इथोपिया के हालात से कुछ भिन्न नहीं थी। ऐसा ही साहेल से जुड़े अन्य क्षेत्रों में भी हुआ।

कृषकों की दृष्टि से इस बात का विशेष महत्त्व नहीं होता कि बर्बाद हुई फ़सल अनाज की थी या नकदी फ़सल की—क्योंकि नकद फ़सल को बेच कर ही वे लोग खाद्य सामग्री पा सकते हैं। फ़सल नष्ट होने का अर्थ है खाद्य प्राप्ति में अड़चन आना। अतः व्यक्ति खाद्य पदार्थ अधिकारिता छिन्न-भिन्न हो जाती है। उसके भूखों रहने की नौबत आने का कारण अधिकारिता ह्रास है, कहीं दूर-दराज़ में दर्ज हुए प्रति-व्यक्ति खाद्य आपूर्ति के आँकड़ों का इससे कोई नाता नहीं होता। यही बात पशु उत्पादन एवं पशुधन बेचकर जीवन-यापन करनेवाले लोगों पर भी लागू होती है। इथोपिया के अफ़ार और सोमालियों की तरह ही साहेल के पशुपालक भी पशुओं एवं उनके

उत्पादों को बेचकर अन्य वस्तुएँ एवं सस्ते पोषण साधनों के रूप में अनाज आदि खरीदते हैं।

अतः बाह्य रूप से सत्यप्राय प्रतीत होते हुए भी खाद्य उपलब्धता ह्रास का सिद्धान्त साहेल के अकाल की व्याख्या कर पाने में असमर्थ ही रहता है। इस सिद्धान्त पर आधारित पूर्वानुमान कभी सत्य सिद्ध हो सकते हैं (जैसे साहेल में) तो कभी पूरी तरह से असत्य भी (जैसे बंगाल और इथोपिया में)। अतः इस अनुमान को भरोसेमन्द आधार नहीं माना जा सकता। इससे भी अधिक महत्त्वपूर्ण बात यह है कि इसके पूर्वानुमान व्यापक क्षेत्र पर सत्य सिद्ध होने पर भी हमें यह पता नहीं चल पाता कि *कहाँ किस* सम्प्रदाय के लोगों को भूख के कारण मरने की स्थिति *क्यों* उत्पन्न हो गयी।

दरिद्रता एवं अधिकारिता

सन् 1974 में साहेल देशों की जनसंख्या 2.5 करोड़ थी, जिसमें से 10 प्रतिशत घुमन्तु जीवन-यापन करते थे। इनमें अर्द्धघुमन्तु एवं क्षेत्र बदल[1] कर रहनेवाले लोग भी शामिल थे। सूखा पड़ने के समय साहेल के शुष्क क्षेत्र में 50 से 60 लाख लोग रह रहे थे। अतः घुमन्तु जनसमुदाय साहेल के शुष्क क्षेत्र की आबादी का आधा हिस्सा भी नहीं थे, इन सारे देशों की आबादी में तो इनका अनुपात ही कम रह जाता है। किन्तु अकाल के कारण मरने वालों में घुमन्तु जनों का अनुपात अप्रत्याशित रूप से अधिक था। यही नहीं, अन्य अकालपीड़ितों एवं घुमन्तुओं के कुपोषण स्तरों में भी बहुत भारी अन्तर स्पष्ट दिखाई देता था।

यहाँ भी घुमन्तु पशुपालकों की दशा इथोपिया के अफार और सोमाली चरवाहों से भिन्न नहीं रही। शुष्क साहेल क्षेत्र में अलग-अलग हिस्सों में 20 से शत-प्रतिशत तक पशुधन की हानि का अनुमान रहा है। यहाँ भी इथोपिया की भाँति ही पशुधन भण्डार में भारी कमी और पशुधन दामों में गिरावट साथ-साथ ही आई है। इसके कारण भी इथोपिया जैसे ही रहे हैं। पशुपालक भी अनाज खाते हैं तथा संकट काल में तो उन्हें अनाज पाने के लिए पशु बेचना और भी आवश्यक हो जाता है। कर आदि के नियत दायित्वों की पूर्ति और कीमतों के गिरने के कारण तो और ज्यादा पशु बेचने पड़ते हैं। फिर भूख के कारण कमज़ोर पड़ रहे मवेशियों के दाम और भी कम मिलते हैं। इन अनेक कारणों से पशुधन की हानि के आँकड़े भी पशुपालकों की आर्थिक दुर्दशा का सही चित्रण नहीं कर पाते।

---

1. कुछ कबीले वर्षा ऋतु में देश के एक भाग में (मुख्यतः ऊँचाई वाले क्षेत्र में) चले जाते हैं। वर्षा काल समाप्त होने पर पुनः निचले या तराई क्षेत्र में आकर अपने सामान्य कार्य प्रारम्भ कर देते हैं।

अकाल की विभीषिका से बचने के लिए भारी संख्या में पशुपालकों ने दक्षिण की ओर पलायन करना श्रेयस्कर माना। यहाँ पशुओं के लिए अधिक चारा और लोगों को मज़दूरी मिलने की अधिक सम्भावनाएँ थीं। अनेक राहत-शिविरों ने भी उत्तर से आये हुए पशुपालकों को रहने की जगह दे दी। फिर भी इन लोगों के विरुद्ध भेदभाव की अनेक शिकायतें मिली हैं–आरोप यही रहा कि साहेल देशों की सरकारें केवल स्थायी रूप से बसे हुए लोगों के प्रति ही चिन्तित थीं, उन्होंने घुमन्तु पशुपालकों को भाग्य के भरोसे ही छोड़ दिया था।

समाज का दूसरा अत्यन्त प्रभावित वर्ग शुष्क क्षेत्र के स्थायी किसान थे। साहेल के घुमन्तु पशुपालकों की दशा इथोपिया के अफार एवं सोमाली चरवाहों जैसी रही तो इन किसानों का हाल वोलो के किसानों जैसा रहा। उनके उत्पादन में भारी कमी आयी थी, अतः चाहे वह उत्पादन खानेयोग्य रहा हो या बाज़ार में बेचने योग्य, किसानों की खाद्य-अधिकारिताओं में तो भारी गिरावट आ ही गई। मूंगफली जैसी नकदी फ़सलों पर भी दुष्प्रभाव मुख्य अन्न आदि की भाँति ही रहा (तालिका 8.3)। बेशक देश भर की औसत में तो खाद्यान्न उत्पादन में सामान्य-सी कमी आयी हो, पर इन किसानों की खाद्य नियन्त्रण क्षमता तो बहुत ही कम हो गयी थी। यह कमी अलग-अलग क्षेत्रों की परिस्थितियों के अनुसार न्यूनाधिक हो सकती है क्योंकि सूखे का प्रभाव भी समरूप नहीं था। पर साहेल के शुष्क क्षेत्रों के अनेक किसानों को यह सूखा पूरी तरह से बर्बाद कर गया। फिर सरकार को कर तो सूखे के बावजूद उतनी ही राशि में चुकाने पड़े–साथ ही अन्य प्रकार के कार्य के अवसरों के ह्रास के कारण पैदा हुए और 'व्युत्पन्न अभाव' ने भी इन किसानों की कमर तोड़ डालने में कोई कसर नहीं छोड़ी।

तालिका 8.3

खाद्यान्न उत्पादन की मूंगफली उत्पादन से तुलना

	1966-68	*1969*	*1970*	*1971*	*1972*	*1973*	*1974*
सेनेगल खाद्य	100	101	78	108	70	84	94
मूंगफली	100	88	65	110	65	85	95
नाइजर खाद्य	100	99	97	89	88	64	80
मूंगफली	100	92	79	82	93	29	64
माली खाद्य	100	107	101	108	86	68	88
मूंगफली	100	97	125	121	119	79	151
चाड खाद्य	100	104	103	102	80	72	76
मूंगफली	100	119	119	78	47	52	52

कुछ नीतिविषयक मुद्दे

बेशक सूखे से बचना सम्भव न हो पर उसके प्रभावों से तो बचा ही जा सकता है। पश्चिम एवं केन्द्रीय अफ्रीका के मौसम एवं जलवायु को बदलने के लिए सन् 1900 से ही अनेक प्रकार की परियोजनाएँ सुझाई गई हैं—उन पर गहन विचार आवश्यक है। मुझे विश्वास है कि एक-न-एक दिन सहारा में चावल की खेती या मछलियाँ पकड़ना भी सम्भव हो सकते हैं, किन्तु विज्ञान की यह यात्रा तो बहुत मन्थर गति से ही चलेगी। इस बीच साहेल की जनता को सूखे के प्रभावों एवं अकाल की सम्भावनाओं से मुक्ति दिलाने के कुछ-न-कुछ मार्ग खोजे ही जाने चाहिए। इस अध्याय में हमारी शेष चर्चा इन्हीं बातों पर केन्द्रित रहेगी।

यह भी कहा जा सकता है कि वस्तुस्थिति उतनी बुरी नहीं है जितनी इस अकाल (1969-73) में दिखाई पड़ी है। सूखे आते-जाते रहते हैं और सदा ही इतनी जल्दी-जल्दी भी नहीं आते। इसी शताब्दी में साहेल में 1910-14, 1941-42 तथा 1969-73 के सूखे ही गम्भीर रहे हैं। अतः क्या वास्तव में किसी विशेष कार्ययोजना की आवश्यकता है ? निश्चिन्त बैठे रहना अपने-आप में एक अच्छाई हो सकती है पर साहेल की जनता तो इसके सहारे जीवित नहीं रह सकती। यदा-कदा पड़नेवाले अकाल निरन्तर भूख से बेहतर हैं—पर क्या वह स्थिति अपने-आप में भी वांछनीय मानी जा सकती है ?

दूसरा नज़रिया यह भी हो सकता है कि इस आर्थिक दृष्टि से अव्यावहारिक क्षेत्र पर संसाधन व्यर्थ करना ठीक नहीं, लोग यहाँ से पलायन क्यों नहीं कर जाते ? यह भी कहा गया है कि संसाधन तो बहुत ही सीमित हैं और उनका साहेल के दक्षिण में अपेक्षाकृत अधिक आर्द्रतापूर्ण क्षेत्रों में प्रयोग करना अधिक उपयोगी होगा तथा सभी सरकारों को अतिन्यून एवं अविश्वस्त वर्षा के क्षेत्रों से पलायन की सम्भावना पर भी विचार करना चाहिए। यही नहीं, अनेक घुमन्तु जन, जिनसे अकाल के दौरान दक्षिणी क्षेत्रों में बातचीत हुई, वे भी दक्षिण में ही स्थायी रूप से रहने को उत्सुक प्रतीत हुए। अतः इस मत को जनसमर्थन भी प्रतीत होता है।

किन्तु सूखे की समस्या के समाधान के रूप में साहेल को जनशून्य बनाने की सलाह अनेक बातों को नज़रअन्दाज़ कर देती है। एक तो ऐसा लगता है कि अकाल के कारण दक्षिण की ओर गए काफ़ी परिवार वापस लौट कर साहेल में ही आ बसे हैं। यदि उनमें से बहुत-से नहीं भी आते, तो भी सरकारों को बाकी बची साहेल की जनसंख्या की चिन्ता करनी ही पड़ती। इतने बड़े जनसमुदाय के जीवन-यापन के ढर्रे को एकदम बदल पाना सम्भव नहीं होता। यह कहना भी ठीक नहीं होगा कि उत्तर साहेलवासियों को सामान्य वर्षों में भी दक्षिण के आर्थिक अवसर अधिक रुचिकर लगेंगे (यदि ऐसा होता तो वे बिना अकाल भी सहज ही पलायन कर सकते

थे)। उत्तर क्षेत्र की आर्थिक सम्भावनाएँ पूरी तरह से समाप्त तो नहीं हो गई हैं—वास्तव में समस्या आर्द्र एवं शुष्क वर्षों में भारी उतार-चढ़ाव की ही है।

दूसरे, उत्तर के कृषि एवं पशुपालन के लिए उपयोगी प्राकृतिक संसाधनों का पूरी तरह परित्याग कर पहले ही भीड़भरे आर्द्रक्षेत्रों पर और बोझा डालना भी आर्थिक दृष्टि से बहुल समझदारी का काम नहीं होगा। आम दक्षिणवासी को उत्तर से आये शरणार्थी कभी भी नहीं भाए—उनका स्थायी रूप से बसना तो शायद ही बर्दाश्त हो पाए। बड़े पैमाने पर आव्रजन से यहाँ का आर्थिक ढाँचा भी चरमरा जाएगा।

साहेल देशों को उत्तरी क्षेत्र से अनेक पशुपालन एवं नकद फ़सल उत्पाद प्राप्त होते हैं। भयंकर सूखे के कारण भले ही यदा-कदा उत्तरी क्षेत्रों के वासी दक्षिण पर आश्रित हो जाते हैं, पर सामान्यतः वे अपना उत्पाद बेचकर (पूरे दाम चुका कर) ही आवश्यक वस्तुएँ ख़रीदते हैं।

अतः यह आवश्यक है कि साहेल की समस्याओं के समाधान के लिए जनशून्यन नहीं बल्कि अन्य विकल्पों पर विचार किया जाए। समस्या का स्रोत उत्पादन के उतार-चढ़ाव ही हैं अतः बीमा व्यवस्था पर विचार करना भी उचित लगता है। सवाल यह है कि बीमा किसका किया जाए ? यदि खाद्य उपलब्धता ह्रास सिद्धान्त सचमुच ही अकाल की सर्वांगसम्यक व्याख्या कर पाता तो हम इन देशों में समग्र खाद्य आपूर्ति का बीमा कराने की सलाह दे सकते थे। अन्तर्राष्ट्रीय स्तर पर कुछ ऐसी व्यवस्था बनाई जा सकती थी कि जब उत्पादन में कमी आ जाए और विदेशी मुद्रा का उपार्जन घट जाए तो भी खाद्यान्न का आयात करने के लिए संसाधन उपलब्ध हो सकें। यद्यपि साहेल देशों में पिछले एक दशक में खाद्यान्न उत्पादन में कमी की प्रवृत्ति दिखाई पड़ती है किन्तु यह नहीं भूलना चाहिए कि दशक के अन्तिम वर्षों में ही सूखा और अकाल का प्रभाव भी रहा है। खाद्य फ़सलों की अपेक्षा नकद फ़सलों की ओर भी रुझान बढ़ा है। इससे खाद्य उत्पादन में कमी आती है पर अन्तर्राष्ट्रीय बाजार से अनाज खरीदने की क्षमता में सुधार भी होता है। अतः खाद्य-उपलब्धता ह्रास विधि तो बड़ा सीधा-सा निदान एवं निवारण सुझा सकती है : कभी-कभार प्रति व्यक्ति खाद्य उत्पादन में कमी आ सकती है, जिसकी भरपाई अन्तर्राष्ट्रीय बीमे से करके देश में आपूर्ति को पर्याप्त स्तर पर बनाए रखा जा सकता है।

किन्तु खाद्य उपलब्धता ह्रास बहुत अच्छा संकेत सूचक नहीं है। ऊपरी तौर से तो यह साहेल के अकाल की व्याख्या कर सकता है, पर जैसा हमने पिछले भाग में देखा है, इस विचार से वस्तुतः कुछ भी हाथ नहीं लगता। केवल देश में अनाज पहुँचाने ही नहीं, उसे प्रभावित सामाजिक वर्गों के अधिकार में पहुँचाने की भी समस्या है। ऐसी विधियाँ बनाने की आवश्यकता है कि आर्थिक क्रियाओं के माध्यम से सूखे से पीड़ित संकटग्रस्त व्यक्ति खाद्य सामग्री पा सकने में सफल हो सकें। यह बात

तो नकद फ़सलों के प्रसार के सन्दर्भ में बहुत ही महत्त्वशाली हो जाती है क्योंकि इन फ़सलों के कारण सारे देश की उपभोग-क्षमता में तो वृद्धि होती है किन्तु समाज के किसी-न-किसी वर्ग की विनिमय अधिकारिताओं पर दुष्प्रभाव भी पड़ता है।

अतः आवश्यक बीमा व्यवस्था को पारिवारिक स्तर पर खाद्य नियंत्रण पर ध्यान देना होगा, केवल राष्ट्रीय स्तर की चिन्ता पर्याप्त नहीं होगी। घुमन्तु पशुपालकों का निजी आधार पर बीमा कर पाना बहुत जटिल कार्य है। शायद ही कोई ग़रीब या पिछड़ा देश ऐसी व्यवस्था कर पायेगा। अतः समाज के ऐसे कमज़ोर वर्गों को पर्याप्त खाद्य उपलब्धि सुनिश्चित कराने में सार्वजनिक क्षेत्र को ही मुख्य भूमिका निभानी होगी। किसी सीमा तक अकाल सहायता कार्य भी खाद्य बीमा ही हैं पर दीर्घकालिक हल का स्वरूप इस प्रकार की तदर्थ व्यवस्था से सम्भव नहीं होगा। इस दृष्टि से अनेक प्रकार की सामाजिक सुरक्षा लाभ व्यवस्थाओं पर विचार हो सकता है; जैसे, आय प्रतिपूरण (Income supplementation) या फिर रोज़गार गारंटी योजना आदि।

पर सामाजिक सुरक्षा का विचार तो समस्या का केवल एक ही पहलू है। उन दीर्घकालिक परिवर्तनों पर भी विचार आवश्यक है जिन्होंने साहेल से शुष्क क्षेत्र की जनता को सूखे का सहज लक्ष्य बना दिया है। इन्हीं में से एक है इस अर्थव्यवस्था में बढ़ता हुआ व्यापारीकरण। जैसे-जैसे नकद फ़सलों का आश्रय बढ़ा है, साहेल की जनता अपनी खाद्य आपूर्ति के लिए बाजार पर निर्भर होती जा रही है। यहाँ पर मौसम के उतार-चढ़ाव समस्या को और गहन बना देते हैं। इस पुस्तक में हमने अध्याय 5, 6 एवं 7 में अनेक प्रकार की अधिकारिताओं की चर्चा इन्हीं सन्दर्भों के अन्तर्गत की है, अतः इस बात पर फिर आग्रह करना आवश्यक नहीं है। एक ऐसा किसान या पशुपालक जो अपने ही उत्पादन का उपभोग करता है, केवल उत्पादन स्तर के उतार-चढ़ाव से प्रभावित होता है। पर नकद फ़सलोंवाला या बाजार के लिए पशुपालन करनेवाला तो उत्पादन तथा बाजार भावों, दोनों की गिरावट का शिकार हो जाता है। मौद्रिक मजदूरी पर काम करनेवाले सभी श्रमिक, चाहे वे खेतों पर काम करें या अन्यत्र, बहुत ही बुरी तरह प्रभावित होते हैं क्योंकि मौसम के उतार-चढ़ाव के कारण 'अन्य कार्य के अवसर' भी बहुधा बहुत तेज़ी-से सिमट जाते हैं। बेशक व्यावसायीकरण ने नए आर्थिक अवसर उपलब्ध कराये हैं किन्तु साहेल की जनता इसके कारण अकाल के निशाने पर भी आ गई है।

इस व्यावसायीकरण के कुछ और चिन्ताजनक प्रभाव भी रहे हैं। भ्रमणशील पशुधन एवं कृषि के बीच परम्परागत प्रतिपूरण का नाता भी छिन्न-भिन्न हो चला है—क्योंकि व्यावसायिक फ़सलों का ऋतु-चक्र खाद्य फ़सलों से भिन्न होता है (कपास की कटाई खाद्यान्न फ़सलों की कटाई के बहुत बाद में होती है)। घुमन्तु पशुओं

द्वारा कटाई के बाद खेतों में बचे हुए पौधों के तिनकों को खाना व अपने गोबर आदि द्वारा उनमें खाद छोड़ जाना परम्परागत खाद्य फ़सलों से तो मेल खाता था किन्तु व्यावसायिक फ़सलों के चक्र के साथ उनका तालमेल सम्भव नहीं हो पा रहा। जहाँ परम्परागत चरागाहों को ही व्यावसायिक खेती के लिए अधिग्रहीत कर लिया गया है, वहाँ तो पशुपालक वर्ग पर प्रत्यक्ष ही प्रहार हुआ है।

एक अन्य दीर्घकालिक कारक है परम्परागत बीमा व्यवस्था का बिखराव। शुष्क साहेल क्षेत्र के राजनैतिक विभाजन के कारण अब पशुपालकों का सूखे के कारण एक स्थान से दूसरे की ओर पलायन एवं वापसी सहज नहीं रह गई है। "खुरों पर पशुभण्डारण" करों के कारण महँगा सिद्ध होने लगा है। जंगली जानवरों का शिकार कर क्षतिपूर्ति की सम्भावनाएँ भी समाप्त होती जा रही हैं—क्योंकि अब जंगलों में जानवर बचे ही कहाँ हैं ! इन परम्परागत व्यवस्थाओं के ह्रास से भी साहेल की जनता की अकाल को झेल पाने की क्षमता में बहुत कमी आई है। इनमें से कुछ को तो सुधारने का प्रयास हो सकता है, किन्तु अधिकतर ऐसे परिवर्तन आये हैं जिनकी दिशा को वापस नहीं मोड़ा जा सकता।

सूखे क्षेत्रों में पशुधन की वृद्धि एवं सारी घास को चर जाने की प्रवृत्ति से भी बहुत नुकसान हुआ है। किसी हद तक इसका कारण अकाल से पूर्व के दशक में अच्छी बारिशों का दौर भी रहा है। अब सूखे के बाद कई वर्षों तक हालात अलग ही रहेंगे। किन्तु घुमन्तु जीवन-शैली में इस प्रकार जोखिमें बनी ही रहती हैं। चरागाह सामुदायिक किन्तु पशुधन निजी हैं। प्रत्येक पशुपालक चरागाहों का अपने झुण्ड के लिए ज्यादा-से-ज्यादा प्रयोग करने का प्रयास सहज भाव से करता है। पर तंगी की स्थिति में इसके परिणाम सभी के लिए हानिकारक सिद्ध होते हैं। ज्यादा पशुओं का स्वामित्व परिवार की आय बढ़ा सकता है, पर ज्यादा चराई से घास खत्म होकर भूक्षरण (Soil erosion) होने लगता है—इससे सभी पशुपालकों पर बुरा प्रभाव पड़ता है।

यह समस्या एक अन्य कारण से भी जटिलतापूर्ण होती है—पशुधन की वृद्धि से किसी परिवार की आय ही नहीं बढ़ती बल्कि उसकी विपदा का सामना कर पाने की क्षमता भी बढ़ती है। इसी कारण अनिश्चितता के समय में सहज रूप से झुण्ड का विस्तार करने की कोशिशें होती हैं किन्तु अधिक चराई के कारण भूमि पर से घास का आवरण समाप्त होकर मरु के प्रसार की दुर्सम्भावनाएँ भी अपना मुँह खोलने लगती हैं। व्यक्तिगत आकलन की दृष्टि से तो पशुपालकों द्वारा अपने पशुधन की सम्वृद्धि उचित ही लगती है। अतः इस महत्त्वपूर्ण तथ्य की अनदेखी करने से उचित नीतियों के निर्धारण में शायद ही सहायता मिले।

एक दानदाता देश के प्रतिनिधि ने अपर वोल्टा के एक फुलानी चरवाहे से सितम्बर 1973 में बातचीत के बाद इस समस्या की जटिलता पर काफी प्रकाश डाला है। किसान से पूछा गया था कि सूखे का उस पर क्या प्रभाव पड़ा। उसका उत्तर

कुछ ऐसा रहा : मेरे पास 100 पशु थे, पर 50 मर गए। अगली बार मैं 200 इकट्ठे करूँगा। फिर मेरे पास 100 अवश्य बचे रहेंगे। वह यह नहीं समझ पा रहा कि उस भूमि की क्षमता तो केवल 50 पशुओं का भरण-पोषण कर पाने की है। अतः अगर वह 200 इकट्ठे कर लेगा तो उसका नुकसान भी बहुत ज्यादा होगा।

किन्तु एक आर्थिक तर्क की दृष्टि से यह बात पूर्णतः निरर्थक है—फुलानी चरवाहा अगर दानी देश के प्रति कृतज्ञता से अभिभूत हो तो बात और है, अन्यथा वह भी अपने क्षेत्र और भूमि की सीमाओं और सम्भावनाओं को समझता है। अगर उसके पास 200 पशु होते तो संकट के बाद भी वह विस्तृत पशुपालन व्यवस्था में 50 से कहीं ज्यादा को बचाए रखने में अवश्य सफल हो जाता। उसका पशु भण्डार आधे के लगभग यानी 100 तक अवश्य रहता। पशुधन हानि का अनुपात (किसी भी चरागाह के आकार के निश्चित रहने पर) झुण्ड के आकार पर ही निर्भर रहता है। किसी एक चरवाहे के झुण्ड का समस्त पशुधन पर वास्तव में बहुत कम, पर हानिकारक प्रभाव अवश्य पड़ता है। अतः 100 की बजाय 200 पशुओं के भण्डार से आरम्भ करने पर उसका अपना नुकसान ही नहीं बढ़ता बल्कि सारे क्षेत्र के पशुधन के बचे रहने की सम्भावनाएँ भी दुष्प्रभावित होती हैं। यदि सभी चरवाहे उसकी भाँति ही अपने झुण्डों को दुगुना करने में जुट गए तो समस्या वास्तव में बहुत गम्भीर हो सकती है। किन्तु यदि कोई एक चरवाहा अपने स्तर पर अपना झुण्ड छोटा रखना चाहे तो इससे सारे समाज को विशेष लाभ होने की सम्भावना भी बहुत क्षीण ही रहती है।

समस्या के इस पहलू का समाधान करने की अनेक विधियाँ हो सकती हैं : करों और सहाय्यों द्वारा उचित प्रोत्साहन सृजित हो सकते हैं या झुण्डों के आकार की सीमा निर्धारण के कानून बनाए जा सकते हैं—यही नहीं, पशुपालकों को सहकारी संस्थाओं में सुगठित करने का प्रयास भी हो सकता है। समस्या यही है कि निजी अधिकारिताएँ निजी पशुधन सामर्थ्य के प्रति धनात्मक रूप से संवेदनशील रहती हैं तो अन्यों के स्वामित्व के प्रति ऋणात्मक रूप से। प्रत्येक पशुपालक का केवल अपने झुण्ड के आकार पर ही नियन्त्रण हो सकता है—किसी अन्य पर नहीं।

शुष्क साहेल के निवासियों की खाद्य समस्या उन संस्थागत कारकों पर बहुत ही निर्भर रहती हैं जिनसे उनकी उत्पादन एवं विनिमय खाद्य अधिकारिताएँ निर्मित होती हैं। इन संस्थाओं में सुधार की काफी सम्भावनाएँ भी हैं। उनकी समस्या पर प्रत्यक्ष रूप से खाद्य उपलब्धि सुनिश्चित कराने की सार्वजनिक व्यवस्थाओं द्वारा भी प्रभाव डाला जा सकता है। पर इन व्यवस्थाओं में भीषण संकट के समय अनाज बाँटना ही नहीं बल्कि नियमित आधार पर सामाजिक सुरक्षा एवं रोज़गार प्रतिरक्षण को भी स्थान देना होगा। आवश्यकता खाद्य उपलब्धता को सुनिश्चित रखने की नहीं बल्कि लोगों की खाद्य पदार्थों के प्रति अधिकारिता सुनिश्चित करने की है।

9.

बंगलादेश में अकाल

बाढ़ एवं अकाल

पहले बाढ़, फिर अकाल। यही है बंगलादेश के 1974 के अकाल का सार। गिल्बर्ट एटिएन (Gilbert Etienne) ने 1974 की बाढ़ का विवरण कुछ इस प्रकार दिया है :

"सन् 1974 की बाढ़ से उत्तरी जनपदों में भारी नुकसान हुआ। सामान्यतः ब्रह्मपुत्र पश्चिमी किनारे का 30 से 60 मीटर तक ही अतिक्रमण करती है। पर 1974 में करीब 100 किलोमीटर की लम्बाई में नदी 300 मीटर तक किनारे को पार कर गई। इस घनी आबादी वाले क्षेत्र में 24000 लोगों को बहुत भारी क्षति उठानी पड़ी। नदी के पानी के साथ आई मिट्टी कहीं-कहीं ही उपजाऊ होती है—इसका अधिकांश कृषियोग्य नहीं होता।...जून के अन्त में आई यह बाढ़ औस की फ़सल को बहा ले गई। पन्द्रह दिन बाद दूसरे उफान में ब्रह्मपुत्र बची-खुची औस की धान और अमान की नई नर्सरियों को भी हानि पहुँचा गई। किसी तरह से रोपाई तो हुई पर अगस्त में बाढ़ अपने चरमोत्कर्ष पर जा पहुँची और धान के खेतों को बहुत नुकसान हुआ। सितम्बर में एक और धावे में दोबारा रोपी गई धान का भी सफ़ाया हो गया।"

तालिका 9.1 की जानकारी से यह स्पष्ट हो रहा है कि बाढ़ के तुरन्त बाद चावल के दाम आकाश छूने लगे। अत्यन्त प्रभावित जनपदों में तो चावल के दाम जुलाई से अक्तूबर के बीच ही तीन गुना हो गए। बाढ़ के दौरान ही भुखमरी की खबरें आने लगीं थीं, फिर तो वे बहुत ही गम्भीर रूप धारण कर गईं। सितम्बर के अन्त में सरकार ने औपचारिक रूप से अकाल की घोषणा कर दी। सितम्बर के आरम्भ से ही बना हुआ खाना बाँटनेवाले कुछ लंगरख़ाने निजी प्रयासों से शुरू हो चुके थे। अक्तूबर के मध्य तक सरकारी लंगरख़ाने भी ज़ोर-शोर से काम करने लगे। एक समय तो 43.5 लाख लोग 6 हज़ार लंगरख़ानों से अपनी गुज़र चला रहे थे। ये देश की कुल आबादी का लगभग सोलहवां भाग बनता है। नवम्बर से चावल

के दाम कम होने लगे और राहत की आवश्यकता भी कम होने लगी। माह के अन्त तक लंगरख़ाने बन्द कर दिए गए।

तालिका 9.1

1974 की बाढ़ के बाद चावल के दामों में वृद्धि

	मोटे चावल के खुदरा भावों का सूचक			
महीना 1974	*बंगलादेश की औसत*	*मैमनसिंह*	*रंगपुर*	*सितहट*
जुलाई	100	100	100	100
अगस्त	121	130	116	129
सितम्बर	150	169	184	160
अक्तूबर	178	202	183	204
नवम्बर	151	162	113	167
दिसम्बर	133	132	85	155

स्रोत : आलमगीर इत्यादि (1977) की तालिका 3.3 पर आधारित

बंगलादेश का मानचित्र

अकाल की भीषणता सभी क्षेत्रों में एक जैसी नहीं थी। तालिका 9.2 में विभिन्न जनपदों में लंगरख़ानों से सहायता प्राप्त करनेवाली जनसंख्या का अनुपात दिया गया है। जहाँ रंगपुर की 17 प्रतिशत आबादी राहत पाने को बाध्य हुई वहाँ चटगाँव पहाड़ी क्षेत्र में किसी को भी इस तरह की जरूरत नहीं पड़ी। इस आधार पर सबसे अधिक प्रभावित जनपद पाँच रहे : रंगपुर, मैमनसिंह, दिनाजपुर, सिलहट तथा बारीसाल (अकाल की भीषणता के ह्रास मान क्रम के अनुसार)। बंगलादेश की 'इंस्टीट्यूट ऑफ़ डेवलपमेन्ट स्टडीज़' ने नवम्बर 1974 में अपने सर्वेक्षण में मैमनसिंह, रंगपुर और सिलहट को बाढ़ग्रस्त जनपद माना था। इस चयन का आधार था कम-से-कम तीन महीनों तक 6 फुट तक गहरे पानी का खेतों में जमा रहना और कम-से-कम 5 प्रतिशत जनसंख्या का लंगरख़ानों पर आश्रित हो जाना। दिनाजपुर ब्रह्मपुत्र आदि नदियों से दूर है अतः पहली कसौटी के अनुसार बाढ़ग्रस्त नहीं माना गया—हालाँकि इसमें लंगरख़ाने पर आश्रित जनसंख्या का अनुपात सिलहट से कहीं ज्यादा था। किन्तु ऐसा लगता है कि यहाँ के लंगरख़ानों में ज्यादातर शरणार्थी पड़ोस के जनपद रंगपुर से ही आये हुए थे।

मृत्यु दर के अनुमान तो बहुत ही अलग-अलग रहे। सरकार ने अकाल से

तालिका 9.2

लंगरख़ानों में सहायता पानेवालों की संख्या, 1974

जिला	प्रतिदिन खाना खाने वालों की संख्या	इस संख्या का कुल जनसंख्या से अनुपात
रंगपुर	935.6	17.18
मैमनसिंह	899.0	11.88
दिनाजपुर	221.0	8.60
सिलहट	362.7	7.62
बारीसाल	281.0	7.15
खुलना	245.7	6.91
बोगरा	123.0	5.51
नोआखली	178.4	5.50
पतुआरवाली	65.8	4.39
जैसौर	128.5	3.86
फ़रीदपुर	148.2	3.65
कोमिल्ला	205.1	3.52
राजशाही	147.5	3.46
कुष्टिया	64.9	3.45
तनगैल	70.5	3.39
पबना	57.9	2.06
ढाका	155.7	2.05
चटगांव	54.7	1.27
चटगांव पर्वतीय क्षेत्र	0	0

स्रोत : आलमगीर (1979) में दिए गए आँकड़े

26,000 लोगों की मौत की बात स्वीकार की। अन्य लोगों का कहना है कि अकेले रंगपुर जिले में ही 80,000 से एक लाख तक लोग भूख एवं कुपोषण के कारण उन 2-3 महीनों में मौत के शिकार हो गए। यद्यपि राहत कार्य अपर्याप्त रहे होंगे, किन्तु उनके अभाव में तो सम्भावित मृत्यु के ताण्डव की बात सोचकर ही रोंगटे खड़े हो जाते हैं। सरकार के अतिरिक्त अनेक स्वयंसेवी संस्थाओं ने संकटग्रस्त गाँवों से बाहर एवं भीतर परस्पर सहायता के माध्यम से जनहानि को भीषण रूप धारण करने से रोकने में बहुत योगदान दिया।

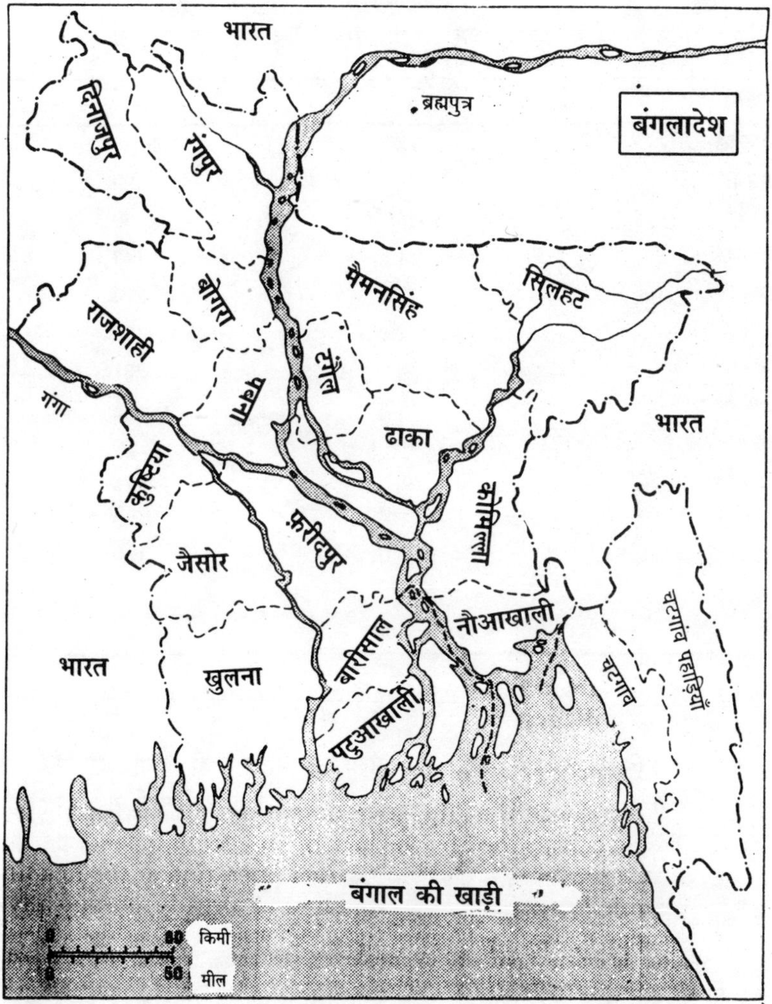

चित्र 9.1 बंगलादेश

खाद्यान्न का आयात एवं सरकारी भण्डार

बंगलादेश सरकार के पास खाद्य भण्डार बहुत सीमित थे। इसी कारण वह गम्भीर अकाल की परिस्थितियों में पूरी उदारता से सहायता कार्य नहीं कर पायी। सन् 1974 तक तो बंगलादेश वैसे ही खाद्यान्न के आयात पर निर्भर रहता था। अकाल

तालिका 9.3

बंगलादेश में अनाज का आयात—1973, 1974—हज़ार टनों में

महीने	*1973*	*1974*
जनवरी	228	38
फरवरी	194	90
मार्च	467	99
अप्रैल	212	147
मई	179	224
जून	126	135
जुलाई	83	291
अगस्त	159	225
सितम्बर	263	29
अक्तूबर	287	76
नवम्बर	59	190
दिसम्बर	83	149
कुल योग	2,340	1,693

स्रोत : आलमगीर (1980) तालिका 6.18

के बाद भी सरकार 1974 में 1973 की अपेक्षा कम मात्रा में ही आयात की व्यवस्था कर पायी थी (देखें तालिका 9.3)। यहाँ तक की बहुत ही कठिनाई के दो महीनों, सितम्बर-अक्तूबर में तो आयात पिछले वर्ष के इन्हीं महीनों की तुलना में 20 प्रतिशत से भी कम रह गया था। खाद्य भण्डारों के अभाव ने वास्तव में बंगलादेश सरकार के सहायता प्रयासों में बाधाएँ उपस्थित कर दीं।

यह बताना उचित होगा कि बंगलादेश भी विश्व के अनेक देशों की तरह नियमित रूप से संयुक्त राज्य अमेरिका से खाद्य सहायता पाता रहा है। किन्तु इन्हीं दिनों अमेरिका भी बंगलादेश पर क्यूबा से व्यापार रोकने का दबाव डालने के लिए खाद्य सहायता के हथियार का प्रयोग कर रहा था। इस दबाव से तुरन्त पहले विदेशी मुद्रा की कमी के कारण बंगला सरकार दो अमेरिकी कम्पनियों से चावल ख़रीद के सौदे रद्द करने पर भजबूर हो गई थी—यह माल भी सितम्बर-अक्तूबर में ही आनेवाला था।

अमेरिका ने सितम्बर 1974 में सहायता बन्द करने की धमकी दी। अमेरिकी

राजदूत ने अपनी सरकार के निर्देश पर बंगलादेश के योजना आयोग के अध्यक्ष डॉ. नूरुल इस्लाम से भेंट कर क्यूबा से व्यापार बन्द करने की माँग की। अमेरिका के पी.एल-480 नियम के अन्तर्गत सहायता पानेवालों को क्यूबा जैसे प्रतिबन्धित देशों से व्यापार की मनाही होती है। डॉ. नूरूल इस्लाम ने हैरानी और खेद व्यक्त किया कि बंगलादेश जैसे दरिद्र देश को निर्यात रोकने पर बाध्य किया जा रहा था। भारतीय पटसन से स्पर्धा और इसकी नीची कीमतों के कारण पहले ही निर्यात आय कम हो रही थी, पर अमेरिकी दबाव के कारण उन्हें क्यूबा को पटसन का निर्यात रोकना ही पड़ा।

आखिर बंगलादेश के निर्यात व्यापार की बलि लेकर ही अमेरिकी सहायता पुनः आरम्भ हुई। तब तक 1974 के पतझड़ के महीने भी गुज़र चुके थे।

चावल के आयात की समस्या साख के अभाव और अनाज के अन्तर्राष्ट्रीय दामों में वृद्धि के कारण और भी जटिल हो गई थी। सरकार को 1974 में अच्छी फ़सल होने की आशा थी, पर वह भी निष्फल ही रही। इस वर्ष के शुरू के महीनों में हुआ आयात 1973 की अपेक्षा काफी कम रहा। आन्तरिक रूप से चावल का भण्डार संग्रह भी बहुत ही त्रुटिपूर्ण रहा। 1974 में हुए 118 लाख टन उत्पादन के बाद भी सरकार के भण्डार मासिक आधार पर 3,47,000 टन से 1,37,000 टन के बीच ही रह पाए। इस कारण से राहत कार्यों पर भी गहरा प्रभाव पड़ा—सरकार ने केवल कम व्यक्तियों को ही राहत नहीं पहुँचाई बल्कि उन्हें दी गई राहत सामग्री की मात्रा भी अपर्याप्त रही।

खाद्यान्न की कम उपलब्धि निश्चित रूप से सरकारी राहत कार्यों में बाधक रही। किन्तु इससे भी अकाल के कारण का तो पता नहीं चल पाता। क्या बाढ़ के कारण खाद्य उपलब्धता में ह्रास से अकाल पड़ गया ? क्या सचमुच खाद्यान्न की व्यापक कमी हो गई थी ? क्या खाद्य उपलब्धता ह्रास की अवधारणा यहाँ खरी उतरती है ? अब मैं इन्हीं प्रश्नों पर चर्चा करने जा रहा हूँ।

खाद्य पदार्थों की उपलब्धता में गिरावट

बंगाल के व्यापक अकाल का वर्णन करते हुए मैंने कहा था कि इस क्षेत्र में धान की तीन फ़सलें होती हैं : अमान, औस और बोरो। किन्तु इन फ़सलों के ऋतु चक्र एवं महत्त्व में 1943 की अपेक्षा बहुत बदलाव आ गए हैं। एक तो बंगलादेश का भूक्षेत्र 1943 के बंगाल से भिन्न है; दूसरे, अब तक बीजों की किस्मों और कृषि तकनीकों में भी बहुत बदलाव आ चुके हैं। इस अवधि 1971-76 में बंगलादेश में विभिन्न फ़सलों के अनुपात-अंश इस प्रकार रहे : अमान—नवम्बर-जनवरी 56 प्रतिशत; औस—जुलाई-अगस्त 25 प्रतिशत; तथा बोरो—अप्रैल-जून 19 प्रतिशत।

सन् 1943 के अकाल की भाँति ही 1974 के अकाल की चरम सीमा भी

औस फ़सल के मौके पर ही देखी गई। अतः 1974 के उत्पादन पर आश्रित आपूर्ति में 1973-74 की अमान और 1974 की औस तथा बोरो फ़सलों का उत्पादन जोड़ना ही उचित प्रतीत होता है। इसी विधि का प्रयोग हमने अध्याय-6 में भी किया था। तालिका 9.4 में इसी प्रकार से आकलित चावल आपूर्ति के आँकड़े (1971-75) दिए गए हैं। साथ ही प्रति व्यक्ति चावल उत्पादन के सूचक भी दिए गए हैं। इन आँकड़ों को देखकर यही लगता है कि 1974 के वर्ष में कुल उत्पादन एवं प्रति व्यक्ति उत्पादन सर्वाधिक रहे।

तालिका 9.4

बंगलादेश में चावल का उत्पादन, 1971-75

वर्ष	*चावल उत्पादन (हज़ार टन)*	*चावल उत्पादन सूचक*	*प्रति व्यक्ति चावल उत्पादन*	*प्रति व्यक्ति चावल उत्पादन सूचक*
1971	10,445	100	0.133	100
1972	9,706	93	0.120	90
1973	10,459	100	0.126	95
1974	11,778	113	0.139	105
1975	11,480	110	0.132	99

स्रोत : आलमगीर (1980) तालिका 6.4 पर आधारित

चावल के उत्पादन से आगे निकल कर कुल खाद्यान्न की उपलब्धि का आकलन करने के लिए हमें, चाहे जितना थोड़ा हो, पर गेहूँ के उत्पादन और अनाज का आयात भी जोड़ना होगा। यही कार्य तालिका 9.5 में किया गया है। एक बार फिर 1974 में सर्वोच्च स्तर ही दृष्टिगोचर होता है।[1] यदि हम सकल खाद्य आपूर्ति की दृष्टि से देखें तो 1974 में अकाल का प्रश्न ही नहीं उठना चाहिए था किन्तु अकाल पड़ा और 1974 में ही पड़ा।

1. इस सम्बन्ध में बंगलादेश से भारत को अनाज की तस्करी की बात भी कही गई है। कुछ सूत्रों का कहना है कि यह बहुत कम हुआ, जबकि दूसरे सूत्र इसे काफी ज्यादा मानते हैं। जो भी हो, यह मानना संगत नहीं लगता कि अकाल के वर्ष में तस्करी हुई होगी क्योंकि उस समय भारत की अपेक्षा बंगलादेश में चावल के मूल्य बड़ी तेज़ी-से बढ़ रहे थे।

तालिका 9.5

बंगलादेश में अनाज की उपलब्धता 1971-75

वर्ष	*कुल उपलब्ध अनाज (दस लाख टनों में)*	*जनसंख्या (दस लाख)*	*प्रति व्यक्ति (औंस प्रति दिन)*	*प्रति व्यक्ति उपलब्धता का सूचक*
1971	10.740	70.679	14.9	100
1972	11.271	72.535	15.3	103
1973	11.572	74.441	15.3	103
1974	12.355	76.398	15.9	107
1975	12.022	78.405	14.9	100

स्रोत : आलमगीर (1980) तालिका 6.23 पर आधारित

किन्तु यह बात भी विचारणीय है कि कहीं खाद्यान्न का अभाव किसी क्षेत्र विशेष तक तो सीमित नहीं था ? पूरे बंगलादेश के आँकड़े भ्रामक हो सकते हैं। वैसे भी सरकार ने अनाज की वसूली को सरल बनाने के लिए एक ज़िले से दूसरे में अनाज का लाना-ले जाना रोका हुआ था। इस दृष्टि से यह जानना बहुत महत्त्वपूर्ण होगा कि क्या अकाल से अतिप्रभावित जिलों में उत्पादन में बहुत भारी कमी आई थी ?

तालिका 9.6 में ज़िलेवार चावल का उत्पादन एवं 1973 तथा 1974 में आए प्रतिशत परिवर्तन दर्शाये गए हैं। आँकड़े यह बताते हैं कि केवल दो ज़िलों में उत्पादन कम हुआ था—पर अकाल बहुत व्यापक था। यही नहीं, अकाल से अति प्रभावित मैमनसिंह, रंगपुर और सिलहट में तो उत्पादन में काफ़ी वृद्धि ही हुई थी—(क्रमशः 22, 17 एवं 10 प्रतिशत) ! सबसे कम उत्पादन क्रमशः पटुआखाली, बारीसाल तथा कोमिल्ला ज़िलों में रहा पर वहाँ कुल मिलाकर केवल 12.7 प्रतिशत दरिद्र लोग लंगरख़ानों में शरण लेने को मजबूर हुए थे। अतः हम कह सकते हैं कि अकाल की गहनता और उत्पादन वृद्धि में गिरावट के जनपदानुसार वितरणों में किसी प्रकार के धनात्मक सहसम्बन्ध की झलक नहीं मिलती—वस्तुतः क्रमिकता सह-सम्बन्ध (Correlation Coefficient) का मान –0.5 रहा।

तालिका 9.6

बंगलादेश में ज़िलेवार चावल उत्पादन, 1973 एवं 1974, हज़ार टनों में

ज़िला	*1974*	*1973*	*1974 में 1973 की तुलना में परिवर्तन*
खुलना	462	325	+ 42.2
पर्वतीय चटगाँव	93	67	+ 38.8
दिनाजपुर	666	504	+ 32.1
बोगरा	478	380	+ 25.8
जैस्सोर	531	426	+ 24.6
कुष्टिया	221	180	+ 22.8
मैमनसिंह	1,065	871	+ 22.3
तंगैल	322	264	+ 22.0
फ़रीदपुर	484	403	+ 20.1
रंगपुर	1,122	958	+ 17.1
चटगाँव	725	644	+ 12.6
पबना	282	251	+ 12.4
सिलहट	1,068	968	+ 10.3
ढाका	675	625	+ 8.0
नौआखली	538	505	+ 6.5
राजशाही	679	638	+ 6.4
कोमिल्ला	836	805	+ 3.9
बारीसाल	600	664	+ 9.6
पटुआखली	229	342	+ 33.0

स्रोत : आलमगीर (1980) तालिका 6.28 पर आधारित

तालिका 9.7 में हम प्रति व्यक्ति अन्न उपलब्धता के आँकड़े दे रहे हैं। तीन अकालपीड़ित जिलों में तो इसमें अच्छी-ख़ासी वृद्धि का प्रमाण मिलता है--सिलहट में 3 प्रतिशत, रंगपुर में 10 प्रतिशत तथा मैमनसिंह में 11 प्रतिशत वृद्धि रिकार्ड की गई है। यहाँ भी ज़िलेवार अकाल गहनता तथा अन्न उपलब्धि में परिवर्तन की न्यूनता के बीच क्रमिकता सह-सम्बन्ध का मान –0.33 रहा। यह सांख्यिकीय जानकारी भी खाद्य उपलब्धता ह्रास के विचार की पुष्टि कर पाने से सहायक नहीं होगी।

यदि परिवर्तन नहीं बल्कि प्रति व्यक्ति परम उपलब्धि की न्यूनता के आधार

तालिका 9.7

ज़िलेवार प्रति व्यक्ति अन्न उपलब्धता, 1973 और 1974 (औंस प्रति दिन)

ज़िला	*1974*	*1973*	*प्रतिशत परिवर्तन*
दिनाजपुर	25.1	20.4	+ 23.0
मैमनसिंह	22.8	20.6	+ 10.7
सिलहट	22.1	21.4	+ 3.3
बोगरा	20.8	19.3	+ 7.8
रंगपुर	20.1	18.3	+ 9.8
चटगांव	19.7	18.4	+ 7.1
नौआखली	16.7	17.8	– 6.2
जेस्सौर	16.3	14.6	+ 11.6
खुलना	16.2	13.8	+ 17.4
बारीसाल	16.0	18.6	– 14.0
राजशाही	15.8	15.6	+ 1.3
पटुआखाली	15.7	24.1	+ 34.9
तंगैल	15.3	14.7	+ 4.1
कोमिल्ला	14.9	16.1	– 7.5
चटगांव पहाड़ी क्षेत्र	14.4	14.8	– 2.7
ढाका	13.8	14.5	– 4.6
फरीदपुर	13.5	12.0	+ 12.5
कुष्टिया	12.8	12.0	+ 6.7
पबना	10.8	10.4	+ 3.8

स्रोत : आलमगीर (1980) तालिका 6.29 पर आधारित

पर विभिन्न जनपदों का क्रम निर्धारित हो तो भी अकालकारी दशाओं का निरूपण नहीं हो पाता। यहाँ भी 19 जनपदों में सर्वाधिक अकाल प्रभावित जिलों, रंगपुर, सिलहट और मैमनसिंह का क्रमांक 15, 17 और 18 बनता है। सबसे न्यून उपलब्धि के जिले, पबना, कुष्टिया और फरीदपुर में तो लंगरख़ानों में केवल 6 प्रतिशत लोग ही आए थे। यहाँ भी अकाल गहनता क्रम और खाद्य उपलब्धता न्यूनता क्रम के बीच सहसम्बन्ध –0.73 है। यह भी उपलब्धता ह्रास के सिद्धान्त को कोई समर्थन नहीं दे पाता।

किसी हद तक ये ऋणात्मक सहसम्बन्ध सरकार द्वारा अधिक सहायता दिए जाने के कारण भी हो सकते हैं, किन्तु राहत सामग्री के कारण नितान्त अभाव व्यापक

प्रचुरता में तो नहीं बदल सकता। वस्तुतः उत्पादन के आँकड़े भी उपलब्धि ह्रास के विचार का पोषण नहीं कर पाते। राहत सामग्री कुल उपभोग का बहुत मामूली हिस्सा ही थी, और हम यह भी देख चुके हैं कि सबसे अधिक प्रभावित जिलों में तो यह मात्रा बहुत ही कम रही थी।

अतः बंगलादेश के 1974 के अकाल पर खाद्य उपलब्धता ह्रास की अवधारणा कोई प्रकाश नहीं डाल पाती। सारे देशव्यापी एवं ज़िलाव्यापी उत्पादन और उपलब्धि के आँकड़े दूसरी ही कहानी कह रहे हैं। बंगलादेश के अकाल का कारण कुछ भी रहा हो, इसे खाद्यान्न उपलब्धता ह्रास के कारण पैदा हुए अकाल का नाम नहीं दिया जा सकता।

व्यावसायिक ढाँचा एवं दरिद्रता की गहनता

अकालपीड़ित लोग कौन थे ? इस प्रश्न के बारे में बंगलादेश इंस्टीट्यूट ऑफ़ डेवलपमेन्ट स्टडीज़ द्वारा नवम्बर 1974 के सर्वेक्षण से काफ़ी सटीक जानकारी मिल सकती है (हालाँकि उनका सन्दर्श यादृच्छिक नहीं था)। तालिका 9.8 में लंगरख़ानों में आये लोगों का आय के मुख्य स्रोत के आधार पर व्यावसायिक वर्गीकरण किया गया है। इनमें सबसे बड़ा वर्ग मजदूरों का रहा (45 प्रतिशत)। दूसरा नम्बर था किसानों का (39 प्रतिशत)। यदि कृषि मजदूरों को भी किसानों के साथ जोड़ दें तो कृषक वर्ग ही सबसे बड़ा वर्ग बन जाता है। इस बात पर सभी ने ध्यान दिया—यह उचित भी है। किन्तु यह भी नहीं भूलना चाहिए कि ग्रामीण जनसंख्या का अधिकांश हिस्सा पेशे से अपने-आपको किसान ही बताता है।

तालिका 9.8

बंगलादेश में दरिद्रता का व्यावसायिक वितरण, 1974

व्यवसाय	*लंगरख़ानावासी संख्या*	*कुल निवासियों से अनुपात*
श्रमिक	351	44.5
कृषि श्रमिक	190	24.1
अन्य श्रमिक	161	20.4
किसान	305	38.7
अन्य	132	16.8
कुल योग	788	100.0

स्रोत : आलमगीर (1980) तालिका 5.3

अतः दरिद्रता के सापेक्ष अनुमान के लिए हमें दरिद्रों के व्यावसायिक वितरण की तुलना उस जनसंख्या के व्यावसायिक वितरण से करनी होगी जहाँ से ये दरिद्र समुदाय आए थे। किन्तु इस बारे में कोई सर्वेक्षण हुआ ही नहीं, आँकड़े भी सुलभ नहीं हैं। किन्तु किसी सीमा तक 1976 के एक अध्ययन और इंस्टीट्यूट ऑफ़ डेवलपमेन्ट स्टडीज़ के एक अन्य सर्वेक्षण में ग्रामीण परिवारों का आय के मुख्य स्रोत के आधार पर वर्गीकरण किया गया है। इन्हीं का प्रयोग कर तालिका 9.9 में दरिद्रता की गहनता के सूचकों का आकलन किया गया है। दोनों ही सूचकों के आधार पर श्रमिक वर्ग सबसे अधिक प्रभावित समुदाय रहा। यद्यपि सूचकों के अन्तर को बहुत महत्त्व देना उचित नहीं है पर फिर भी अन्य देशों से श्रमिकों की तुलना सहज हो जाती है।

बंगलादेश इन्स्टीट्यूट द्वारा अकाल के महीनों में हुई मौतों का व्यवसायानुसार वर्गीकरण भी इसी कहानी को दोहराता प्रतीत होता है। यह जानकारी तालिका 9.10 में दी गई है। सामान्य श्रमिकों की तुलना में परिवहनकर्मियों के छोटे से वर्ग में मृत्यु दर सर्वाधिक रही पर सामान्य श्रमिकों की मृत्यु दर भी अन्य सभी व्यवसायों से बहुत ही ज्यादा थी।

तालिका 9.10

चुने हुए गाँवों में व्यवसायवार मृत्यु दर, अगस्त-अक्तूबर 1974

व्यवसाय	*मृत्यु दर प्रति 1000*	*दस वर्ष से कम आयु वर्ग का मृत्यु दर प्रति हज़ार*
परिवहन	100	286
मज़दूरी	88	128
व्यापार	53	80
कृषि	38	64
अन्य	29	अनुपलब्ध
सेवाएँ	16	12
योग	47	74

स्रोत : आलमगीर (1980) तालिका 5.5

तालिका 9.9

दरिद्रता की पेशेवार गहनता—1974

व्यवसाय	कुल लंगरख़ानावासी प्रतिशत	ग्रामीण परिवारों की संख्या प्रतिशत	ग्रामीण परिवार, मुख्य आय स्रोत प्रतिशत	गहनता सूचक I	गहनता सूचक II
	(1)	(2)	(3)	(4) = (1)/(2)	(5) = (1)/(3)
श्रमिक	44.5	27.9	23.4	1.59	1.90
किसान	38.7	41.8	59.7	0.93	0.65
अन्य	16.8	30.3	17.0	0.55	0.99
सभी	100.0	100.0	100.0	1.00	1.00

स्रोत : तालिका 9.8 का कालम 1, मिया (1976) और आलमगीर (1978a) का कालम 2, तालिका XII से कालम 3, आलमगीर (1980) तालिका 8.12

लंगरख़ानावासियों के भू-स्वामित्व के आँकड़े भी बहुत महत्त्वपूर्ण हैं। ये आँकड़े तालिका 9.11 में दिये गये हैं। इन लोगों में से 32 प्रतिशत के पास कोई ज़मीन नहीं थी। इससे भी ज्यादा बड़ी बात यह है कि 81 प्रतिशत के पास तो आधा एकड़ या उससे कम (बिलकुल नहीं भी) जमीन ही थी। वैसे बंगलादेश संस्थान का अनुमान है कि 33 प्रतिशत ग्रामीण परिवारों के पास आधा एकड़ से अधिक भूमि नहीं है। ग्राम्य समाज का भूमिहीन वर्ग ही लंगरख़ानों में बुरी तरह से फँसा हुआ था। आधा एकड़ या कम भूमिवाले की लंगरख़ाने में पहुँचने की सम्भावना आधे से एक एकड़ वालों से 4.5 गुणा तथा 5 या अधिक एकड़ वालों से 165 गुणा अधिक थी। इससे व्यावसायिक आँकड़ों की पुष्टि होती है। साथ ही यह भी पता चलता है कि लंगरख़ानों के सर्वेक्षण में किसान बताए गए लोग वास्तव में सीमान्त किसान ही थे।

तालिका 9.11

लंगरख़ानावासियों का भू-स्वामित्व–1974

भू-आकार वर्ग	*निवासी परिवार*	*निवासी परिवार %*	*ग्रामीण परिवार %*	*दरिद्रता का प्रभाव*
	(1)	(2)	(3)	(4) = (2)/(3)
1/2 एकड़ से कम	639	81.09	32.69	2.481
1/2 से 1 एकड़ तक	57	7.23	13.13	0.551
1 से 2½ एकड़ तक	81	10.28	28.80	0.357
2½ से 5 एकड़ तक	10	1.27	16.74	0.076
5 एकड़ से अधिक	1	0.13	8.62	0.015
कुल योग	788	100.0	100.0	1.000

स्रोत : आलमगीर (1980) तालिका 5.2 और आलमगीर इत्यादि (1977) की तालिका 6.11 पर आधारित

श्रमशक्ति की विनिमय अधिकारिता

सामान्य दरिद्र का एकमात्र अवलम्बन उसका श्रम ही था–भूमि तो बहुत ही अपर्याप्त सहारा थी–अतः श्रम शक्ति पर आधारित अधिकारिता सम्बन्ध का विवेचन उपयोगी हो सकता है। तालिका 9.12 में 1974 के प्रत्येक मास में ग्रामीण श्रमिकों के चावल विनिमय दरों के सूचक दिए गए हैं। इस आकलन के लिए दो अलग-अलग आधार रखे गए हैं। (क) दिसम्बर 1973 = 100 तथा (ख) सन् 1973 के समकक्ष मास = 100। अकाल से एकदम पूर्व और अकाल के महीनों में e_j सूचकों की गिरावट

बहुत ही अधिक रही है। पिछले वर्ष के समान महीनों से तुलना में यह गिरावट कुछ कम रह जाती है। इस विधि में किसी सीमा तक मौसमी प्रभाव भी दूर हो जाते हैं—पर फिर भी गिरावट काफ़ी महत्त्वपूर्ण रही है। समाज के गुज़ारा-भर कर पा रहे वर्ग के लिए इस विनिमय दर में अकाल के उत्कर्ष काल में यह गिरावट पिछले वर्ष के इन्हीं महीनों की तुलना में 35 से 45 प्रतिशत तक रही है।

तालिका 9.12

अकाल (1974) के दौरान ग्रामीण श्रमिकों की चावल विनिमय दर e_j

आधार : (क) दिसम्बर 1973 के आँकड़े (ख) 1973 के ही समान महीनों के आँकड़े

	ग्रामीण मज़दूरी दर		*चावल के भाव*		*1974 के महीनों के सूचक मान*	
महीना	*1973*	*1974*	*1973*	*1974*	*(क)*	*(ख)*
जनवरी	4.78	6.22	72.37	92.11	86	102
फरवरी	4.91	6.36	76.68	98.93	82	100
मार्च	5.14	7.17	83.84	117.33	78	100
अप्रैल	5.35	8.22	96.49	136.98	77	108
मई	5.47	8.72	96.29	135.68	82	113
जून	5.83	8.26	91.11	139.04	76	93
जुलाई	6.02	8.61	87.06	141.78	78	88
अगस्त	5.81	8.82	85.92	171.25	66	76
सितम्बर	5.72	8.80	89.47	212.80	53	65
अक्तूबर	5.85	8.64	94.11	251.78	44	55
नवम्बर	6.00	8.39	89.65	213.73	50	59
दिसम्बर	6.32	8.70	80.90	188.98	59	59

स्रोत : बंगलादेश इंस्टीट्यूट ऑफ़ डेवलपमेन्ट स्टडीज़ के आँकड़ों पर आधारित

सबसे अधिक गिरावट तो बाढ़ के तुरन्त बाद आयी। तालिका 9.13 में जून से अक्तूबर तक की चावल-श्रम विनिमय दर दर्ज की गई है। पिछले वर्ष में ऐसी कोई गिरावट नहीं थी (देखें तालिका 9.12) और पिछले वर्षों में भी इस दर में इस मौसम में गिरावट का कोई चिह्न नहीं मिलता।

आइए, अब अन्तःजिला स्थिति पर ग़ौर करें। तीन अति अकाल प्रभावित ज़िलों में मज़दूरी की चावल-अधिकारिता में गिरावट भी सर्वाधिक रही है (देखें तालिका

9.13)। यह अधिकारिता अनुपात की गिरावट रंगपुर एवं सिलहट में 58 प्रतिशत तथा मैमनसिंह में 73 प्रतिशत रही। जब चावल पर अधिकारिता इतनी कम रह जाएगी तो श्रमिक परिवार निश्चित रूप से भुखमरी एवं मृत्यु के कगार पर ही पहुँच जाएँगे।

तालिका 9.13

मजदूरी दर की चावल अधिकारिता : जून 1974 = 100 के आधार पर अक्तूबर 1974 के सूचक मान

	मज़दूरी दर सूचक	*चावल कीमत सूचक*	*चावल मज़दूरी दर में प्रतिशत गिरावट (ग्रामीण क्षेत्रों में)*
बंगलादेश	104.6	181.1	42.2
मैमनसिंह	69.0	225.9	69.5
रंगपुर	80.0	190.3	58.0
सिलहट	100.0	236.0	57.6
नोआरवाली	100.0	209.8	52.3
बारीसाल	87.0	177.3	50.9
पर्वतीय चटगाँव	100.0	201.3	50.3
तंगैल	106.3	211.4	49.7
पबना	100.0	172.3	42.0
चटगाँव	100.0	170.5	41.3
पटुआखाली	100.0	167.9	40.4
ढाका	118.9	192.6	38.3
खुलना	96.2	153.9	37.5
बोगरा	100.0	158.2	36.8
दिनाजपुर	114.3	179.1	36.2
कोमिल्ला	135.7	205.0	33.8
जैस्सोर	108.3	155.0	30.1
कुष्टिया	112.0	151.4	26.0
राजशाही	123.1	156.4	21.3
फ़रीदपुर	158.3	164.5	3.8

स्रोत : आलमगीर इत्यादि (1977) तालिकाएँ 313 और 413 पर आधारित

सारे जिलों को मिलाकर तो चित्र कुछ धूमिल-सा हो जाता है, पर क्रमिकता सहसम्बन्ध का धनात्मक मान (+) 0.32 खाद्यान्न उपलब्धता ह्रास के ऋणात्मक मानों की तुलना में एकदम विपरीत निष्कर्षों की ओर इंगित करता है। यहाँ हमने केवल चावल अधिकारिता का प्रयोग किया है, इसमें अन्य कारकों का समावेश करने की भी गुन्जायश है।

एक अन्तिम बात। इन तीन जिलों से ही लंगरख़ानों में रहनेवाले 50 प्रतिशत शरणार्थी आए थे। खाद्य उपलब्धता के विभिन्न स्वरूप तो केवल 6 से 13 प्रतिशत शरणार्थियों की दशा का विवरण दे पा रहे थे। यह अन्तर जिले के आकार और लक्षणों के स्पष्ट निर्धारण के कारण आया है। तीन अति प्रभावित ज़िलों की चावल अधिकारिता के अनुसार क्रमशः 18%, 12% तथा 8% जनसंख्या दरिद्रता में धकेली गयी थी—खाद्य उपलब्धता के अनुसार तो अनुमान 7%, 4% तथा 4% तथा 4%, 3% तथा 2% ही रह जाते हैं।

श्रम-चावल विनिमय दर में परिवर्तन अकाल वर्ष में रोज़गार के अवसरों में कमी आने से और भी सम्पुष्ट हो गए। यहाँ बाढ़ की भी बड़ी भूमिका रही। 1974 की अमान फ़सल के बह ज़ाने से उत्पादन की कमी का अनुभव तो अकाल के बाद वर्ष 1975 में ही हुआ किन्तु इसके कारण रोज़गार की गिरावट जून-सितम्बर 1974 में ही आ गई थी। तालिका 9.14 में बंगाल के एक गाँव चार-सामराज में सामान्य मौसमी कार्यचक्र के अनुसार श्रम की आवश्यकता दिखाई गयी है। सबसे अधिक श्रमिकों की जरूरत जून-अगस्त में होती है—और इन्हीं महीनों में बाढ़ के कारण कृषि-कार्यों में रोज़गार समाप्तप्राय हो गया था। अतः मजदूरी की चावल अधिकारिता का ह्रास रोज़गार के अवसरों में कमी के कारण और भी बहुगुणित हो गया।

अतः दरिद्रता संवर्धन के कारणों का अध्ययन करने के लिए हमें खाद्य उपलब्धता के आँकड़ों से कहीं आगे देखना होगा। यद्यपि 1974 में उत्पादन एवं उपलब्धता में काफ़ी वृद्धि हुई थी पर श्रम-चावल अधिकारिता तो बहुत तेज़ी से श्रमिकों के हितों के विपरीत जा रही थी। यद्यपि कारणों का सुस्पष्ट निराकरण करने के लिए तो आँकड़े पर्याप्त नहीं हैं पर कुछ सामान्य बातें अवश्य स्पष्ट हो जाती हैं।

अमान फ़सल के नाकाम होने का अकाल वर्ष की खाद्य उपलब्धि पर कोई प्रभाव नहीं पड़ना था क्योंकि उसकी कटाई तो दिसम्बर 1974 से जनवरी 1975 तक ही पूरी होनी थी। किन्तु फ़सल की बर्बादी के कारण भी चावल के दाम बढ़ने लगे थे। वस्तुतः फ़सल की कमी से कहीं ज्यादा कमी की अफवाहें थीं। इन अफवाहों के कारण सट्टाख़ोर बहुत-सा माल दबा कर बैठ जाते हैं।

दूसरे, चावल के दामों में वृद्धि का एकमात्र कारण बाढ़ नहीं थी। वस्तुतः अकाल से बहुत पूर्व, अप्रैल 1974 में ही चावल के दाम तेज़ी-से बढ़ने लगे थे—यह वृद्धि दर बाढ़ और उससे बाद के समय के समान ही थी। तालिका 9.15 में 1974

तालिका 9.14

चार-सामराज गाँव में कृषि-कार्यों में सामान्य रोज़गार का ऋतुचक्र (कार्य दिन)

महीना	*कृषि*	*सक्रियता क्रम*
वैशाख (अप्रैल-मई)	1,872	9
ज्येष्ठ (मई-जून)	2,496	8
आषाढ़ (जून-जुलाई)	4,804	1
श्रावण (जुलाई-अगस्त)	4,786	2
भाद्र पद (अगस्त-सितम्बर)	2,665	7
अश्विन (सितम्बर-अक्तूबर)	526	12
कार्तिक (अक्तूबर-नवम्बर)	3,181	5
अग्रहायण (नवम्बर-दिसम्बर)	4,667	3
पौष (दिसम्बर-जनवरी)	3,239	4
माघ (जनवरी-फरवरी)	2,811	6
फाल्गुण (फरवरी-मार्च)	1,791	10
चैत्र (मार्च-अप्रैल)	1,243	11

स्रोत : चार-सामराज में विलेज स्टडी ग्रुप के अध्ययन पर आधारित

में मासिक मूल्य वृद्धि की जानकारी दी गई है। सारे ही बंगलादेश में अकाल से काफी पहले तेज़ी-से चावल के दाम बढ़ने लगे थे। अतः इस मूल्य वृद्धि के लिए बाढ़ के अतिरिक्त अन्य कारणों पर भी विचार करना आवश्यक है। इन कारणों में प्रभावी माँग, मुद्रा की आपूर्ति आदि का भी योगदान रहा होगा।

मजदूरी दर की चावल अधिकारिता में कमी का एक कारण तो चावल का महँगा होना था किन्तु बाढ़पीड़ित जिलों के साथ-साथ और अनेक जनपदों में मजदूरी दर में भी गिरावट के प्रमाण मिलते हैं। यह हैरानी की बात है कि मौद्रिक मजदूरी दर चावल के दामों के साथ बढ़ने की जगह कम हो रही थी। बाढ़ के कारण ग्रामीण अर्थव्यवस्था में रोज़गार के अवसरों तथा सामान्य आर्थिक गतिविधियों में आयी गिरावट का ही यह परिणाम थी।

प्रश्न ध्यान के संकेंद्रण का है

बंगलादेश की आर्थिक समस्याएँ बहुत ही विकराल हैं। जनसंख्या के खाद्य आपूर्ति से बहुत आगे निकल जाने का डर लगातार बना हुआ है। मेरा अभिप्राय इन आशंकाओं

तालिका 9.15

चावल के दामों में वृद्धि 1974

	देशव्यापी पिछले माह की तुलना में मोटे चावल के खुदरा औसत दामों में वृद्धि			
माह, 1974	*बंगलादेश*	*मैमनसिंह*	*रंगपुर*	*सिलहट*
जनवरी	+ 14	+ 14	+ 16	+ 6
फरवरी	+ 7	+ 11	+ 2	+ 22
मार्च	+ 19	+ 27	+ 19	+ 15
अप्रैल	+ 17	+ 16	+ 16	+ 19
मई	– 1	– 16	+ 17	17
जून	+ 2	– 2	0	2
जुलाई	+ 2	+ 12	+ 4	+ 16
अगस्त	+ 21	+ 30	+ 16	+ 29
सितम्बर	+ 24	+ 29	+ 58	+ 24
अक्तूबर	+ 18	+ 20	0	+ 28
नवम्बर	– 15	– 20	– 38	18
दिसम्बर	– 12	– 19	– 25	7

स्रोत : आलमगीर (इत्यादि 1977) तालिका 3.3 पर आधारित

की जोखिम को कम बताने का नहीं है—पर फिर भी मेरा आग्रह है कि केवल समग्रवादी मुद्दों पर ध्यान देना पर्याप्त नहीं है। हमें उस अधिकारिता व्यवस्था पर भी ध्यान देना होगा जिस पर लाखों बंगवासियों का जीवन आधारित है। जनसंख्या एवं खाद्यान्न की उपलब्धि पर ध्यान देना अपने-आप में बुरा नहीं है किन्तु इसके कारण "किसका भोजन पर कितना अधिकार या नियन्त्रण है" की बात धूमिल हो जाती है।

अनेक दृष्टियों से बंगलादेश एक परम्परागत कृषि-आधारित ग्रामीण व्यवस्था ही है। इसकी तीन-चौथाई जनसंख्या कृषि-कार्यों में ही लगी है और 90 प्रतिशत लोग गाँवों में ही रहते हैं। किन्तु आर्थिक संगठन का स्वरूप बाजार-मुक्त किसान व्यवस्था नहीं है। एक चौथाई ग्रामीण जनता रुपयों के बदले श्रम प्रदान कर अपनी आमदनी से अनाज खरीद कर निर्वाह करती है। इनके लिए विनिमय दरों में गिरावट बर्बादी का कारण बन सकती है। हाल ही के वर्षों में ग्रामीण मजदूरी दर का बहुत बड़े पैमाने पर मौद्रीकरण हुआ है। अब मजदूरी में अनाज नहीं मिलता, इसी से जोख़िम बहुत बढ़ गई है।

तालिका 9.16

भूविक्रेता की भूमि के आकार के अनुसार भूविक्रय अनुपात

1972-74

	विक्रित भूमि का कुल स्वामित्व से अनुपात		
भूधारक समूह	*1972*	*1973*	*1974*
एक एकड़ से कम	39	29	54
1 से 2 एकड़	19	17	24
2 से 5 एकड़	12	18	12
5 एकड़ से अधिक	10	10	11

स्रोत : आलमगीर (1978a) तालिका XXVII

छोटे किसानों द्वारा जमीन की बिकवाली से न केवल उनकी सामान्य आमदनी कम होती है बल्कि उनकी आय में अस्थिरता आने के कारण विनिमय दरों के दुष्प्रभाव भी बढ़ जाते हैं। अकाल-पूर्व के वर्षों में इस प्रकार के भूविक्रय के आँकड़े (बंगलादेश इन्स्टीट्यूट द्वारा संकलित) तालिका 9.15 में दिए गए हैं। स्पष्टतः छोटे भूस्वामी भूमिविहीन होते जा रहे हैं। इस कारण छोटे किसान न केवल अधिक गरीब हो गए बल्कि अपेक्षाकृत समृद्ध वर्षों में भी चावल अधिकारिता ह्रास से उनके भूखों मरने की आशंकाएँ बहुत बढ़ गईं।

अन्य व्यवसायवर्गी भी अपना उत्पादन बेचकर ही भोजन पा सकते हैं। मल्लाहों और परिवहन-कर्मियों को 1943 के अकाल में मृत्यु का सामना अधिक करना पड़ा था—उनका यही हाल 1974 में भी रहा। ग्रामीण दस्तकार, अन्यान्य चीज़ें बनानेवाले एवं छोटे दुकानदार विनिमय के सहारे जीते हैं तो विनिमय ही उनके लिए प्राणलेवा भी बन जाता है।

अब विद्वान लोग राष्ट्रीय आय के आँकड़ों की अपेक्षा इसके वितरण और गरीबी की ओर अधिक ध्यान देने लगे हैं किन्तु गरीबों का वर्ग अपने-आप में अत्यन्त विशाल एवं विविधतापूर्ण है। यह सम्भव है कि गरीबी रेखा से नीचे के लोगों का अनुपात तो कम हो जाए पर इन नीचे वालों की दुर्दशा और गहन हो जाए। इसीलिए हमने अध्याय-3 और परिशिष्ट-3 में गरीबी रेखा से नीचे के लोगों के बीच आय के बँटवारे पर विचार करने पर बल दिया है। उसी से चित्र अधिक स्पष्ट होता है।

बंगलादेश में भी इसी प्रकार का द्वैधपूर्ण परिवर्तन आया है। अज़ीज़ुर्रहमान ख़ान द्वारा किया आकलन तालिका 9.17 में दिया जा रहा है। गरीबी रेखा (वह आय स्तर जहाँ लोग आवश्यक पोषण का 90% तक पा सकते हैं) से नीचे की जनसंख्या

तालिका 9.17

दरिद्र ग्रामीण परिवारों में अतिदरिद्रों का अनुपात

	दरिद्र	अति दरिद्र	1968-69 से दरिद्रों के प्रतिशत में परिवर्तन	1968-69 से अतिदरिद्रों के प्रतिशत में परिवर्तन
1968-9	76.0	25.1		
1973-4	78.5	42.1	+ 3.3	+ 67.7
1975 (प्रथम चौथाई)	61.8	41.1	– 18.7	+ 63.7

स्रोत : ख़ान (1977) तालिका 48

का अनुपात कम हुआ है किन्तु इसी अवधि (1968 से 1975) में जो लोग अपनी पोषण आवश्यकता का 80 प्रतिशत भी नहीं पा सकते थे, उनका अनुपात तेज़ी से बढ़ा है। अतः व्यक्ति-गणना के अनुसार गरीबी कम होने के बावजूद भुखमरी की समस्या और गहरी होती चली गई। यही कारण है कि बड़े सुखप्रद समग्रवादी आँकड़ों के बावजूद भीषण रूप से भयावह भुखमरी का भी सामना हो ही जाता है।

भोजन सामग्री एवं अन्य आवश्यक वस्तुओं पर नियन्त्रण कर पाने की व्यक्तियों की योग्यता का अधिक विस्तृत अध्ययन करने पर हम यहाँ विनिमय अधिकारिताओं द्वारा व्याख्यायित अकाल की प्रक्रिया को और व्यापक स्वरूप प्रदान कर सकते हैं। पर यह सरल विश्लेषण भी बंगलादेश के अकाल की समीक्षा करने में खाद्यान्न उपलब्धता ह्रास अवधारणा की नितान्त असमर्थता को उजागर करने के लिए पर्याप्त रहा है। अकाल की कहीं बेहतर व्याख्या अधिकारिता विश्लेषण द्वारा हो सकती है।

10.

अधिकारिताएं और अभाव

खाद्य सामग्री एवं अधिकारिताएं

इस पुस्तक के प्रथम अध्याय में ही हमने तार्किक संगति के आधार पर खाद्यान्न की उपलब्धता में गिरावट के कारण अकाल पैदा होने विषयक मत की सत्यता के प्रति सन्देह व्यक्त किए थे। अध्याय 6, 7, 8, एवं 9 में हाल ही के कुछ वर्षों में पड़े अकालों के विश्लेषण से यह पता चलता है कि खाद्य उपलब्धता में कमी आए बिना भी अकाल के हालात पैदा हो सकते हैं। जहाँ अकाल के समय खाद्य उपलब्धता में कमी आई भी है, वहाँ भी भुखमरी को प्रारम्भ करने में अनेक अन्य कारकों का भी महत्त्वपूर्ण योगदान रहा है (अध्याय-8)। 'खाद्य उपलब्धता ह्रास' (FAD) सिद्धान्त हमें भुखमरी के कारणों के विषय में कोई जानकारी नहीं दे पाता क्योंकि इसमें व्यक्तियों और खाद्य सामग्री के बीच सम्बन्धों की समीक्षा पर कोई ध्यान नहीं दिया जाता। इस सिद्धान्त की दैव-वचन तुल्य शक्ति चाहे जितनी हो पर इसकी चुप्पी (खाद्य-व्यक्ति सम्बन्धों के विषय में) भी कम रहस्यपूर्ण नहीं है।

खाद्य-केन्द्रित विचार हमें भूख के बारे में कुछ भी नहीं बता पाता। यह बता पाना तो इसके सामर्थ्य से बाहर ही है कि खाद्य उपलब्धता में कमी आए बिना ही लोग भूख से क्यों मरने लगते हैं। इस सवाल पर भी यह सिद्धान्त मौन ही साधे रहता है कि खाद्य सामग्री में कमी आने पर समाज के कुछ एक समुदायों को ही भूख के मारे जान क्यों गँवानी पड़ती है—जबकि अन्य लोगों का भरण-पोषण होता रहता है। वस्तुतः कुल मिलाकर खाद्य आपूर्ति के संतोषजनक आँकड़े भूख के विषय में कुछ भी बता पाने में समर्थ नहीं होते। यदि किसी समुदाय को मिल पा रहे खाद्य पदार्थों की मात्रा पर ध्यान दिया जाए, तभी भूख के बारे में सही बातचीत सम्भव हो पाती है। तब व्यक्ति 'क्या हुआ होगा' की व्याख्या से आगे निकलकर भूख की व्याख्या के बहुत निकट पहुँच जाता है। यदि कुछ लोग भूख से मरें तो यह तो स्पष्ट है कि उन्हें पर्याप्त भोजन नहीं मिल पाया—पर उनका भोजन अपर्याप्त क्यों रहा ?

ऐसी क्या बात है कि किसी समुदाय के पास तो भोजन रहता है पर अन्य व्यक्ति इससे वंचित रह जाते हैं ? इन्हीं प्रश्नों की विवेचना हमें अधिकारिता विश्लेषण की ओर ले जाती है। इस निबंध में हमने आर्थिक से सामाजिक, राजनैतिक और फिर वैधानिक स्वरूप धारण करती हुई अधिकारिताओं का ही विवेचन किया है।

किसी व्यक्ति की आहार ही नहीं किसी भी वांछित वस्तु पर नियन्त्रण-सामर्थ्य उसके समाज में प्रचलित अधिकारिता सम्बन्धों पर निर्भर करती है। यह इस बात पर निर्भर है कि उस व्यक्ति के पास क्या है ? उसे क्या विनिमय की सम्भावनाएँ सुलभ हैं ? उसे मुफ्त में क्या मिल सकता है ? तथा, उससे क्या कुछ ले लिया जाता है ? उदाहरण के लिए, एक नाई का अपने श्रम एवं विशेष योग्यता पर स्वामित्व होता है—पर इनमें से कुछ भी खाया नहीं जा सकता। उसे अपनी केश-कर्तन सेवाएँ बेचकर आय उपार्जन करना होगा। उसी से आहार खरीद कर वह अपनी उदर पूर्ति कर पाएगा। उसकी यह आहार अधिकारिता खाद्यान्न उपलब्धता में कमी आए बिना भी ध्वस्त हो सकती है—यदि उसकी केश-कर्तन सेवाओं की माँग समाप्त हो जाए एवं वह न तो कोई और रोजगार पा सके तथा न ही समाज में उसे किसी प्रकार की सामाजिक सुरक्षा सेवाएँ उपलब्ध हों ! इसी प्रकार सैंडल बनाने वाले कारीगर की आहार अधिकारिताएँ भी सैंडलों की माँग समाप्त होने या चमड़े की आपूर्ति यकायक घट जाने से संकट में पड़ सकती है—चाहे समाज में खाद्य आपूर्ति सामान्य ही हो ! एक सामान्य श्रमिक की आहार अधिकारिता का स्रोत उनके श्रम के विक्रय तथा सामाजिक सुरक्षा हितलाभों पर निर्भर है। मुक्त बाजार व्यवस्था में यदि सामाजिक सुरक्षा व्यवस्था नहीं हो तो बेरोजगारी उसे भूखों मरने को बाध्य कर सकती है। खाद्य पदार्थों की तुलना में सैंडलों, केश-कर्तन सेवाओं या फिर सामान्य मजदूरी दर में गिरावट से भी इन कारीगरों/श्रमिकों की आहार अधिकारिता भुखमरी स्तर से नीचे भी गिर सकती है। अधिकारिता सम्बन्धों की समग्रता ही यह तय कर पाती है कि कोई व्यक्ति भूंख से बचने योग्य आहार सामग्री पा सकता है या नहीं। खाद्य पदार्थों की आपूर्ति तो उन अनेक कारकों में से केवल एक है जिनका विनिमय अधिकारिताओं पर प्रभाव पड़ता है।

कई बार कहा जाता है कि भुखमरी का कारण आहार की कमी नहीं आय और क्रय शक्ति की कमी है। यह अधिकारिता विधि के सत्त्व तक पहुँचने का एक अनगढ़-सा प्रयास है—क्योंकि आय द्वारा ही बाजार व्यवस्था में आहार-अधिकारिता की प्राप्ति होती है। यद्यपि एक पूर्णतः नियोजित अथवा 'अभावग्रस्त' अर्थव्यवस्था में, जहाँ अधिकारिता व्यवस्था का कोई अन्य स्वरूप प्रचलित हो, आय से आहार पर अधिकार सामर्थ्य प्राप्त होना सहज नहीं होता, फिर भी अधिकांश अकालकारी परिस्थितियों में आय-केन्द्रित विश्लेषण पर्याप्त रह सकता है। किन्तु जहाँ आय से आहार पर नियन्त्रण सम्भव हो वहाँ भी इससे अधिकारिताओं का सम्पूर्ण स्वरूप स्पष्ट

नहीं होता। आय से आरम्भ कथा आधी-अधूरी ही रह जाती है। लोग इसलिए भूखे मर गए कि उनके पास आहार खरीदने योग्य आय नहीं थी। पर प्रश्न यह है कि उनकी आय कम क्यों रह गई ? उनकी आय इस बात पर भी निर्भर है कि वे क्या बेचते हैं और किस कीमत पर बेचते हैं। केवल आय को ही प्रारम्भ बिन्दु मानने से क्या किस कीमत पर बेचतें हैं—ये प्रश्न अनुत्तरित रह जाते हैं। कभी-कभी तो आय निमित्त मात्र (Notional) भी हो सकती है। किसी खाद्यान्न उत्पादक किसान के पास अन्न भण्डारों की उपस्थिति में भी उसकी आय की चिन्ता भूख के सन्दर्भ में तो कुछ विचित्र-सी ही प्रतीत होगी। उसके स्वयं उत्पादित आहार पर उसकी अधिकारिता प्रत्यक्ष रूप से स्वयंसिद्ध होती है। अधिकारिता विधि का मुख्य लाभ उसकी उपर्युक्त सरलता नहीं बल्कि व्यक्ति की वस्तुओं और सेवाओं, विशेषकर आहार पर नियन्त्रण-सामर्थ्य का अधिक व्यापक और सारपूर्ण विवेचन है।

ग़रीब वर्ग : क्या यह वर्गीकरण उचित है ?

अधिकारिता विधि में विशेष लक्षणों पर आधारित वर्गों का प्रयोग होता है। एक छोटा किसान और भूमिहीन श्रमिक, दोनों ही ग़रीब हो सकते हैं—पर उनकी गरीबी एक जैसी नहीं है। उन्हें भुखमरी से सामना होने की आशंकाओं के आकलन में हम उन दोनों व्यक्तियों को 'बृहद् दरिद्र सेना' का सदस्य मानकर काम नहीं चला पाएँगे। उन्हें तो विशेष व्यवसायी समूहों के सदस्य, विभिन्न सम्पदाधिकार सम्पन्न समुदायों से जुड़े हुए पृथक-पृथक वर्गों में रखा जाएगा जिनके अधिकारिता सम्बन्धों के स्वरूप भी अलग-अलग होते हैं। किन्हीं सन्दर्भों में जनसंख्या को अमीर और ग़रीब के दो वर्गों में बाँटना उपयोगी हो सकता है, किन्तु भूख, अकाल और यहाँ तक कि ग़रीबी का विश्लेषण करने की दृष्टि से यह विभाजन नितान्त ही अनुपयुक्त सिद्ध होगा—क्योंकि इसमें अनेक विलक्षणताओं का पृथक निरूपण नहीं हो पाता।

सबसे व्यापक वर्ग या श्रेणी तो समस्त जनसंख्या ही होती है। खाद्यान्न उपलब्धता ह्रास सिद्धान्त प्रति व्यक्ति आहार उपलब्धि का आकलन करने के लिए समग्र जनसंख्या का ही प्रयोग करता है और इसी कारण विफलता का मुँह देखता है (अध्याय 6-9)। अधिकारिता विधि इस प्रकार की समग्रता को स्वीकार नहीं करती। इसमें तो श्रेणियों में अधिक परिष्कृत स्वरूप की आवश्यकता होती है। उसी के आधार पर समानप्राय सम्पदाधिकारी एवं अधिकारितासम्पन्न व्यक्तियों के समुदायों का निराकरण होता है। कारण विश्लेषण के लिए भी 'गरीबों का समुदाय' बहुत उपयोगी सिद्ध नहीं होता। यद्यपि इस समुदाय के सभी घटक गरीब होंगे पर वे इस दशा तक अलग-अलग मार्गों से पहुँचे हैं। अकाल अवस्था में विभिन्न व्यावसायिक समूहों की दशाओं में भेद यह स्पष्ट कर देते हैं कि केवल गरीबी के लक्षण का सांझापन पर्याप्त नहीं होता। वस्तुतः हमें अति समग्रवाची वर्गों—यथा 'ग़रीब' और 'संपन्न' या 'अमीर'—के प्रयोग

से बचना ही चाहिए।

यह भी कहा जा सकता है कि 'गरीब' का व्यापक वर्गीकरण शायद ग़रीबी के कारण ज्ञात करने में तो अधिक सहायक न हो किन्तु गरीबी के प्रसार के मूल्यांकन में काम आ ही सकता है। इसी आधार पर 'व्यक्ति गणना' विधि में सभी प्रकार के ग़रीबों को एक साथ गिन लिया जाता है। यहाँ गरीबी रेखा के आधार पर किए गए इस वर्गीकरण में स्पष्टतः 'वैधता' की झलक मिलती है। अध्याय-2 में हमारा आग्रह था कि गरीबी की समस्या का मूल्यांकन विषमता मूल्यांकन से बहुत भिन्न होता है और इसमें हमें गरीबों की श्रेणी पर विशेष रूप से ध्यान देना होता है। सामान्य मूल्यांकन के लिए भी हमें गरीबों के समूहों में उनके अभाव के स्तर के अनुसार भेद करना पड़ता है। व्यक्ति गणना में तो भूख से मौत के कगार पर पड़े व्यक्ति तथा गरीबी रेखा से ज़रा से नीचे वालों को 'एक समान' ही मान लिया जाता है। अतः व्यक्तिगणना अनुपात स्थिर रहते हुए भी अनेक बार गरीबी की समस्या और अधिक गहरी या विकट हो सकती है (देखिए-अध्याय 3, 5, 9 तथा परिशिष्ट-3)। अतः सामान्य मूल्यांकन में कुछ-कुछ उपयोगी होते हुए भी गरीबों के वर्ग का और सूक्ष्म दृष्टि से विश्लेषण करने के लिए उसके छोटे-छोटे उपवर्ग बनाने आवश्यक से ही लगते हैं।

व्यापक गरीब श्रेणी न केवल सटीक मूल्यांकन के लिए अपर्याप्त और ग़रीबी के कारणों के विश्लेषण में बाधक है बल्कि, इसका नीतियों के निर्धारण पर तो बहुत ही विकृतिजनक प्रभाव पड़ सकता है। कारणों की दृष्टि से यह गरीबी पैदा करने वाले हालात की अनदेखी कर नीतियों के सही चयन के लिए उपयुक्त दृष्टि को लेकर विभ्रम पैदा कर सकता है। इसी प्रकार मूल्यांकन में भी सटीकता का विचित्र-सा अभाव पैदा हो सकता है। नीतियों की दृष्टि से भी व्यक्तिगणना विधि तो यही सुझाती है कि जो लोग गरीबी रेखा से बस ज़रा-सा नीचे हैं उन्हीं पर सर्वाधिक ध्यान देकर उन्हें गरीबी रेखा से ऊपर उठाना सबसे अधिक उपयोगी होगा—जो लोग अत्यन्त ही दरिद्रता के गर्त में पड़े हैं, उन पर ध्यान देना तो इस प्रकार निर्धारित नीतियों के कार्यक्षेत्र से ही बाहर रह जाता है। इस प्रकार के अनेक साक्ष्य उपलब्ध हैं जहाँ गरीबी को इस प्रकार मोटा-सा वर्गीकरण करने के कारण सार्वजनिक नीतियों में भी विकृति का समावेश हो गया है।

विश्वव्यापी खाद्य उपलब्धता एवं भुखमरी

देश में आहार की उपलब्धि की बात करना भी इसी प्रकार का मोटा-सा अनुमान लगाना है और इसमें भी आवश्यक स्तर पर लोगों के बीच विभेदन सम्भव नहीं होता। जब यही दृष्टिकोण समग्र विश्व के लिए प्रयोग किया जाता है तो विभेदन लुप्त-प्राय ही हो जाता है। फिर भी विश्व की जनसंख्या और आहार आपूर्ति में संतुलन

की बात बहुत बार उठाई जाती है। यद्यपि जनसंख्या की तुलना में खाद्य आपूर्ति में कमी को भुखमरी की न तो आवश्यक शर्त माना जा सकता है और न ही पर्याप्त शर्त, फिर भी यह मान लिया जाता है कि इन दोनों के बीच अच्छा-ख़ासा सहसम्बन्ध तो होगा ही। यद्यपि इस विषय में बहुत ठोस साक्ष्य नहीं मिलते, फिर भी यह कहा जाता है कि यदि खाद्य आपूर्ति निरन्तर कम होती रही तो देर-सवेर भुखमरी भी बढ़ ही जाएगी। अनेक संस्थानों और विचारकों ने 1980 के दशक और आगे के वर्षों के लिए खाद्य अभाव की एक से बढ़कर एक अन्धकारपूर्ण भविष्यवाणियाँ की हैं।

मैं इन प्रयासों को लेकर इतना ही कहना चाहता हूँ कि मान्यताओं के प्रति हमारे निष्कर्ष सदैव ही संवेदनशील रहते हैं और इन भविष्यवक्ताओं ने अपनी-अपनी कार्यविधियों और मान्यताओं का प्रयोग किया है, इनमें किसी प्रकार की समानता या समरूपता नहीं रही। यद्यपि कई देशों में जनसंख्या वृद्धि अपेक्षाकृत अधिक रही है किन्तु सारे विश्व में खाद्य-आपूर्ति के पिछड़ जाने के कोई प्रमाण अभी तक तो नहीं मिले हैं। विश्व के सबसे बड़े अन्न निर्यातक संयुक्त राज्य अमेरिका के आँकड़ों को अलग कर देने पर भी खाद्य आपूर्ति के पिछड़ने का विचार पुष्ट नहीं होता। भविष्य में इनके बीच सन्तुलन अनेक आर्थिक एवं राजनैतिक कारकों पर निर्भर रहेगा पर वर्तमान में तो जनसंख्या वृद्धि के खाद्य आपूर्ति से आगे निकल जाने का कोई प्रमाण नहीं मिलता।

किन्तु यदि इस निबंध के पहले अध्यायों में किया गया विश्लेषण ठीक है तो यह बात भी ध्यान देने योग्य है कि भुखमरी का समग्र खाद्य आपूर्ति से कुछ विशेष सम्बन्ध नहीं होता। अधिकारिता विधि में तो खाद्य उत्पादन भी अनेक प्रकार के सम्बन्धों के तन्त्र का एक अंग बन जाता है और इन सम्बन्धों में कहीं भी बदलाव आने पर भयावह अकाल की सृष्टि हो सकती है–इसके लिए खाद्य अभाव से ही घटनाक्रम का आरम्भ आवश्यक नहीं होता।

यहाँ मेरा मन्तव्य खाद्य उत्पादन अथवा विश्व खाद्य नीति के किसी सुविचारित स्वरूप के महत्त्व को कम करना नहीं है। किसी भी देश की समस्या के समय अन्तर्राष्ट्रीय प्रयास द्वारा 'भरपाई' का विचार बहुत ही आश्वस्त करता है पर यह जानना भी महत्त्वपूर्ण और प्रासंगिक है कि अन्तर्राष्ट्रीय खाद्य सहायता का आन्तरिक उत्पादन एवं विश्व खाद्य कीमतों पर क्या प्रभाव पड़ता है। खाद्य तुलनपत्रों (Food Balance Sheets) की रचना और उन्हें सामाजिक लेखांकन में समाविष्ट करना तथा खाद्य व्यवस्थाओं का बृहद् विश्लेषण भी 'उपयोगी' रहेगा। पर इस निबंध में तो हमारा ध्यान किसी अन्य ही आयाम पर केन्द्रित हो जाता है–यहाँ तो खाद्य समस्या व्यक्तियों के बीच सम्बन्धों की समस्या बन जाती है तथा खाद्य उत्पादन भी अधिकारिता सम्बन्धों के तन्त्र में एक 'बिन्दु' बन जाता है।

कुछ सम्बन्ध बहुत सरल एवं प्रत्यक्ष होते हैं, जैसे किसान का अपने खेत में

स्वयं उगाए अनाज पर अधिकार। दूसरी ओर किसी घुमन्तु द्वारा पशु बेचकर अनाज ख़रीदने में निहित कैलोरी-लाभ एक अधिक पेचीदा सम्बन्ध है। (देखें अध्याय-7 व 8)। कुछ सम्बन्धों में बाजार व्यवस्था का सीधा हाथ रहता है (कारीगर द्वारा अपना उत्पादन बेचकर अनाज खरीदना) तो कुछ सार्वजनिक नीतियों पर आश्रित रहते हैं—(बेरोज़गारी भत्ते या फिर लंगरख़ानों व राहत-शिविरों में भोजन की प्राप्ति)। कुछ अधिकारिता सम्बन्ध समष्टिकारी कारकों—जैसे सामान्य कीमत वृद्धि—पर आधारित रहते हैं तो कुछ एक का वास्ता क्षेत्रीय या स्थानीय आपदाओं से रहता है। कहीं-कहीं तो किसी विशेष क्षेत्र में मछलियाँ पकड़ने की मनाही कर देने से भी ये सम्बन्ध प्रभावित होते हैं। कुछ सम्बन्धों पर सट्टेबाज़ी का बहुत गहरा प्रभाव होता है तो कुछ इससे साफ बच निकलते हैं।

इस निबंध में हमने अधिकारिता सम्बन्धों को प्रभावित करने वाले इन्हीं कारकों पर (पिछले कुछ समय में पड़े अकालों के विश्लेषण के सन्दर्भ में) विशेष ध्यान दिया है। खाद्य नीति पर विचार करते समय इस दृष्टिकोण से उजागर हुए पक्षों पर ध्यान देना भी महत्त्वपूर्ण होगा।

बाज़ार एवं खाद्य पदार्थों का आवागमन

सदियों से इस बात पर बहस चलती रही है कि अकाल के समय बाज़ार व्यवस्था अभावग्रस्त क्षेत्रों में अधिक आपूर्ति पहुँचाने में कहाँ तक सहायक हो सकती है ! एडम स्मिथ (1776) इस बात से सहमत थे तो माल्थस भी इसी मत के पक्षधर रहे। इस बात को नीति-निर्धारकों ने, विशेषकर ब्रिटिश साम्राज्य में, बहुत महत्त्वपूर्ण माना है।

सन् 1812 में गुजरात क्षेत्र में अकाल का सामना करने के लिए खाद्य सहायता की व्यवस्था की माँग को नकारने में बम्बई के अंग्रेज़ गवर्नर ने 'वैल्थ ऑफ़ नेशन्स' के बहुप्रतिष्ठित लेखक एडम स्मिथ के विचारों का उद्धरण देना ही पर्याप्त मान लिया था। जब 1783-84 में वारेन हेस्टिंग्स ने सार्वजनिक खाद्य व्यवस्था कर बंगाल क्षेत्र में अकाल का सामना किया तो उसे कर्नल बैयर्ड स्मिथ से झाड़ खानी पड़ी कि उसने 'वैल्थ ऑफ़ नेशन्स' के सबक को समझा ही नहीं था। साथ ही यह कहा गया कि हेस्टिंग्स जैसा व्यक्ति इस महान ग्रन्थ के छपने के इतनी जल्दी बाद (1776) इसके सबक अच्छी तरह समझ ही कहाँ सकता था ! भारत में अकाल में 'अहस्तक्षेप' की नीति सारी 19वीं शताब्दी भर चलती रही, हाँ, अन्तिम चतुर्थांश में कुछ पुनर्विचार अवश्य दिखा था।

वैसे बाजार व्यवस्था में पूर्ण आस्था रखनेवालों को भी अक्सर मायूसी का ही सामना करना पड़ा था। उड़ीसा में 1865-66 में अकाल पड़ने पर कटक मंडल के कमिश्नर रैबनशॉ को बहुत मायूसी रही कि 'व्यापारी उस क्षेत्र में ज्यादा अनाज क्यों

नहीं ला रहे, जबकि सामान्य आर्थिक नियमों के अनुसार तो अन्य क्षेत्रों से कटक को अनाज की पूर्ति होनी ही चाहिए।'

कई बार तो असंगठित व्यापारी भी अतिरिक्त माँग को पूरा करने के लिए आपूर्ति संचलन में एकाधिकारियों की भाँति ही बाधाएँ खड़ी करने लगते हैं। किन्तु आर्थिक गतिविधि में गिरावट के समय के अकाल में तो भूख एवं भुखमरी के कारण बाजार में शायद ही कोई आकर्षण पैदा हो पाएगा और स्पर्धाशील व्यापारी भी शायद ही बाहर से अधिक खाद्य सामग्री ला पाने की व्यवस्था कर सकेंगे। एडम स्मिथ का विचार बाजार व्यवस्था की दक्षता से जुड़ा था—किन्तु जब आवश्यकताएँ बाजार में प्रभावी माँग में परिवर्तित नहीं हो पातीं (क्योंकि क्रय शक्ति का या बाजार से जुड़ी अधिकारिता का अभाव होता है) तो फिर उस दशा में उसके सिद्धान्त की उपादेयता भी सन्देहास्पद ही रह जाएगी !

कई बार अकालपीड़ित क्षेत्रों/देशों से अनाज के निर्यात की शिकायतें भी सुनने को मिली हैं। वोलो में 1973 में, सीमित पैमाने पर ऐसा देखा गया था। बंगलादेश में भी 1974 में दशा अधिक भिन्न नहीं थी। सन् 1840 के दशक में आयरिश अकाल के समय तो यह एक बहुत बड़ा राजनैतिक मुद्दा था : इंग्लैंड और आयरलैंड के सम्बन्धों में सबसे ज्यादा कटुता इसी बात को लेकर आई है कि जब आयरलैंड के लोग भूख से मर रहे थे, उस समय भी वहां से भारी मात्रा में खाद्य सामग्री इंग्लैंड को भेजी जा रही थी। भारत के अकाल वर्षों में भी यही प्रवृत्ति देखी गई है। चीन में अंग्रेजों द्वारा अकालग्रस्त यूनान से चावल का निर्यात रोकने से मना करने पर तो वहाँ बहुत बड़ा राजनैतिक विद्रोह (1906) हो गया था। चांगशा में चावल के लिए दंगे (1910) भी इसी कारण हुए थे।

अधिकारिता सम्बन्धों की दृष्टि से बाजार व्यवस्था द्वारा अभावग्रस्त क्षेत्रों से खाद्य सामग्री का अपहरण कोई अस्वाभाविक घटना नहीं होगी। बाजार में माँग शारीरिक आवश्यकता पर नहीं बाजार में अधिकारिता पर निर्भर है। जब लोगों की जेबें ख़ाली हों तो वे बाजार में कुछ माँग करने योग्य भी नहीं रहते। अतः भरी जेबों वाले उन लोगों से, जिनकी आवश्यकताएँ बहुत गहन नहीं भी होतीं, उनके साथ प्रतिस्पर्धा में ये दरिद्रताग्रस्त व्यक्ति सहज ही पिछड़ जाते हैं। आर्थिक मंदी के दौरान पड़े अकाल में तो हालत और भी कठिन हो जाती है। अतः आवश्यकता के स्थान पर अधिकारिता का अधिक सम्मान करने वाली बाजार व्यवस्था में अकालग्रस्त क्षेत्रों से उस अनाज का निर्यात जिसे कोई ख़रीदने वाला ही नहीं हो, कोई अस्वाभाविक घटना नहीं होगी।

अकाल : अधिकारिता-विफलता के रूप में

अधिकारिता दृष्टिकोण के अनुसार अकाल अनाज का अभाव नहीं बल्कि आर्थिक संकट (Economic Disaster) होता है। आँकड़े बताते हैं कि खाद्यान्न

उपलब्धता ह्रास का लंघन करते हुए कितनी ही बार अनेक अन्य कारणों से अकाल पैदा हो जाते हैं। यद्यपि सभी अकालपीड़ितों को एक जैसा दुर्भाग्य भोगना पड़ता है—पर उन्हें इस दशा तक पहुँचाने के लिए उत्तरदायी आर्थिक शक्तियाँ बहुत विविधतापूर्ण हो सकती हैं।

अध्यायों 6, 7, और 9 में जिन चार अकालों का विस्तृत विश्लेषण किया गया था, उन्हीं की संक्षिप्त तुलना तालिका 10.1 में की जा रही है। साहेल के छहः देशों की जानकारी इस तुलना में शामिल नहीं की गई क्योंकि उनके अनुभवों में परस्पर असमानताएँ बहुत रही हैं—पर कुल मिलाकर उनका सांझा अनुभव इथोपिया से बहुत अलग भी नहीं रहा।

आपूर्ति अभाव के बिना भी अकाल की बात की चर्चा तो यही बताती है कि खाद्य उपलब्धता ह्रास का सिद्धान्त हमारे मानस पर कितने अमिट रूप से अंकित है। इसी के कारण अकाल नीतियों में भी संकट पैदा होते रहे हैं। अधिकारिता विधि समाज के विभिन्न वर्गों की खाद्य भण्डारों पर नियन्त्रण कर पाने की क्षमता पर बल देती है। समाज में प्रचलित वैधानिक, आर्थिक, राजनैतिक एवं समाजशास्त्रीय विशेषताएँ ही समाज के अधिकारिता सम्बन्धों को स्थूल रूप प्रदान करती हैं।

अध्ययन की समाप्ति से पूर्व मैं अकाल के विश्लेषण के प्रति अधिकारिता विधि के विषय में चार बातें पुनः दोहराना चाहता हूँ। सर्वप्रथम तो अधिकारिता विधि किसी अकाल के कारणविशेष को लेकर मान्यताएँ गढ़ने के स्थान पर अकालों के सामान्य विश्लेषण की रूपरेखा का निर्माण करती है। इस विधि में एक अत्यन्त सामान्य मान्यता भी अन्तर्निहित है। अभी आँकड़ों के आधार पर उसका सत्यापन करने की आवश्यकता भी है। यदि लोग अकाल में भी अपरिचित खाद्य सामग्री का प्रयोग करने से बेहतर भूखों मरना समझें तो फिर भुखमरी का कारण अधिकारिता विफलता नहीं बल्कि चयन निष्फलता ही होगी। यदि लोग काम करने को उत्सुक नहीं हों, या उनका विश्वास अनधिकृत अधिकार (लूटमार) में हो तो भी इसी तरह की स्थिति उत्पन्न हो सकती है। इस विधि में हमारी रुचि यह जानने में नहीं है कि क्या अधिकारिता विफलता से ही अकाल पैदा होते हैं। मेरा विश्वास है कि यह बात तो सत्य ही है। हमारा वास्तविक उद्देश्य तो यह जानना है कि जहाँ भी अधिकारिताएँ विफल होती हैं वहाँ उनकी विफलता का स्वरूप और उसके कारण क्या रहते हैं। विभिन्न प्रकार की अधिकारिता विफलताओं के कारणों को समझ लेने से अकालों के कारणों की सटीक व्याख्या हो पाएगी। उसी व्याख्या के आधार पर हम अकाल का पूर्वानुमान कर पाएँगे। सहायता कार्यों एवं अकाल से बचे रहने के लिए पूर्वोपाय करने के लिए उचित नीतियों का निर्धारण भी तभी सम्भव होगा। दूसरी मुख्य बात यह है कि अकाल तो आर्थिक उछाल के समय भी पड़ सकते हैं। बंगाल में 1943 में ऐसा ही हुआ था। दूसरी ओर इथोपिया में तो आर्थिक मंदी में 1974 में अकाल पड़ा था। वैसे

तालिका 10.1

चार अकालों का तुलनात्मक विश्लेषण

अकाल	*क्या खाद्य उपलब्धता में गिरावट थी ?*	*अकाल के सबसे अधिक पीड़ित किस व्यवसाय समूह से रहे ?*	*क्या उस समूह की संपत्ति में बहुत कमी आयी ?*	*क्या उस समूह की विनिमय अधिकारिताओं में विपरीत बदलाव आया ?*	*क्या उस समूह की प्रत्यक्ष अधिकारिता दुष्प्रभावित हुई ?*	*क्या उस समूह की व्यापार अधिकारिता विफल हुई ?*	*सामान्य आर्थिक वातावरण कैसा था ?*
बंगाल अकाल 1943	नहीं	ग्रामीण श्रम	नहीं	हाँ	नहीं	हाँ	उछाल
इथोपिया अकाल (वोलो) 1973	नहीं	किसान	थोड़ा-सा, हाँ	हाँ	हाँ	नहीं	मंदी
इथोपिया अकाल (हारेर्घ) 1974	हाँ	पशुपालक	हाँ	हाँ	हाँ	हाँ	मंदी
बंगलादेश अकाल 1974	नहीं	ग्रामीण श्रम	पहले, हाँ	हाँ	नहीं	हाँ	मिश्रित

मंदी काल के अकाल सामान्य चिंतन के अधिक अनुरूप लगते हैं क्योंकि मंदी में खाद्य उत्पादन में कमी आना स्वाभाविक हो सकता है। आर्थिक उछाल के समय अकाल अस्वाभाविक लगता है पर जैसे हमने पहले चर्चा की है, नियन्त्रण व्यवस्था का किसी वर्ग के विपरीत बदलाव आने के कारण सामान्य एवं खाद्य उत्पादन में भी वृद्धि के बावजूद अकाल पड़ सकते हैं। कई बार तो संवृद्धि के कारण ही नियन्त्रण सम्बन्धों में इस प्रकार का विवर्तन आता है (संवृद्धि के साथ प्रसार का स्वरूप एक जैसा नहीं रहता) और कभी-कभी तो ग्रामीण जनसमुदाय पूरी तरह से अछूता रह जाता है पर शहरी जनसंख्या को ही उछाल का सारा लाभ प्राप्त हो जाता है। ऐसी अवस्था में एक वर्ग की खाद्य अधिकारिता में केवल इसी कारण गिरावट आ जाती

है कि दूसरे वर्ग की आहार सामग्री पर पकड़ या गिरफ़्त अधिक मज़बूत हो गई है।

तीसरी प्रमुख बात है कि प्रत्यक्ष आहार अधिकारिता और खाद्य उपलब्धता ह्रास में भेद होता है। जहाँ उपलब्धता सारे देश में खाद्य सामग्री की उपस्थिति से जुड़ी है वहीं प्रत्यक्ष अधिकारिता का नाता प्रत्येक आहार उत्पादक के उत्पादन के उस अंश से होती है जिसे वह स्वयं उपभोग कर सकता है। एक कृषक समाज में फसल की निष्फलता से समग्र उपलब्धि एवं किसानों की प्रत्यक्ष अधिकारिता, दोनों में ही कमी आती है। जहाँ किसान आत्मनिर्भर होता है—अर्थात् अपना उत्पादित आहार ही खाता है और उसके पास सामान्यतः बाजार में बेचने को कुछ होता ही नहीं, वहाँ तो भूख का नाता प्रत्यक्ष अधिकारिता की विफलता से ही रहेगा। बाजार में आहार सामग्री की उपलब्धता में गिरावट से उसका कुछ लेना-देना नहीं होगा। यदि सिर्फ उसकी फसल निष्फल रहे जबकि अन्य लोगों को खूब उत्पादन मिला हो तो फिर उसकी भुखमरी और अन्यों की विपुलता में कोई सन्देह नहीं रहता। दूसरी ओर यदि अन्य सभी को फसल की निष्फलता झेलनी पड़ रही हो और केवल उस एक किसान के खेत में भरपूर उत्पादन रहा हो तो समग्र आपूर्ति में गिरावट के बावजूद उसकी दशा बहुत अच्छी रह सकती है। यह विश्लेषणात्मक विभेद महत्त्वपूर्ण है, हालांकि सामान्य या व्यापक फ़सल विफलता के दौरान दोनों ही तरह की सम्भावनाएँ मौजूद हो सकती हैं। ऐसी फ़सल की बर्बादी समग्र आपूर्ति के संकट का आभास तो देती है पर उसमें कहीं अधिक अन्य बातों का महत्त्व भी होता है। नीति के निर्धारण की दृष्टि से भी इस भेद को समझना आवश्यक है क्योंकि ऐसे दुष्प्रभावित क्षेत्रों में केवल अनाज पहुँचा देना पर्याप्त नहीं होगा—संबद्ध जनसमुदाय की इस अनाज के प्रति अधिकारिताओं का सृजन भी करना होगा।

अन्तिम बात यह है कि अधिकारिता विश्लेषण विधि-संगत अधिकारों पर ही आग्रह करता है। बाज़ार व्यवस्था जैसे अन्य कारक स्वामित्व अधिकारों, अनुबंधिक दायित्वों, विधि-संगत विनिमय आदि किसी अन्य वैधानिक सम्बन्ध व्यवस्था के अधीन भी कार्य कर सकते हैं। कहीं-कहीं आहार की उपलब्धता एवं अधिकारिता के बीच कानून आड़े आ सकता है। इस तरह भूख से मौत कानून की हृदयहीनता का प्रमाण बन सकती है।

परिशिष्ट–1

विनिमय अधिकारिता[1]

A.1 नियत/स्थिर कीमत पर विनिमय

X द्वारा हम n-आयामी तात्त्विक वितान (n-dimensional Real Space) में परिभाषित अऋणात्मक (Non-negative) बहु-पद को अभिव्यक्त कर रहे हैं। इस प्रकार यह अक्षर X 'n' वस्तुओं की मात्राओं को व्यक्त करता है। यह सभी वस्तुओं के अऋणात्मक सदिशों (Vectors) का समुच्चय (Set) है। γ द्वारा हम X के एक प्राधिकृत समुच्चय (Power Set) को अभिव्यक्त कर रहे हैं। अर्थात्, X के सभी उप-समुच्चयों के समुच्चय को हम γ द्वारा दिखा रहे हैं। अब आइए, किसी व्यक्ति के स्वामित्व वाली (श्रमशक्ति सहित) सभी वस्तुओं के सदिश को $\mathbf{x}$ द्वारा अभिव्यक्त करें। उस व्यक्ति का वास्ता इन वस्तुओं की जिन कीमतों से पड़ता है, उन्हें सदिश $\mathbf{p}$ द्वारा दिखाया जा सकता है।

व्यक्ति द्वारा धारित वस्तु समूह $\mathbf{x}$ के आधार पर वह जिन विनिमय अधिकारिताओं को प्राप्त कर सकता है उनके समुच्चय को $E(\mathbf{x})$ द्वारा दिखाया गया है। यह उन सदिशों का समुच्चय है जिसमें से किसी भी एक को वह व्यक्ति $\mathbf{x}$ के बदले में पा सकता है। अतः

(A1) $$E(\mathbf{x}) = \{\mathbf{y} \mid \mathbf{y} \in X \;\&\; \mathbf{p}\,\mathbf{y} \leq \mathbf{p}\,\mathbf{x}\}.$$

अर्थात् विनिमय अधिकारिता सदिश $E(\mathbf{x})$ उस सदिश γ के समान है जो कि X का एक अंग है और जिसका नियत बाजार कीमतों पर मूल्य व्यक्ति की सम्पदा के मूल्य से अधिक नहीं है।

फलन $E(.)$ जो X तथा γ को जोड़ता है। व्यक्ति का विनिमय अधिकारिता

---

1. इस परिशिष्ट में विनिमय अधिकारिताओं के गणितीय स्वरूप की व्याख्या की गई है। यह ध्यान देने योग्य बात है कि 'समुच्चय सिद्धान्तों' (Set Theory) की परम्परा का अनुसरण करते हुए जब किसी अक्षर को अधिक गहरा (Bold Face) लिखा गया है तो वह अक्षर किसी समुच्चय या सदिश को दिखाता है किन्तु सामान्य स्वरूप में वही अक्षर उस समुच्चय या सदिश के एक तत्त्व या घटक का परिचायक है।

निरूपण (Exchange Entitlement Mapping) कहलाता है। संक्षेप में इसे E-निरूपण कहा जा सकता है।

यहाँ दो बातों का स्पष्टीकरण आवश्यक है। एक तो यह बात ध्यान देने योग्य है कि $\mathbf{x} \in E(\mathbf{x})$ अर्थात् व्यक्ति अपनी सम्पदा से ही सन्तुष्ट रह सकता है। वह बाजार में जाने को बाध्य नहीं किया जा सकता—केवल अपने उत्पादन का प्रयोग कर निर्वाह कर सकता है।

दूसरे, (A1) द्वारा अभिव्यक्त विनिमय में सम्पत्ति सदिश $\mathbf{x}$ की सारी वस्तुओं की मात्रा को बाजार में बेचना भी आवश्यक नहीं है। व्यक्ति उस सम्पत्ति में से जिस वस्तु की चाहे जितनी मात्रा अपने प्रयोग के लिए रख सकता है। इसका शेष मात्राओं की विनिमय की जो सम्भावनाएँ (A1) द्वारा दिखाई जा रही हैं, उन पर कोई प्रभाव नहीं पड़ता।

आइए, अब न्यूनतम आहार आवश्यकताओं की पूर्ति कर सकने वाले सभी सदिशों के समुच्चय को F द्वारा अभिव्यक्त करें। यह समुच्चय निश्चित रूप से हमारे बृहद् समुच्चय X का ही एक सही उपसमुच्चय (Proper Sub-set) होगा : अर्थात् $F \subseteq X$। गैर-अधिकारिता हस्तान्तरणों/अधिग्रहणों के अभाव में (लूट कर खाने की सम्भावना नहीं होने पर) यदि $E(\mathbf{x}) \cap F = \varnothing$ तो भुखमरी सुनिश्चित हो जाएगी। अर्थात् यदि विनिमय अधिकारिता $E(\mathbf{x})$ एवं आहार समुच्चय F में कोई भी सदिश सांझा नहीं हो तो व्यक्ति का भूखा रहना निश्चित होगा। दूसरे शब्दों में, व्यक्ति का भुखमरी समुच्चय S उन $\mathbf{x}$ सदिशों का समुच्चय होगा जिनकी विनिमय अधिकारिताओं $E(\mathbf{x})$ में कोई भी ऐसा सदिश नहीं हो जो न्यूनतम आहार की आवश्यकताओं को पूरा कर सके। अतः S F तथा E-निरूपण पर निर्भर करेगा :

(A2) $$S = \{\mathbf{x} \mid \mathbf{x} \in X \,\&\, E(\mathbf{x}) \cap F = \varnothing\}$$

आइए, एक-दो वस्तुओं के उदाहरण द्वारा इस बात को कुछ और स्पष्ट करें। यहाँ वस्तु 'I' आहार है। चित्र-A1 में बिन्दु OA न्यूनतम आहार की आवश्यकता दर्शाता है। दोनों वस्तुओं की कीमतों का अनुपात p है। अब क्षेत्र OAB व्यक्ति का भुखमरी समुच्चय होगा क्योंकि इस क्षेत्र में किसी भी बिन्दु पर व्यक्ति की न्यूनतम आहार आवश्यकता पूरी नहीं हो पाती।

अधिक व्यापक स्वरूप में आहार में कई वस्तुएँ शामिल होंगी और न्यूनतम आहार आवश्यकताओं की पूर्ति कई तरह से सम्भव होगी। ऐसी स्थिति में हम आहार आवश्यकतापूर्ति की न्यूनतम लागत का आकलन कर सकते हैं। F के सभी सदिशों की लागत आकलित कर उन्हीं में से न्यूनतम का चयन हो पायेगा। अतः

(A3) $$m(\mathbf{p}, F) = \min_{\mathbf{x}} \mathbf{px} \mid \mathbf{x} \in F$$

अर्थात् न्यूनतम आहार लागत ऐसे सदिश **x** की लागत है जो F का तत्त्व है तथा F के सभी तत्त्वों की तुलना में जिसकी लागत सबसे कम रहती है।

अतः भुखमरी समुच्चय S का वैज्ञानिक स्वरूप इस प्रकार होगा :

(A4) $$S = \{\mathbf{x} \mid \mathbf{x} \in X \;\&\; \mathbf{px} < m\,(\mathbf{p}, F)\}$$

और आख़िर में यह बात भी ध्यान में रखनी चाहिए कि व्यक्ति की अभिरुचियों के आधार पर F का निर्धारण हो सकता है (देखें अध्याय-2)। सामान्य ग़रीबी के स्थान पर इन संकल्पनाओं द्वारा अकाल विश्लेषण करने में अभिरुचियों के संशोधन की भूमिका प्रायः सीमित ही रहती है। हम अनिवार्य ग़ैर खाद्य-आवश्यकताओं को भी F में ही स्थान दे सकते हैं।

A.2 परिवर्तनशील कीमतों की दशा में विनिमय

यदि हमारा उपर्युक्त व्यक्ति सहज भाव से बाज़ार कीमतों को शिरोधार्य करने वाला व्यक्ति नहीं हो तो हमारा उल्लिखित साधारण प्रतिमान कार्य नहीं कर पाएगा। इसके सम्बन्ध (A1), (A3) तथा (A4) विशेष रूप से असफल हो जाएंगे। सामान्यतः हम निवल लागत (Net Cost) फलन $f(\mathbf{y}, \mathbf{z})$ के माध्यम से विनिमय की सम्भावनाओं को अभिव्यक्त कर सकते हैं। यह निवल लागत **x** को बेचने एवं **y** को ख़रीदने की निवल लागत है। इसका स्वरूप यह होगा :

(A5) $f(\mathbf{y}, \mathbf{z})$ एक तात्त्विक मूल्य धारण करनेवाला फलन है, जहाँ $f(\mathbf{O}, \mathbf{O}) = \mathbf{O}$ (यहाँ **O** एक शून्यक सदिश है)

अब E-निरूपण की इस प्रकार पुनःपरिभाषा हो सकती है;

(A6) $$E\,(\mathbf{x}) = \{\mathbf{x} - \mathbf{z} + \mathbf{y}) \mid \mathbf{y}, \mathbf{z} \in X \;\&\; \mathbf{z} \leq \mathbf{x} \;\&\; f(\mathbf{y}, \mathbf{z}) \leq \mathrm{O}\}$$

यहाँ **z** व्यक्ति द्वारा बेची गई वस्तुओं की मात्राओं का सदिश है तो **y** उस द्वारा खरीदी गई मात्राओं का सदिश है। स्वभाविक ही है कि $\mathbf{x} \in E\,(\mathbf{x})$

व्यक्ति का भुखमरी समुच्चय अभी भी सम्बन्ध (A2) द्वारा दिखाया जा सकता है, पर उसे (A5) एवं (A6) के साथ मिला कर ही दिखाना होगा।

A.3 प्रत्यक्ष उत्पादन एवं व्यापार

वह व्यक्ति अपने सम्पत्ति सदिश को केवल व्यापार या उपभोग ही नहीं वरन् उत्पादन के लिए भी प्रयोग कर सकता है। उसे उपलब्ध उत्पादन सम्भावनाओं को एक अन्य निरूपण $Q\,(.)$ द्वारा दिखाया जा सकता है। यह निरूपण भी X तथा γ को जोड़ता है। इसमें आदानों (Inputs) के सदिश **s** के आधार पर उत्पादन समुच्चय

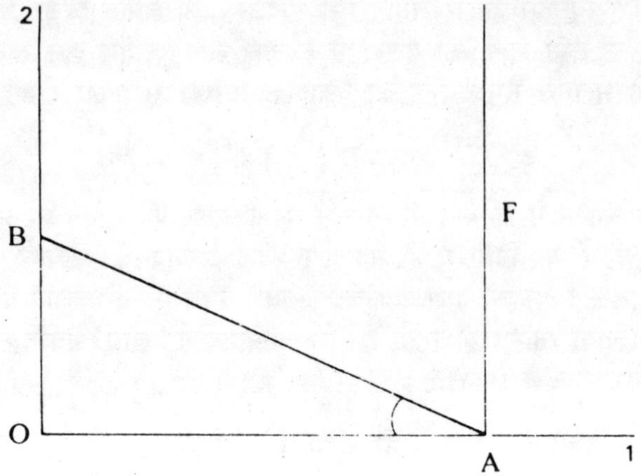

A-1 : भुखमरी समुच्चय

Q (s) में वह सभी उत्पादन सदिश सम्मिलित हैं जिनका वह व्यक्ति उत्पादन कर सकता है। अतः

(A7) Q (.) ; X से γ का निरूपण है, जहाँ

Q (**O**) = {**O**} अर्थात् आदान शून्य होने पर उत्पादन भी शून्य होगा।

अब हमारे इस व्यक्ति के पास **x** है, वह आदानों की भाँति प्रयोग करने के लिए **r** तथा उपभोग के लिए **γ** खरीदता है। इनकी लागत चुकाने के लिए **z** की बिक्री करता है और **x** का ही एक अंश **s** तथा खरीदा हुआ **r** प्रयोग कर **q** का उत्पादन करता है। अतः अब उसकी विनिमय अधिकारिता का निरूपण इस प्रकार होगा :

$$\text{(A8)} \quad E(\mathbf{x}) = \{(\mathbf{x} - \mathbf{s} + \mathbf{q} - \mathbf{z} + \mathbf{y}) \mid \mathbf{r}, \mathbf{s}, \mathbf{y}, \mathbf{z} \in X \;\&\; (\mathbf{s} + \mathbf{z}) \leq (\mathbf{x} + \mathbf{q}) \;\&\; \mathbf{q} \in Q(\mathbf{s} + \mathbf{r}) \;\&\; f(\mathbf{r} + \mathbf{y}, \mathbf{z}) \leq O\}$$

हम f (.) तथा Q (.) फलनों की परिभाषा में करों, साहाय्यों (Subsidies) तथा सामाजिक सुरक्षा आदि का समावेश कर सकते हैं।

भुखमरी समुच्चय अभी भी (A2) ही है, उसे हम इस सम्बन्ध (A8) के साथ रख सकते हैं।

A.4 विशेष उदाहरण

आइए, अब समीकरणों, (A2), (A5), (A7) तथा (A8) को प्रतिमान का सामान्य स्वरूप मानकर कुछ विशेष दशाओं पर विचार करें :

पहली विशेष शर्त : (i) $\mathbf{r} = \mathbf{O}$

दूसरी विशेष शर्त : (ii) $Q(\mathbf{s}) = \{\mathbf{s}\}$, एक एकिक समुच्चय है, **s** अप्रभावित रहता है, तथा

तीसरी विशेष शर्त : (iii) $f(\mathbf{y}, \mathbf{z}) = \mathbf{p}(\mathbf{y} - \mathbf{z})$। यहाँ **p** एक अऋणात्मक *n*-पदीय सदिश है।

यदि हम (i), (ii) तथा (iii) शर्तों को एक साथ स्वीकार करें तो हम पुनः A.1 में चर्चित अवस्था में पहुँच जाएंगे, जहाँ विनिमय अधिकारिता (A1) और भुखमरी समुच्चय (A4) द्वारा दिखाया गया था। यदि हम केवल (i) तथा (ii) शर्तों को माने तो फिर हम बिना प्रत्यक्ष उत्पादन की अवस्था के होंगे जहाँ विनिमय कीमतें भी

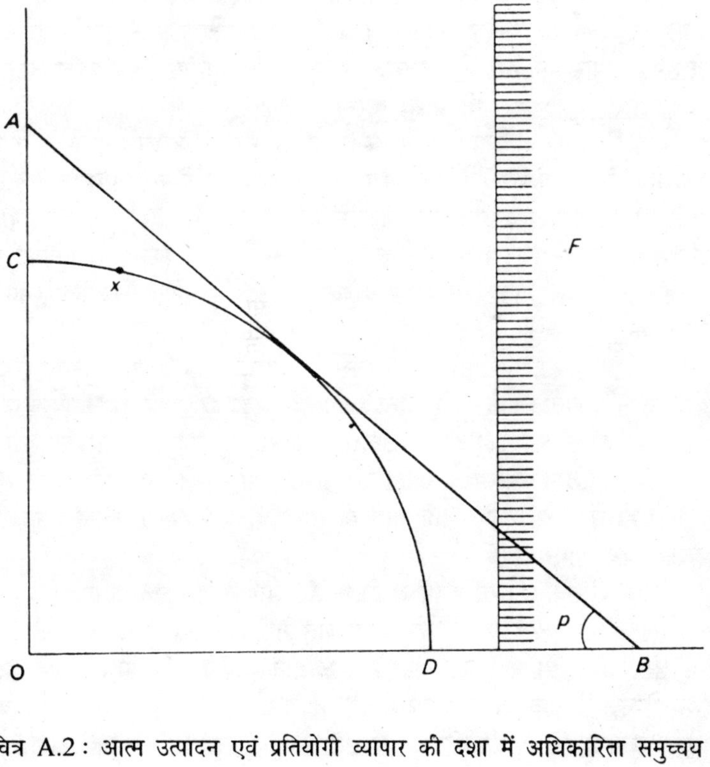

चित्र A.2 : आत्म उत्पादन एवं प्रतियोगी व्यापार की दशा में अधिकारिता समुच्चय

स्थिर नहीं रहतीं। यह अवस्था मूलतः A.2 में चर्चित अवस्था जैसी ही है—क्योंकि यदि **s** के प्रयोग से सम्भव उत्पाद **s** ही रहता है तो इसे उत्पादन कहना विचित्र सा लगेगा, यद्यपि Q (**s**) उत्पादन होने का संकेत अवश्य करता है।

यदि केवल (i) शर्त मानी जाती है तो प्रत्यक्ष उत्पादन केवल अपने संसाधनों के प्रयोग द्वारा ही हो पाता है। व्यक्ति बाहर से आदानों की खरीदारी कर एक उद्यमी का स्वरूप धारण नहीं कर पाता। इसे तीसरी शर्त (iii) के साथ मिलाकर हम उत्पादन एवं स्पर्धात्मक व्यापार का साधारण प्रतिमान बना सकते हैं। हमारा चित्र-A.2 यही दिखाता है। O*AB* यहाँ पर E(**x**) को अभिव्यक्त करता है। *CD* उत्पादन सम्भावना वक्र है और वस्तुओं की विनिमय दर कोण *AB*O द्वारा निर्दिष्ट होती है।

A.5 आर्थिक प्रस्थिति एवं उत्पादन विधाएं

एक भूमिहीन श्रमिक, जिसके पास श्रम के अतिरिक्त कोई सम्पत्ति नहीं है और जो स्वयं कुछ उत्पादन कर पाने में समर्थ नहीं है, उसकी दशा उपर्युक्त शर्तों (i) तथा (ii) के अनुरूप ही होगी। अर्थात् उसकी अवस्था पूर्व उल्लिखित भाग A.2 में बताई गई दशा से ही मेल खाती है। यदि वस्तुओं की कीमतें तथा मज़दूरी दर नियत हों तो फिर हम A.1 में चर्चित और भी सरल प्रतिमान तक पहुँच जाते हैं। हाँ, इसके लिए (iii) शर्त भी मान्य करनी होगी।

छोटा किसान, जो अपनी भूमि पर अपनी मेहनत से फ़सल उगाता है, उसकी अवस्था का चित्रण केवल (i) शर्त द्वारा ही हो पाता है। किन्तु आमतौर पर छोटे किसानों को भी कुछ-न-कुछ आदान खरीदने पड़ ही जाते हैं (जैसे फ़सल की कटाई के समय अतिरिक्त मज़दूरों की जरूरत पड़ना), पहली शर्त कुछ अतिशयोक्ति पूर्ण लगती है। अतः वास्तविक स्थिति की झलक तो A.3 में वर्णित किसी प्रतिमान में ही मिल पाएगी।

बटाईदार कृषक भी इसी वर्ग में सम्मिलित होगा। वह उत्पादन करता है और उसका कुछ भाग प्रतिफल के रूप में पाता है। अतः उसका *Q (.)* उसका प्रतिफल-फलन बन जाएगा (यह समग्र उत्पादन का फलन नहीं रहेगा), वह कुछ आदान ख़रीदता भी है। यदि बटाईदार के श्रम के अतिरिक्त अन्य सभी संसाधन भूस्वामी द्वारा प्रदान किए जाते हों तो फिर शर्त (i) ही लागू हो जाती है, यहाँ *Q (.)* केवल उसके श्रम का फलन बन जाएगा।

किन्तु बड़े किसान तो इनमें से किसी भी शर्त से बंधे नहीं दीखते। हाँ, यदि वे स्वयं खेती नहीं करते हों तो एक नयी शर्त गढ़ी जा सकती है कि हमें उसका अपना श्रम सम्मिलित नहीं है। यदि ऐसा किसान अपनी भूमि नियत भाड़े पर दे देता है तो उसकी अवस्था A.1 तथा A.2 में चर्चित प्रतिमानों से मेल खा सकती है। यहाँ भूस्वामी की अधिकारिताओं में उत्पादन का स्तर शामिल नहीं होगा। यदि

वह बटाई पर ज़मीन देता है तो उत्पादन की दशाओं का उसकी अधिकारिताओं में समावेश इस बात पर निर्भर रहेगा कि वह उत्पादन संबंधी निर्णय प्रक्रिया में सक्रिय रूप से भाग लेता है या नहीं। यदि वह भागीदारी करता है तो $Q(.)$ के माध्यम से उपलब्ध चयन अवसर उसे सुलभ हो जाते हैं, अन्यथा वह तो एक प्रतिफल की आशा में भूमि की सेवाए बेचनेवाला रह जाता है। यह प्रतिफल भी नियत नहीं रहता पर एक बार बटाईदारी का अनुबंध करने के बाद उसका कोई नियंत्रण भी नहीं रह जाता।

कृषिकार्यों से बाहर भी हम इसी प्रकार की अवस्थाएँ देख सकते हैं। कहीं औद्योगिक श्रमिक वर्ग है जो केवल अपनी श्रमशक्ति का विक्रय करता है तो कहीं पूँजी है जो केवल बाहर से ख़रीदे गए आदानों का प्रयोग कर उत्पादन करता है।

यदि श्रमिक को रोजगार नहीं मिल पाता तो उसकी अधिकारिताएँ सामाजिक सुरक्षा व्यवस्था पर निर्भर रह जाती हैं। यदि बेरोजगारी भत्ता आदि सुनिश्चित हों, तो उसकी अधिकारिताओं को श्रमशक्ति से जुड़ी विशेष अधिकारिता माना जा सकता है। यहाँ एक प्रकार से श्रम के लिए दोहरी कीमत व्यवस्था का प्रचलन होता है—यदि रोजगार मिल जाता है तो सामान्य मज़दूरी दर भी मिलती है। यदि रोजगार सुलभ नहीं हो पाता तो फिर सामाजिक सुरक्षा बीमा लाभ `b' मिलता है—हाँ, $W > b$ रहेगा। अधिकारिताएँ इस बात पर निर्भर नहीं हैं कि वह क्या अपेक्षा करता है—इनका स्वरूप तो इस तथ्य के अनुसार निर्धारित होगा कि उसे वास्तव में रोजगार मिल पाता है अथवा नहीं। सारा दारोमदार व्यक्तिपरक अपेक्षाओं पर नहीं वास्तविक संभावनाओं पर रहता है। अतः किसी भी विशेष बाजार व्यवस्था में सभी श्रमिकों की अधिकारिताओं का स्वरूप एक जैसा होना आवश्यक नहीं है—सबकुछ इस बात पर निर्भर रहेगा कि वह व्यक्ति मज़दूरी दर पाने में सफल होता है या उसे सामाजिक सुरक्षा बीमा के सहारे निर्वाह करना पड़ता है। यदि सामाजिक बीमा व्यवस्था नहीं हो तो फिर बेरोजगार एवं रोजगार वाले मज़दूर के बीच का अन्तर बहुत भारी हो जाता है—बेरोज़गार की श्रमशक्ति की अधिकारिता तो शून्य रह जाती है। यह भी उन कारणों में से एक है जिनकी वजह से विनिमय अधिकारिता को व्यापार की शर्तों (Terms of Trade) की व्युत्पत्ति नहीं माना जा सकता—वस्तुतः अधिकारिताओं में व्यापार एवं व्यापार-शून्यता की संभावना भी निहित रहती है। एक अन्य कारण यह भी है कि अधिकारिता तो उत्पादन संभावनाओं को भी (अपने-आप में) समाहित किए रहती है।

A.6 आत्म-उत्पादन अधिकारिता

भाग A.1 तथा A.2 में हमने व्यक्ति की अधिकारिताओं का विनिमय के रूप में ही निरूपण किया था। बाद में उत्पादन को भी 'प्रकृति से विनिमय' मानकर विनिमय अधिकारिताओं के प्रतिमान में समाहित कर लिया था। पर कई बार विशुद्ध रूप

से विनिमय-आधारित अधिकारिताओं और व्यापार-रहित विशुद्ध उत्पादन अधिकारिताओं में भेद करना बहुत उपयोगी हो सकता है। हम विशुद्ध व्यापार अधिकारिता सम्बन्ध *T (.)* को उसी प्रकार निरूपित कर सकते हैं जैसे उत्पादन सम्भावना नहीं रहने पर विनिमय अधिकारिता सम्बन्ध की परिभाषा की गई थी। अब उत्पादन सम्भावनाओं को **T (.)** *T-* निरूपण में समाहित करने का प्रयास नहीं रहेगा।

(A9) $T(X) = \{(x-z+y) / Y, Z \in X \text{ and } Z \leq X \text{ and } f(Y,Z) \leq O\}$

दूसरी विशुद्ध अवस्था वह होगी जिसमें केवल उत्पादन होता है—विनिमय बिलकुल नहीं होता। इसमें हम विशुद्ध उत्पादन अधिकारिता P (.) की परिभाषा कर सकते हैं। आपको ध्यान होगा कि हमने अध्याय-5 में P (.) को प्रत्यक्ष अधिकारिता संबंध का नाम दिया था।

(A10) $P(X) = \{(X-S+Q)\ S \in X \ \&\ S \leq X \ \&\ Q \in Q(S)\}$

यह बात सहज जाँची जा सकती है कि

$T(X)\ c\ E(x)$ और $P(x)\ c\ E(x)$

किन्तु सामान्यतः $E(X) \neq T(x)\ U\ P(x)$

यह भी ध्यान रहे कि x तो T (x) तथा *P* (X) दोनों में ही सम्मिलित रहता है।

आत्म-उत्पादन अधिकारिता संबंध से हम जान सकते हैं कि शेष अर्थव्यवस्था से अलग-थलग रहकर कोई व्यक्ति क्या-कुछ पा सकता है। यदि $P(x) \cap F \neq \phi$ तो शेष अर्थव्यवस्था में कुछ भी होता रहे, इस व्यक्ति को भूखा नहीं रहना पड़ता। जब शेष अर्थव्यवस्था के बाजार में व्यापार सम्बन्धों में भारी उतार-चढ़ाव आ रहे हों तो इस बात का महत्व बहुत ही बढ़ जाता है। अकाल जैसी अवस्था में तो ऐसा प्रायः होता है। अतः $P(x) \cap F \neq \phi$ को हम व्यापार-निरपेक्ष सुरक्षा का नाम दे सकते हैं।

सामान्य व्यापक संतुलन (General Equilibrium) से जुड़ी रचनाओं में सामान्यतः यह मानकर चला जाता है कि प्रत्येक व्यक्ति को व्यापार-निरपेक्ष सुरक्षा सुलभ होती है। इस बात को त्जलिंग कूपमैन्स (Tjalling Koopmans) ने इन शब्दों में प्रस्तुत किया है : वे मानते हैं कि आवश्यक होने पर प्रत्येक उपभोक्ता अपने संसाधनों तथा बिना विनिमय के अपने श्रम के प्रत्यक्ष प्रयोग द्वारा ही गुज़ारा चला सकता है। यही नहीं, उसके पास फिर भी कुछ-न-कुछ श्रम बचा रहता है जिसके लिए किसी भी संतुलन अवस्था में धनात्मक कीमत भी निर्धारित हो जाती है। किन्तु यह मान्यता बहुत ही 'भारी' सिद्ध होती है। आधुनिक समाज में अधिकांश मानव

इस मान्यता की कसौटी पर खरे नहीं उतरते। एक किसान, जो अनाज उगाता है, उसे इस प्रकार की बाज़ार-निरपेक्ष सुरक्षा सुलभ हो सकती है पर केवल श्रमधारी औद्योगिक मजदूर के लिए तो ऐसी कोई संभावना नहीं होती। यही नहीं, औद्योगिक पूँजीपति की दशा भी कुछ अलग नहीं होगी (यदि वह अपने पास खाद्य वस्तुओं का भण्डार जमा करके रखता हो)। उसकी भी खाद्य अधिकारिता बाज़ार में अन्य उत्पादन बेचकर बदले में आहार सामग्री ख़रीदने की शक्ति पर ही निर्भर रहती है। प्रत्यक्ष उत्पादन अथवा आत्म-उत्पादन अधिकारिता का यहाँ विशेष महत्व नहीं रह जाता।

ग्रामीण व्यवस्था के भूमिहीन श्रमिक भी केवल विनिमय द्वारा ही आहार अधिकारिता पा सकते हैं। उनके और अन्य किसानों के बीच का अन्तर भी बहुत भारी होता है। वस्तुतः केवल श्रमधारी वर्ग के प्रादुर्भाव एवं विस्तार (मार्क्सीय विचारों के अनुसार जिनके पास एकमात्र बेचने योग्य वस्तु श्रम ही होता है) के कारण व्यापार-निरपेक्ष सुरक्षा का तो प्रायः अभाव ही रहता है। हमने अध्याय-5 में भी कहा था कि इस प्रकार की व्यवस्था में अकाल की संभावनाएँ और अधिक हो जाती हैं। आर्थिक विकास का वह सोपान जहाँ मजदूरी के लिए काम करनेवाला श्रमिक वर्ग तो विकसित हो गया हो किन्तु अच्छी सामाजिक सुरक्षा व्यवस्था का विकास नहीं हो पाया हो, अकाल आदि से सहज ही पीड़ित हो सकता है।

अन्ततः, भूमिहीन ग्रामीण जनसंख्या की विनिमय अधिकारिताएँ भी भूमि पट्टा व्यवस्था (Tenancy Arrangements) पर निर्भर रहती हैं। यदि पट्टे की निश्चितता हो, तो व्यापार के तत्वों की उपस्थिति के बावजूद इन किसानों की अधिकारिताएँ प्रत्यक्ष उत्पादन जैसी ही बन जाती हैं। निश्चित पट्टेदारी वाला बटाईदार भी कृषि-मजदूर से बेहतर होगा—क्योंकि मजदूर को तो कभी भी निकाला जा सकता है। दूसरे, बटाईदार का हिस्सा तो वास्तविक उत्पादन में ही होता है, मजदूर की मजदूरी वस्तु के रूप में होनी अनिवार्य नहीं होती। यदि उत्पादन खाद्यान्न का हो रहा हो तो फिर मौद्रिक मज़दूरी वाले श्रमिक की अपेक्षा बटाईदार बाजार की विषमता का प्रभाव काफी कम रह जाता है। यह अपेक्षाकृत कम दुष्प्रभाव की स्थिति उस समय भी बनी रहेगी जबकि बटाईदारों का अन्य तरीकों से शोषण हो रहा हो।

परिशिष्ट–2

विनिमय अधिकारिताओं के प्रतिमान

B.1 परिचयात्मक टिप्पणियाँ

प्रत्येक समूह के $f(.)$, $Q(.)$ आदि प्राचलों (Parameters) पर अनेक सामाजिक, आर्थिक एवं राजनैतिक प्रभाव पड़ते हैं। इन्हीं के कारण किन्हीं वास्तविक अर्थव्यवस्थाओं में विनिमय अधिकारिताओं का निर्धारण बहुत ही जटिल प्रक्रिया बन जाता है। अर्थव्यवस्था के संस्थागत ढाँचे के कारण भी इस प्रक्रिया में भारी फेरबदल हो सकते हैं। अतः विनिमय अधिकारिता निर्धारण की किसी व्यापक अवधारणा की रचना का प्रयास अधिक व्यावहारिक नहीं होगा। (हमारे परिशिष्ट-1 में हम अधिकारिताओं में लक्षणों का निर्धारण करने का प्रयास ही कर रहे थे)। फिर भी सरल प्रतिमानों द्वारा इस निर्धारण की समस्या को समझ पाने का प्रयास अवश्य हो सकता है। इस परिशिष्ट में दो प्रतिमानों का प्रयोग किया गया है। पहला प्रतिमान तो माल्थस (Malthus) के लेख 'इन्वेस्टीगेशन्स ऑफ़ द कॉज़ ऑफ़ द प्रेज़ेंट हाई प्राइस ऑफ़ प्रोविज़न्स' (Investigations of the Cause of the Present High Price of Provisions) (1800) पर आधारित है। दूसरा प्रतिमान इसी पुस्तक के अध्याय-6 में बंगाल के अकाल (1943) के उद्भव के एक महत्वपूर्ण आयाम को उजागर कर रहा है।

B.2 ग़रीबी नियमों एवं मक्का के दामों पर माल्थस के विचार

प्रसिद्ध अर्थशास्त्री माल्थस का सन् 1800 में हुई आहार की कमी का विश्लेषण उसके पूर्व प्रकाशित 'जनसंख्या सिद्धांत' की ही एक पूरक कड़ी था : "देश की अपनी जनता का भरण-पोषण कर पाने में असमर्थता का दायित्व जनसंख्या वृद्धि के अतिरिक्त और किसका हो सकता है ? मुझे तो यह कहना ही पड़ता है कि हमारी फ़सलों में आयी प्रत्येक कमी में उत्पन्न समस्याएँ मेरे दो वर्ष पूर्व प्रकाशित निबन्ध[1] में व्याख्यायित एक सिद्धान्त की पुष्टि का प्रमाण ही हैं। उस सिद्धान्त को पढ़कर

1. An Essay on the Principle of Population.

अनेक लोगों ने उसे 'बहुत दूर की कौड़ी' माना था, जिसका समाज की वर्तमान अवस्था से कोई सम्बन्ध नहीं है। इसका कारण यही था कि मेरा सिद्धान्त अनेक रूढ़ विचारों को चुनौती देता है। किन्तु पिछले दो वर्षों के चिन्तन ने मुझे उस सिद्धान्त का और भी कायल कर दिया है। मुझे विश्वास हो चला है कि निरन्तर आर्थिक मन्दी, समाज के निम्न वर्गों की दरिद्रता, सारी सामाजिक व्यवस्था की उनके कष्ट कम कर पाने में असमर्थता और इस प्रकार के संकटों का बार-बार पैदा होना, ये सब उस सिद्धांत की सत्यता के कारण ही होते हैं।''

जनसंख्या वृद्धि के कारण खाद्य पदार्थों की कमी के अपने सिद्धान्त की पुष्टि होने का दावा करने के साथ-साथ माल्थस ने खाद्यान्न की कमी को कीमतों के व्यवहार तथा आय के वितरण से जोड़ने वाले एक सिद्धान्त का प्रतिपादन भी किया है। यह सिद्धान्त उसके जनसंख्या से जुड़े सिद्धान्त पर तो आधारित नहीं ही लगता। मैं इस परिशिष्ट में माल्थस के जनसंख्या नियम नहीं बल्कि उसके दूसरे सिद्धान्त पर ही चर्चा कर रहा हूँ।

माल्थस के खाद्य पदार्थों की कीमतों के समंजन के सिद्धान्त की दो विशेषताएँ हैं : कीमतों में उतनी वृद्धि होनी चाहिए जिससे पर्याप्त संख्या में मांगकर्ता बाज़ार से बाहर निकल जाएं ताकि वर्तमान आपूर्ति ही 'उपयुक्त' प्रतीत होने लगे। यह कीमत वृद्धि किसी प्रकार की सट्टेबाज़ी के कारण नहीं होती, यह तो केवल माँग और पूर्ति के समंजन में कीमतों की भूमिकामात्र है। उन्हीं के शब्दों में :

''अब तो सभी यह मानते हैं कि इस वर्ष की फ़सल के आने से पूर्व पुराने मक्का के भण्डार कुछ कम ही थे–यह बात और है कि नयी फ़सल भी लगभग एक महीना पहले ही आ गई–सामान्यतः तो उसकी आशा जून के अन्त तक ही होती है। यह इस बात का स्पष्ट एवं सुनिश्चित प्रमाण है कि मक्का की कीमतों में किसी प्रकार का राष्ट्र को नुकसान पहुँचाने वाला सट्टा नहीं चला। बड़े किसानों और मक्का बेचनेवालों ने तो बस इतना ही किया है कि इसकी कीमत को उस स्तर तक ले गए जिससे बाध्य होकर काफी लोगों को अपना सामान्य उपभोग कम करना पड़े और यही आपूर्ति वर्ष भर चल जाए।''

दूसरी विशेषता रही सदावर्त भत्ता व्यवस्था[1] (System of Parish Allowances) जिसके कारण अनाज के लिए गरीबों की माँग को कम कर पाना सम्भव नहीं हो पाया। इससे कीमतों में और भी अधिक वृद्धि हो गई। उनके शब्दों में :

---

1. सम्पन्न लोगों को दरिद्रता सन्नियमों के अन्तर्गत अपने चर्च के क्षेत्र में रहने वाले ग़रीबों की सहायतार्थ चलने वाले 'अन्न क्षेत्रों' या सदावर्त आदि के लिए योगदान देना पड़ता था। उस राशि से ग़रीबों को अनाज ख़रीदने के लिए सहायता दी जाती थी। माल्थस की शिकायत है कि इस कारण ग़रीब बाजार से बाहर नहीं हो पाए–वे अप्रत्यक्ष रूप से (सदावर्त के माध्यम से) ख़रीदारी कर बाज़ार में अपनी माँग को दर्ज करते रहे। इससे कीमतें अधिक बढ़ गईं।

''सदावर्तों ने ग़रीबों को अनाज ख़रीदने योग्य बनाए रखा। इसी के कारण कीमतों पर सबसे अधिक सशक्त वृद्धिकारी प्रभाव पड़ा है।''

माल्थस ने सदावर्त व्यवस्था को बुरा तो नहीं बताया, पर उसका कहना था कि इस व्यवस्था के चलते ग़रीबों की कीमत वृद्धि की शिकायत निरर्थक हो जाती है :

''मैं किसी तरह से यह नहीं कहना चाहता कि सदावर्त व्यवस्था का राज्य पर बुरा प्रभाव पड़ा है। मेरा यह भी मत नहीं है कि यह व्यवस्था, हालात को देखते हुए, सहायता कार्यों की सर्वोत्तम विधि नहीं है। मैं तो पूरे मन से 'दरिद्रता कानूनों' (Poor Laws) की भर्त्सना करता हूँ—पर फिर भी मुझे लगता है कि उनसे देश को लाभ ही पहुँचा है। सबसे बड़ा लाभ तो वही है जिसके विरुद्ध इतनी शिकायतें होती हैं : आवश्यक वस्तुओं के दामों में वृद्धि। ग़रीब लोग ऐसे ही इस बारे में चिल्लाते रहते हैं—पर उन्हें यह अहसास ही नहीं होता कि कीमतें नहीं बढ़ने पर तो उनमें से न जाने कितने लोग भूख से मर जाते।''

माल्थस को वास्तव में यही लग रहा था कि 'सदावर्त' व्यवस्था के कारण खाद्य आपूर्ति का ह्रास कीमत वृद्धि को बहुगुणित कर देता है।

''ग़रीबों ने न्यायाधिकारियों से शिकायत की है कि उनकी मजदूरी से तो वे अपने परिवार के सदस्यों को एक-एक रोटी भी नहीं खिला पाते। न्यायाधिकारियों ने भी मानवीय संवेदना सहित उनकी शिकायतें सुन लीं और यह पूछा कि अनाज के वर्तमान दामों पर उनके परिवार के भरण-पोषण के लिए न्यूनतम कितनी राशि की आवश्यकता होगी। इसके हिसाब से ही उन्होंने सदावर्त संचालकों को सहायता करने का आदेश जारी कर दिया। इस प्रकार एक बार तो ग़रीब अपनी सामान्य जरूरत पूरी करने के लिए आटा खरीदने में सफल हो गए—पर आयात को मिलाकर भी सभी की सामान्य जरूरत पूरा कर पाने योग्य अन्न भण्डार तो देश में था ही नहीं। फसल बड़ी जल्दी खपती जा रही थी, नित्य प्रति बाज़ार में माँग आपूर्ति से अधिक ही रहती थी। इससे बाज़ार के आधार पर जानने-बूझनेवालों को समझ आ गया कि महीने-दो-महीने में अनाज की बहुत ही तंगी हो जाएगी। अतः जिनमें क्षमता थी उन्होंने अनाज भण्डार रोक लिए। इस कारण उसकी कीमतों में स्वाभाविक रूप से उछाल आ गया। ग़रीबों को फिर तकलीफ़ हुई। फिर न्यायाधिकारियों के पास शिकायतें और सहायता वृद्धि का दौर चला। पर अनाज उनके मुँह से परे ही खिसकता रहा—कीमतें बढ़ती रहीं और वे परिवार के लिए पर्याप्त मात्रा नहीं ही ख़रीद पाये। अब तो चिंता और गहरी एवं व्यापक हो गई—और सहायता वितरण के कारण उपभोग बढ़ा—लोगों के हाथों में क्रय शक्ति बढ़ी और वर्तमान कीमतों पर खरीदारों की संख्या कुछ ज्यादा ही बनी रही। स्वाभाविक है, अनाज के दाम भी उछाल मारने में व्यस्त रहे।''

माल्थस ग़रीबों की मजदूरी में कीमतों के अनुरूप वृद्धि कर उन्हें स्फीति के दुष्प्रभावों से बचाने के घोर विरोधी थे। उन्हें लगता था कि इस तरह तो समाज का मध्यम वर्ग भी भुखमरी के कगार पर पहुँच जाएगा :

"बार-बार हाऊस ऑफ़ कॉमन्स में यह बात उठी है कि मज़दूरी दर और खाद्य सामग्री की कीमतों में अनुपात निश्चित होना चाहिए। यह एक अशुभ विचार ही है, सामान्य समृद्धि के वर्षों में तो यह फिर भी चल जाएगा, यदि देश से भारी मात्रा में अनाज का निर्यात हो रहा हो तो भी इसे अपनाया जा सकता है। पर वास्तविक अभाव के समय इस विचार पर किस प्रकार अमल होगा ? मान लो कि कानून द्वारा प्रत्येक श्रमिक को अनाज की कीमतों के अनुपात में मज़दूरी अनिवार्य कर दी जाती है तथा अमीरों को, जितने लोगों को वे काम से निकालते हैं उतनों के भरण-पोषण के लिए और अधिक धनराशि 'सदावर्त' में जमा करानी पड़ती है। इस तरह से कमी देश में उपलब्ध अनाज का एक चौथाई अनुपात सत्वर रूप से बनी रहेगी। शीघ्र ही मध्यम वर्ग भी गरीबों में ही शामिल हो जाएगा। इस तरह की कीमत वृद्धि का सामना करने और नए गरीबों के लिए सदावर्त चंदा देने में तो बड़े-बड़े बचत के भण्डार चूक जाएँगे। यह ठीक है कि अनाज व्यापारी एवं किसानों पर इसका प्रभाव नहीं पड़ेगा पर वर्ष के 9 महीनों में वे जो कुछ कमाएँगे, अगले तीन महीनों में उनसे छिन जाएगा। इस प्रकार संपत्ति का बड़ा ज़बरदस्त पुनः वितरण हो जाएगा। सभी के पास बराबर रुपया-पैसा होगा। देश के सारे अन्न भण्डार खप जाएँगे और सभी लोग मिलकर भूखे मरेंगे।"

माल्थस ने शीघ्र ही अपने पाठकों को (जिनमें से अधिकांश को संपत्ति समानता से कुछ हाथ नहीं लगने वाला था) आश्वस्त भी किया कि सभी में अनाज का बराबर बँटवारा होकर सबके साथ-साथ भूखे रहने की दुखद स्थिति किसी देश में पैदा नहीं हो पाएगी।

माल्थस के विश्लेषण को एक सरल प्रतिमान में निबद्ध किया जा सकता है। इसमें दरिद्रता कानूनों के कीमतों पर प्रभाव और समाज के विभिन्न वर्गों की अधिकारिताओं के साथ-साथ उस दुखद स्थिति को भी समाहित किया जा सकता है जिसे लेकर माल्थस इतने चिंतित थे। मान लो, अमीरों और ग़रीबों की प्रति व्यक्ति आय क्रमशः y_1 तथा y_2 है। उनकी संख्याएँ n_1 तथा n_2 हैं। ग़रीबों की आय के दो अवयव हैं—उनकी मजदूरी `n' तथा ग़रीब कानूनों के अन्तर्गत सदावर्त सहायता से प्राप्ति `t'। अमीरों की आय मौद्रिक आय u में से ग़रीबी क़ानून के अन्तर्गत दिए गए योगदान को घटाकर ज्ञात हो सकती है। इन हस्तांतरणों द्वारा वर्तमान कीमतों p पर गरीबों को भी सम्मानजनक राशन r खरीदने की क्षमता मिल जाती है। माल्थस की दुखद स्थिति वही होगी जहाँ अमीर-ग़रीब का भेद बने रहने पर अमीरों से और अधिक योगदान की उगाही जारी रहे।

केवल अनाज के प्रति अमीरों और ग़रीबों की विनिमय अधिकारिता e_1 तथा e_2 द्वारा इस प्रकार दिखाई जा सकती है :

(B1) $ei = yi\ Ip$ जहाँ $i = {}_{1.2}$

(B2) $Y_1 = u - (tn_2 / n_1)$ शर्त यह है कि $Y_1 \geq Y_2$

(B3) $Y_2 = w + t$

व्यवस्था यह है कि यदि ग़रीबी कानून के अन्तर्गत हस्तांतरण `t' से भी गरीबों को सम्मानजनक राशन 'r' सुलभ नहीं हो पाए तो `t' का परिमाण बढ़ाया जा सकता है—किन्तु यह वृद्धि तभी तक संभव होगी जब तक कि अमीरों की प्रति व्यक्ति आय Y_1 गरीबों की आय Y_2 से अधिक रहे। अतः संतुलन की दो वैकल्पिक शर्तें हो सकती हैं।

(B4) या तो $e_2 = r$
अथवा $y_1 = y_2$

जब तक $e_2 < r$ तथा $y_2 < y_1$, हस्तांतरण `t' में वृद्धि होती रहेगी।

अन्त में माल्थस द्वारा कल्पित कीमत निर्धारण : कीमत उतनी ऊँची होनी ही चाहिए कि कुल (मौद्रिक) माँग अनाज की आपूर्ति के समान हो जाए।

अब हम मान लेते हैं कि ग़रीब अपनी सारी आय अनाज पर ख़र्च कर डालते हैं पर ग़रीब आय का एक अनुपात $c \leq 1$ ही अनाज पर ख़र्चते हैं। अतः उनकी कुल मौद्रिक माँग होगी :

(B5) $$D = cy_1n_1 + y_2\,n_2$$

अतः अनाज की आपूर्ति `q' होने पर उसकी कीमत होगी।

(B6) $$P = D/q$$

अब हम (B_1), (B_5) तथा (B_6) का प्रयोग कर ग़रीबों की विनिमय अधिकारिता इस प्रकार व्यक्त कर सकते हैं :

(B7) $$e_2 = (y_2q) / (\ cy_1n_1 + y_2\,n_2\ )$$

यदि e_2 द्वारा r राशन मिल सकता है तो अमीरों से और वसूली किए बिना ही संतुलन हो जाएगा (उन्हें ग़रीबों के न्यून स्तर तक नहीं घसीटा जाएगा)। माल्थस को ग़रीबी कानूनों से यही खतरा लग रहा था। यह बात जाँची जा सकती है कि अनाज के दाम `$p$' तथा हस्तांतरण राशि `t' के बीच प्रत्यक्ष संबंध रहता है, बस c<1 हो :

(B8) $$P = \{cun_1 + wn_2 + tn_2 (1\text{-}c)\} / q$$

इस संबंध को पहचान कर ही माल्थस ग़रीबों की उच्च कीमतों को लेकर चीख़-पुकार से नाराज़ थे। क्योंकि इसी के कारण उनमें से बहुतों का पेट भर पा रहा था—और उन्हें इस बात का अहसास तक नहीं था। माल्थस ने संतुलन की क्रमिक प्रक्रिया का भी निरूपण किया है जिसके अनुसार `$r$' की प्राप्ति के लिए `t' में वृद्धि करनी पड़ती है। पर इसके कारण `$p$' और बढ़ जाता है—अतः `t' में पुनः वृद्धि आवश्यक हो जाती है। यद्यपि प्रतिमान के चल स्वरूप (dynamics) की पूरी व्याख्या नहीं हुई है—पर उसे एक से अधिक तरीकों से पूरा किया जा सकता है।

दूसरी अवस्था वह हो जिसे लेकर माल्थस बहुत चिन्तित थे—कि y_1 कहीं y_2 के समान नहीं हो जाए। वस्तुतः ग़रीबों की मजदूरी को अनाज कीमतों से अनुपातिक बनाने से ही इसके आसार पैदा हो जाते हैं। फिर तो अपनी अन्न आवश्यकता पूरी करने के प्रयास में ये लोग भी जुट जाएँगे—जबकि देश में तो समग्र आवश्यकता के तीन चौथाई जितना ही भण्डार है। हम माल्थस द्वारा मनमाने ढंग से एक चौथाई की कमी की बात को नज़रअंदाज़ करते हुए यही मान लेते हैं कि `q' सभी व्यक्तियों को `r' मात्रा में राशन सुलभ कराने से कम ही है। अतः

(B9) $$q < (n_1 + n_2) r$$

विषमता (B_9) तथा (B_7) पर एक-साथ विचार करने पर हम यह देख सकते हैं कि

(B10) $$e_2 < \{y_2(n_1 + n_2) r\} / (c\, y_1 n_1 + y_2 n_2)$$

यह भी मान लेते हैं कि जब तक $y_1 \leq y_2$ अमीर भी आहार पर ग़रीबों जितनी राशि अवश्य खर्च करते रहेंगे, अर्थात् $(y_1 \geq y_2)$। फिर तो (B_{10}) का अर्थ होगा $e_2 \leq r_1$ । अतः जैसे-जैसे y_2 बढ़कर y_1 के निकट पहुँचेगी, c भी 1 के निकट चलती जाएगी। फिर तो एकमात्र संतुलन संभावना तभी होगी जब $c=1$ और $y_1 = y_2$। यह वह 'भयावह' 'दुखद स्थिति' होगी जहाँ अमीरों को भी गरीबों की ही तरह, उन्हीं के साथ भूखे रहना पड़ेगा।

माल्थस के इस प्रतिमान में कीमत वृद्धि का अनाज विक्रेताओं की आय पर प्रभाव स्पष्ट नहीं किया गया। इसे भी शामिल करना बहुत कठिन नहीं है—बस u तथा w को `$p$' के साथ साथ बढ़ाना होगा। इसके कारण पहले व्याख्यायित किसी भी निष्कर्ष पर कोई विपरीत प्रभाव नहीं पड़ता। इसके कारण एक प्रकार का 'मौद्रिक व्यय गुणक प्रभाव* आ जाएगा जोकि `t' के आकार में वृद्धि से पैदा होगा। इससे

* Money Expenditure Multiplier Effect.

't' का कीमत वृद्धिकारी प्रभाव और बढ़ जाएगा। इसके कारण यह तर्क कि एक मात्र संतुलन दशा में $e_2 = r$ और $y_1 = y_2$ पूरी तरह से अप्रभावित ही रहेगा।

B.3 अंतर्वर्गीय वितरण एवं विनिमय अधिकारिता का एक प्रतिमान

माल्थस का प्रतिमान नियत खाद्य आपूर्ति की दशा में अल्पकालिक कीमत निर्धारण सिद्धांत ही है। जब कुछ महीनों पहले आई फ़सल के कारण खाद्यान्न आपूर्ति पहले से ही ज्ञात हो तो अकाल की व्याख्या करने के लिए यह प्रतिमान बहुत असंगत भी नहीं होगा। बंगाल के 1943 के अकाल के आयाम की व्याख्या करने के लिए अंतर्निर्भरता का एक सरल प्रतिमान बनाने में मैं माल्थस के प्रतिमान के इस 'गुण' का प्रयोग अवश्य करना चाहूँगा। पर जनसंख्या के वर्गीकरण माल्थस से अलग होंगे, हमें अलग-अलग आर्थिक भूमिका वाले वर्गों की पृथक पहचान करनी होगी। साथ ही, विनिमय में निहित चक्रीयता (Circularity) पर भी ध्यान देना होगा।

हम समाज को पाँच वर्गों में बाँट रहे हैं, इन्हें 1, 2, ...5 द्वारा अभिव्यक्त करेंगे : इन वर्गों के 'सदस्यों' की व्याख्या इस प्रकार है :

(1) कृषि पूँजीपति एवं भू-स्वामी,

(2) कृषक

(3) शहरी एवं अर्द्धशहरी श्रमिक (इनमें औद्योगिक, सैन्य निर्माण श्रमिक एवं दिहाड़ी मज़दूर शामिल हैं)

(4) ग्रामीणश्रमिक (कृषिश्रमिक) तथा

(5) ग्रामीण घरेलू उत्पादक (ग्रामीण सेवा प्रदाता, कारीगर आदि)

इस वर्ग-विभाजन में हमने औद्योगिक पूँजीपतियों को स्थान नहीं दिया है। वैसे शहरी एवं अर्द्धशहरी मज़दूरी एवं रोजगार के निर्धारण में उनकी भूमिका अवश्य रहती है पर उनकी अनाज एवं ग्रामीण कारीगरों के उत्पादन की माँग कुल माँग का अत्यंत सूक्ष्म (नगण्यप्राय) अंश ही होती है।

यद्यपि यह वर्ग विभाजन अध्याय-6 में प्रयुक्त विभाजन की अपेक्षा बहुत ही 'सरलीकृत' प्रतीत होता है, पर विनिमय अधिकारिताओं के उतार-चढ़ावों को समझाने के लिए 'पर्याप्त' रहेगा।

इन वर्गों के सदस्यों की संख्या $n_i = i = 1, 5$ द्वारा दिखाई जा रही है। किसानों के खेतों में उत्पादन q_2 प्रति किसान तथा अन्य खेतों में q_1 प्रति भूधारी माना गया है। सुरक्षाप्राप्त एवं अन्य श्रमिकों की मजदूरी दरें क्रमशः w_3 तथा w_4 है। ग्रामीण घरेलू उत्पादकों की आय v प्रति व्यक्ति है–उनके उत्पादन की भौतिक इकाई 'एक' मानी गई है। अतः उस उत्पादन की कीमत भी v के समान ही रहती है।

खाद्यान्न कीमतों का निर्धारण कुल मौद्रिक माँग D_f तथा कृषक एवं गैरकृषक क्षेत्रों द्वारा बाजार में बेचे गए उत्पादन अंशों, m_1 तथा m_2 द्वारा निर्धारित होगी।

अतः

(B11) $$P = D^f / (n_1 m_1 q_1 + n_2\, m_2\, q_2)$$

बाजार में खाद्यान्न की माँग शहरी, अर्द्धशहरी और ग्रामीण श्रमिक तथा ग्रामीण कारीगर ही करते हैं। उनकी मौद्रिक माँग क्रमशः D_i^f, i= 3,4,5 द्वारा दिखाई जा सकती है। अतः

(B12) $$D^f = \sum_{i=3}^{5} D^f_i$$

पाँचवे वर्ग, घरेलू क्षेत्र में उत्पादन की कीमत भी उनके लिए मौद्रिक माँग D^v द्वारा ही नियत होती है। इसकी आपूर्ति n_5 के समान होगी–D^v में अन्य वर्गों द्वारा की गई माँग शामिल होगी। अतः

(B13) $$v = D^v / n_5$$

(B14) $$D^v = \sum_{i=1}^{5} D^v_i$$

आइए, अब माँग संबंधों पर ध्यान दें। कृषि पूँजीपति एवं भूस्वामी तथा कृषक अपनी आय का h_1 एवं h_2 अंश घरेलू उत्पादों पर खर्च करते हैं। शहरी क्षेत्रों एवं अर्द्धशहरी क्षेत्रों के श्रमिकों को नियत कीमत राशन व्यवस्था या मजदूरी दरों के माध्यम से 'सुरक्षा' प्राप्त है। अतः वे 'r' स्तर पर राशन पा सकते हैं। इन्हें ग्रामीण घरेलू क्षेत्र की सेवाएँ भी नहीं चाहिए। ग्रामीण श्रमिक अपनी आय के c_4 तथा h_4 अंश क्रमशः अनाज एवं घरेलू सेवाओं पर खर्च करते हैं। हम मानते हैं कि उनकी सारी आय इन्हीं पर खर्च हो जाती है–अर्थात् $c_4+h_4 = 1$। इसी तरह से घरेलू उत्पादक c_5 तथा h_5 अन्न एवं घरेलू उत्पादों पर खर्च करते हैं और $c_5 + h_5 = 1$। घरेलू क्षेत्र को भी अपने उत्पादन का ख़रीदार दिखाया गया हैं क्योंकि इसमें अनेक प्रकार के उत्पादन शामिल रहते हैं।

(B15) $$D_i^v = q_i\, n_i\, m_i\, phii, \qquad i = 1,2.$$

(B16) $$D_3^f = n_3\, rp.$$

(B17) $$D_4^f = n_4\, w_4\, c_4$$

(B18) $$D_4^v = n_4\, w_4\, h_4$$

(B19) $D_5^f = n_5 vc_5$

(B20) $D_5^v = n_5 vh_5$

(B21) $D_1^f = D_2^f = D_3^v = o$

हम (B_{13}), (B_{14}), (B_{15}), (B_{18}), (B_{20}), तथा (B_{21}), को मिलाकर ग्रामीण घरेलू उत्पादन की कीमत u का इस प्रकार निर्धारण कर सकते हैं :

(B22) $v = [p(n_1m_1q_1h_1 + n_2m_2q_2h_2 + n_4w_4h_4] / n_5 (1-h_5)$

इसी तरह (B_{11}), (B_{12}), (B_{16}), (B_{17}), (B_{19}), (B_{21}), (B_{22}), का प्रयोग कर (और $(c_i + h_i) = 1$ जब $i = 4,5$ की मान्यताओं का इस्तेमाल कर खाद्यान्न कीमत स्तर `P' का निर्धारण इस प्रकार होगा :

(B23) $P = n_4 w_4 / [n_1m_1q_1 (l-h_1) + n_2m_2q_2 (l-h_2) - n_3r]$

इस अल्पकालिक प्रतिमान में इन प्राचलों को स्थिर माना गया है : उत्पादन q_i, बाजार में बेचे गए अंश m_i, व्यक्तियों की संख्याएं, n_i और उपयोग अनुपात h_i एवं c_i। ग्रामीण क्षेत्र में मौद्रिक मजदूरी पर w_4 भी नियत माना गया है। ये भुगतान मौसमी होते हैं और किए जा चुके हैं। अब तो सैनिक गतिविधियों के विस्तार से शहरी क्षेत्र में प्रतिरक्षा उद्योगों, विनिर्माण और अन्य संबद्ध आर्थिक गतिविधियों के कारण आए प्रसार पर ध्यान देना बाकी है। इसका सबसे सरल मार्ग है शहरी क्षेत्र सुनिश्चित रूप से उपलब्ध राशन r के परिमाण में वृद्धि करना। बंगाल में 1943 में आए जिन परिवर्तनों को इस प्रतिमान में समाहित करने का प्रयास हो रहा है, वे मुख्यतः श्रमिकों के कम आए रोज़गारों या बेरोज़गारी से अच्छी मजदूरी वाले पेशों में पलायन के कारण ही आए थे। औद्योगिक श्रमिक एवं कलकत्ता के वासी तो सरकार द्वारा दिए जा रहे सस्ते राशन से भी लाभान्वित हो रहे थे।

हम (B_{22}) तथा (B_{23}) से सहज ही देख सकते हैं :

(B24) $\frac{dp}{dr} > o$, तथा $\frac{dv}{dr} > o$

यह तो बहुत सीधे ही समझ आ जाता है। पर कहीं अधिक महत्वपूर्ण प्रश्न तो r में वृद्धि के अन्य सभी वर्गों की विनिमय अधिकारिताओं से जुड़ा है। हम परिशिष्ट-1 की ही विनिमय अधिकारिता $E(x)$ का यहाँ भी प्रयोग करेंगे–यहाँ $E(x)$ वस्तुओं का वह सदिश है जिसे कोई व्यक्ति अपनी संपत्तियों के सदिश x के आधार पर पा सकता है। यहाँ मैं अपना विश्लेषण प्रत्येक वर्ग के एक आम सदस्य जिस खाद्यान्न

की मात्रा *ei* पर अधिकार पाया जा सकता है, उसी मात्रा तक सीमित रखूँगा।

सुरक्षाप्राप्त शहरी श्रमिकों की प्रति व्यक्ति अधिकारिता e_3 का निर्धारण v द्वारा होता है और किसानों की अधिकारिता e_2 उनके खेतों में हुए उत्पादन द्वारा तय होती है। ग्रमीण मजदूरों की अधिकारिता e_4 का निर्णय मजदूरी पर w_4 से ख़रीदे जा सकने वाले अन्न द्वारा तय होती है। इसी तरह v से ख़रीदा जा सकने वाला अनाज e_5 का निर्धारण करता है। कृषि पूँजीपतियों एवं भूस्वामियों की अधिकारिता उनके उत्पादन q_1 में से उस राशि को निकालकर ज्ञात होगी जो ये लोग (n_4 / n_1) ग्रामीण श्रमिकों को मजदूरी के रूप में चुकाने पर ख़र्च करते हैं। अतः :

(B25.1) $e_1 = q_1 -(n_4 w_4 / n_1 p) = q_1 - e_4 (n_4 / n_1)$

(B25.2) $e_2 = q_2$

(B25.3) $e_3 = r$

(B25.4) $e_4 = w_4 / p)$

(B25.5) $e_5 = (v/p = (n_1 m_1 q_1 h_1 + n_2 m_2 q_2 h_2 + n_4 h_4 (w_4 / p)] / n_5 (1-h_5)$

(B_{24}) से (B_{25}) तक के संबंधों से हमें ज्ञात होता है कि '*r*' में वृद्धि से

(1) कृषि पूँजीपतियों की अधिकारिता e_1 में वृद्धि होती है;

(2) कृषकों की अधिकारिता e_2 अप्रभावित रहती है;

(3) संरक्षित शहरी श्रमिकों की अधिकारिता e_3 में सुधार होता है;

(4) कृषि श्रमिकों की अधिकारिता e_4 में गिरावट आती है; तथा

(5) ग्रामीण घरेलू उत्पादन में लगे कारीगरों की अधिकारिता e_5 में भी गिरावट आती है।

यह 'सरल' प्रतिमान बंगाल अकाल 1943 के प्रथम चरण की कुछ विशेषताओं का बहुत सही निरूपण कर रहा है। दूसरे चरण में तो सट्टाखोरी हावी हो गई थी। पर इस प्रतिमान में सट्टेबाजी के लिए कोई प्रावधान नहीं किया गया है।

बाजार में बेचे गए खाद्यान्न उत्पादन अंश m_1 तथा m_2 में सट्टेबाज़ी के कारण गिरावट भी (B25.1) से (B25.5) में चर्चित प्रभाव और प्रबल हो जाएँगे। अकाल के प्रथम चरण में ऐसा ही हुआ भी था। किन्तु हमारा यह विश्लेषण दूसरे चरण में पेशेवर व्यापारियों द्वारा की गई सट्टेबाज़ी और खाद्यान्न के आवागमन को तो काफी भारी फेरबदल के बाद ही दिखा पाएगा।

इस परिशिष्ट के समापन से पूर्व मैं पाँच टिप्पणियाँ करना चाहता हूँ। जहाँ तक 1943 का उत्पादन सामान्य से कम रहा, वहाँ तक तो किसानों की दशा भी

(सामान्य की तुलना में) बुरी ही थी। इस प्रतिमान में सभी बातें पूर्ववत् रहने की मान्यता निहित है। अतः यद्यपि इससे यह तो स्पष्ट हो जाता है कि कृषिमज़दूरों और ग्रामीण कारीगरों की हालत सबसे अधिक ख़राब हो गई थी, पर अन्य वर्गों की दशा में आई गिरावट को यह प्रतिमान स्पष्ट नहीं कर पाता। कुछ किसान तो व्यापारियों द्वारा ज्यादा कीमत के झांसे में आकर अपना अपेक्षाकृत अधिक अनाज शुरू में ही बेच बैठे पर बाद में उन्हें बहुत ऊँचे दामों में अनाज ख़रीदने को बाध्य होना पड़ा। इस प्रकार की गत्यात्मकता का समावेश कर व्यापक प्रतिमान की स्थापना महत्वपूर्ण रहेगी। उसी में अकाल के दूसरे चरण की व्याख्या भी संभव हो पाएगी।

दूसरे, ग्रामीण श्रमिकों की मजदूरी दर द्वारा खाद्यान्न अधिकारिता की ही चर्चा हुई है। पर उनके रोज़गार के अवसरों में गिरावट भी बहुत अधिक रहने के पर्याप्त अनौपचारिक प्रमाण मिले हैं। अतः जो लोग रोज़गार खो बैठे थे उनकी अधिकारिता का ह्रास तो बहुत ही नाटकीय रहा होगा।

तीसरे, हमने शहरी श्रम को संरक्षित माना है, पर यह संरक्षण समस्त शहरी श्रमिकों को पूरी अवधि तक सुलभ नहीं था। यहाँ भी हमारा प्रतिमान एक (सीमित) लक्षण का अति-सरलीकरण कर बैठा है। यह बात भी ध्यान देने योग्य है कि जिस प्रकार का संरक्षण उस समय कलकत्ता के श्रमिकों को मिल गया, सामान्यतः तो वह भी कहीं सुलभ नहीं होता। अतः यदि इस प्रतिमान का कहीं और प्रयोग करना हो तो फिर आर्थिक वर्गों का बहुत ध्यान से निर्धारण करना होगा।

चौथे, यह प्रतिमान केवल एकल अवधि निर्भरता (Single Period Interdependence) प्रतिमान है। एक से अधिक अवधियों का समावेश कर अकाल के हालात पैदा होने का विश्लेषण भी हो सकता है—पर उसका प्रतिमान कहीं अधिक व्यापक एवं गत्यात्मक ही होगा।

और अन्त में, इस प्रतिमान में ग्रामीण कारीगरों की दुर्दशा का कारण ग्रामीण श्रमिकों की हालत में आई गिरावट में खोजा गया है। यहाँ यह भी दिखाया जा सकता है कि अपनी दुर्दशा के कारण ग्रामीण किसान अपनी आय का अधिकांश अनाज पर ही ख़र्च करने को बाध्य हो सकते हैं। अतः h_4 में गिरावट और भी भारी हो जाएगी। इससे तो ग्रामीण कारीगर की हालत बहुत ही चिन्तनीय बन जाएगी। इस परस्पर निर्भरता का भी हमारे प्रतिमान में बहुत सरलीकृत निरूपण हुआ है। पर हमने अध्याय-5-10 तक यही आग्रह किया है कि इस प्रकार की व्युत्पन्न दरिद्रता की सत्यता पर कहीं अधिक गहराई से विचार करने की आवश्यकता है। इस भाग में परस्परता के अध्ययन से इस निष्कर्ष की भी पुष्टि होती है।

परिशिष्ट–3

ग़रीबी का मापन

C.1 ग़रीबी अन्तराल एवं व्यक्तिगणना

एक समाज के सदस्यों की संख्या n है। उसके सदस्यों के समुच्चय को ही S द्वारा दिखाया जा रहा है। y_i द्वारा हम i वें व्यक्ति की आय दिखा रहे हैं। जिनकी आय गरीबी रेखा स्तर π से अधिक नहीं है, वे सभी समुच्चय T के सदस्य हैं। अतः $T \subseteq S$ अर्थात् T तो S का एक ऐसा उप-समुच्चय है कि S में कोई-न-कोई तत्त्व या सदस्य अवश्य है जो T में नहीं है। गरीब लोग, जिनकी संख्या q है, उन्हें आय के अनुसार क्रमबद्ध किया गया है। इस प्रकार t के i वें सदस्य का क्रमांक $r(i)$ है। ग़रीबों में से यह क्रमांक निर्धारण इस तरह से किया गया है कि यह व्यक्ति $r(i)$ वें क्रम का 'सम्पन्न' व्यक्ति होगा। समान आय वालों को किसी भी तरह से इस क्रमिकता में स्थान दिया जा सकता है–पर उसके बाद हम $r(i)$ को अशिथिल (strict) क्रमबद्धता ही मानेंगे।

अब समुच्चय T के i वें व्यक्ति का गरीबी अन्तराल g_i होगा :

(C1) $$g_i = \pi - y_i$$

सभी ग़रीबों का सकल ग़रीबी अन्तराल (Poverty gap) g होगा,

(C2) $$g = \sum_{i \in T} g_i$$

ग़रीबी के दो मानक माप व्यक्तिगणना अनुपात H (Head Count Ratio) तथा आय-अन्तर अनुपात I (Income Gap Ratio) हैं। इनकी रचना इस प्रकार है :

(C3) $$H = q/n$$

(C4) $$I = g/q\,\pi$$

आइए, गरीबों की औसत आय को y* तथा उनके औसत अन्तराल को g* द्वारा अभिव्यक्त करें, तो फिर :

(C5) $$y^* = \sum_{i \in T} y_i / q$$

(C6) $$g^* = \pi - y^* = g/q$$

आय अन्तर अनुपात को इस प्रकार भी दिखाया जा सकता है :

(C4)* $$I = g^* / \pi$$

आइए, अब ग़रीबी माप के वैध होने के लिए आवश्यक स्वयंसिद्धियों (Axiomatic) या सूक्तियों पर विचार करें। मान लो कि x तथा y दो दशाओं में इस समाज के सभी सदस्यों के आय-सदिश हैं—(प्रत्येक में i तत्व होंगे)। इस प्रकार x_i तथा y_i दोनों दशाओं में व्यक्ति i की आय के स्तर को दर्शायेंगे। इन दशाओं से जुड़े ग़रीबी मापकों को हम क्रमशः $P(x)$ तथा $P(y)$ का नाम दे रहे हैं। इस खण्ड में सभी सूक्तियों के लिए समुच्चय S तथा ग़रीबी रेखा π का स्तर पूर्व निर्धारित रहता है। समाज में x तथा y दशा में गरीबों के समुच्चय $T(x)$ तथा $T(y)$ द्वारा दिखाए जा रहे हैं।

एकदिष्टता की सूक्ति (Axiom of Monotonicity)

यदि किसी $j \in T(x) \cap T(y) : x_j > y_j$ और सभी $i \in S$ के लिए यदि $i \neq j : x_i = y_i$ तो फिर $P(x) < P(y)$ अर्थात् यदि दो व्यक्ति j ऐसा हो जो कि $T(x)$ तथा $T(y)$ दोनों समुदायों में सम्मिलित हो और x दशा में उसकी आय y दशा से अधिक हो तो समाज के शेष सभी सदस्यों की आय दोनों दशाओं में एक समान स्तर पर रहने की स्थिति में हम कहेंगे कि दशा x में ग़रीबी दशा y की तुलना में कुछ कम हुई है : अर्थात् $P(x) > P(y)$।

मृदु-हस्तांतरण सूक्ति (Weak Transfer Axiom)

यदि किसी $j \in [\{T(x) \cap T(y)\} \cup \{(s - T(x) \cap (s - T(y)\}]$ तथा $k \varepsilon T(x) \cap T(y) : [(x_j > y_j \geq y_k > x_k)$ एवं $(x_j - y_j = y_k - x_k)$ तथा सभी $i \varepsilon S$ के लिए यदि $i = j, k : x_j = y_i$ तो $P(x) > P(y)$

हमारी एकदिष्टता सूक्ति के अनुसार यदि ग़रीबी रेखा से नीचे किसी व्यक्ति की आय कम होती है तो ग़रीबी बढ़ने का संकेत मिलता है। हमारी मृदु-हस्तांतरण सूक्ति के अनुसार यदि किसी अमीर व्यक्ति की आय का कुछ भाग किसी ग़रीब को दे दिया जाए पर ऐसा करने में दोनों में से कोई भी ग़रीबी रेखा का अतिक्रमण नहीं कर पाए तो भी ग़रीबी के मान में कमी आएगी।

यह देख पाना बहुत ही सहज है कि व्यक्तिगणना अनुपात H तो इन दोनों

ही सूक्तियों पर खरा नहीं उतरता। ग़रीबों की आय में कमी का इस पर कोई प्रभाव नहीं पड़ता। इसी प्रकार अमीर से लेकर ग़रीब को कुछ दे देने का भी H पर कोई असर नहीं होता। वस्तुतः ग़रीबों की आय का कुछ हिस्सा छीन कर अमीरों में बाँट देने से भी *H* अनुपात या तो अपरिवर्तित ही रहेगा या इसमें कुछ कमी[1] भी आ सकती है पर यह अनुपात बढ़ेगा नहीं।

आय अन्तर अनुपात *I* एकदिष्टता की सूक्ति पर खरा उतरता है, पर यह भी मृदु-हस्तांतरण का पालन नहीं कर पाता—यदि व्यक्ति $j \varepsilon T(\mathbf{x})$ (अर्थात् व्यक्ति *j* ग़रीबी रेखा से नीचे ही हो)। अतः यह भी स्पष्ट है कि जब *H* तथा *I* दोनों ही मृदु-हस्तांतरण की 'सन्तुष्टी' नहीं कर पाते तो इनका कोई फलन : $\Psi(H, I)$ भी इस कसौटी पर खरा नहीं उतरेगा। वास्तव में ये दोनों ही मापक ग़रीबों के बीच आय के बँटवारे के प्रति आँखें बन्द किए रहते हैं।

हाँ, दोनों, *H* तथा *I* ग़रीबी रेखा से ऊपर वालों की आय के प्रति 'तटस्थता' के गुण से अवश्य 'संपन्न' हैं। अतः ग़रीबों की आय में किसी वृद्धि अमीरों की आय में वृद्धि द्वारा 'क्षतिपूर्ति' की सम्भावना नहीं रहती—यह वृद्धि चाहे जितनी अधिक क्यों न रहे।

संकेंद्रण सूक्ति (Focus Axiom)

यदि सभी $i \varepsilon T(\mathbf{x}) \cup T(\mathbf{y})$ के लिए $x_i = y_i$ तो $P(\mathbf{x}) = P(\mathbf{y})$

अर्थात् दोनों दशाओं में अगर सभी ग़रीब व्यक्तियों की आमदनियाँ यथावत् रहें तो दोनों दशाओं में ग़रीबी का मान भी अपरिवर्तित रहेगा।

यह सूक्ति केवल इतना बताती है कि ग़रीबी का मान तो केवल ग़रीबों की आय पर निर्भर होगा—सारे राष्ट्र की निर्धनता पर नहीं। यह ग़रीबी के सापेक्ष भार (Relative Burden) का निर्धारण भी नहीं करती—अर्थात् यह जानने का प्रयास नहीं किया जाता कि गरीबी मिटाने के लिए अमीरों की आय का कितना हिस्सा लेकर काम चल सकता है। दूसरी ओर, अमीरों के और अमीर हो जाने (जबकि ग़रीब पहले जैसी भी दुरावस्था में पड़े हों) का भी इस पर कोई प्रभाव नहीं होगा।

C.2 ग़रीबी के मापक P की सूक्तिसंगत व्युत्पत्ति

ग़रीबी के मापक P के विषय में अध्याय-3 में हमने कहा था कि इसका निर्धारण वैयक्तिक्षेम की क्रमबद्धता, (या और अधिक जटिल मापनता—अनावश्यक रूप से) के आधार पर उचित ठहराया जा सकता है या फिर आय के वितरण को ही प्रत्यक्षतः सूक्तियों की कसौटियों पर कसा जा सकता है। यद्यपि मैंने पहले क्षेम आधारित

1. कमी उस समय आएगी जब आय बहुत ही कम रह जाने पर कोई ग़रीब भूख से मर जाएगा।

प्रविधियों का प्रयोग अपनी कुछ रचनाओं में किया है, पर यहाँ मैं प्रत्यक्ष आय पर आधारित विधि का ही अनुसरण करूँगा।

ग़रीबी को ग़रीबों की आयों के भारित अन्तरों के योग द्वारा मापा जा सकता है। अतः

(C7) $$P = A(n, q, \pi) \sum_{i \in T} v_i g_i$$

यहाँ v_i व्यक्ति i के ग़रीबी अन्तर g_i का भार है। $A(n, q, \pi)$ एक संस्थितिकारी प्राचल (Normalising Parameter) है, जो कि समाज के कुल सदस्यों की संख्या, n ग़रीबों की संख्या q तथा गरीबी रेखा के स्तर π पर निर्भर है। ध्यान रहे कि हमने v_i को केवल व्यक्ति i के ग़रीबी अन्तर g_i या y_i पर आश्रित नहीं बनाया है। अतः यद्यपि इस मापक का स्वरूप ऊपरी तौर पर योगात्मक होते हुए इसके कारण किसी प्रकार की पृथ्क्कारिता (separability) की अनिवार्यता लागू नहीं होती।

अध्याय-3 में चर्चित सापेक्ष-अभाव के सन्दर्भ में यह मानना उचित ही होगा i के गरीबी अन्तर का भार v_i उस समूह में व्यक्ति i के सापेक्ष क्रम या स्थान से जुड़ा हो। अतः यदि वह समूह ग़रीबों का समूह है तो फिर $r(i)$ (जिसे हमने गरीबों के समूह में किसी व्यक्ति i का 'क्रम' माना था) ही v_i का एक महत्त्वपूर्ण निर्धारक बन जाएगा। हम इससे भी कुछ आगे बढ़कर v_i को $r(i)$ का वृद्धिमान फलन (Increasing function) बना सकते हैं—अर्थात् जो व्यक्ति जितना अधिक ग़रीब होगा, ग़रीबी के मापक में उसके ग़रीबी अन्तर का भार उतना ही अधिक होगा। इस प्रकार के वृद्धिमान फलन का सबसे सरल स्वरूप है $m = f(m)$.

क्रमित सापेक्ष अभाव सूक्ति *R* (Ranked Relative Deprivation Axiom)

(C7) में सुझाई गई विधि से ग़रीबी के माप में i व्यक्ति के ग़रीबी अन्तर को उसकी आय Y_i के ग़रीबों के वर्ग में क्रम के समान भार v_i दिया जाएगा। अतः

(C8) $$v_i = r(i)$$

यह नियम बोर्डा द्वारा सन् 1781 में सुझाई गई क्रमिकता-भारण विधि के अनुरूप ही है।

विश्लेषण की इस अवस्था तक केवल एक अन्य सूक्ति पर्याप्त रहेगी। यह सूक्ति है : व्यक्तिगणना H तथा आय अन्तर I की त्रुटियों का एकमात्र कारण यह है कि ये दोनों ही विधियाँ ग़रीबों के बीच आय के बँटवारे के प्रति संवेदनाहीन हैं। यदि यह वितरण सम्बन्धी समस्या समाप्त हो जाए तो इनका कोई-न-कोई संयोजन अवश्य 'पर्याप्त' सिद्ध होगा। अतः यदि सभी ग़रीबों की आय एक-समान हो उस

दशा में H तथा I से ही हमें ग़रीबी के माप की पूरी जानकारी मिल जाएगी। इनके, H तथा I के गुणनफल को ही $\Psi(H, I)$ का स्वरूप देना एक आसान-सा तरीका सिद्ध हो सकता है, जिसे एक सहज संस्थितिकरण माना जा सकता है।

संस्थितिकृत परम अभाव सूक्ति A (Normalised Absolute Deprivation Axiom)

यदि सभी $i \varepsilon T$ के लिए $y_i = y^*$ तो फिर

(C9) $$P = H\,I$$

प्रमेय-C_I : (THEOREM C_I)

यदि ग़रीबों की संख्या बहुत बड़ी हो तो सूक्ति-A तथा सूक्ति-R पर सत्य सिद्ध होने वाला एकमात्र ग़रीबी मापक होगा :

(C10) $$P = H\,\{I+(I-I)\,G\}$$

जहाँ G ग़रीबों के बीच आय के बँटवारे का गिन्नी-गुणांक है।

प्रमाण :

(C7) में सभी i के लिए $g^* = g_i$ रख कर हम पाते हैं;

(C11) $$P= \frac{1}{2}\ \{A(n,\ q,\pi)\ g^*\ q\ (q+1)\}$$

इसे (C_3), $(C_4{}^*)$ तथा (C_9) से मिलाने पर हमें मिलता है :

(C12) $$A = (n,\ q,\ \pi) = 2\ /\ (q+1)\ n\ \pi.$$

अब (C_7), (C_8) तथा (C_{12}) को मिलाकर

(C13) $$P = \frac{2}{(q+I)n\pi} \sum_{r(i)=I}^{q} (\pi - y_i)\ r\ (i).$$

ध्यान दें कि q-सदस्यीय समाज में औसत आय y^* तथा आय क्रमांक $r\ (i) = I...q$ होने पर हम गिन्नी-गुणांक को लिख सकते हैं :

(C14) $$G = I + \frac{I}{q} - \frac{2}{q^2 y^*} \sum_{r(i)=1}^{q} y_i r(i)$$

इसी के सरलीकरण से हमें ज्ञात होता है :

(C15) $$P = H [I-(I-I) \{I - G q/ (q + I)]$$

यदि q का आकार बड़ा हो तो (C_{15}) सहज ही (C_{10}) के समान हो जाता है।

एक वैकल्पिक विधि द्वारा भी P को ज्ञात किया जा सकता है। यहाँ I के स्थान पर इसके मान = - (y^*/π) को रखा जाता है, जैसा कि (C_4*) तथा (C_6) में स्पष्ट है। एस. आनन्द* ने इस विधि द्वारा ग़रीबी के मापक P को इस प्रकार निरूपित किया था :

(C16) $$P= H \{ _I - y^* (_I - G) / \pi \}$$

यह मापक P एकदिष्टता, मृदु हस्तांतरण एवं संकेंद्रण सूक्तियों का अनुपालन करता है।

C.3 विकल्प एवं पाठ्यान्तर

ग़रीबी के मापक P के और भी अनेक स्वरूप हो सकते हैं। हम R तथा A सूक्तियों में कुछ फेर-बदल द्वारा P के कुछ दृष्टियों से अलग निरूपण भी प्राप्त कर सकते हैं। ग़रीबी की अवधारणा में सचमुच बहुत ही लचीलापन है, इसी कारण इसकी अनेक प्रकार से व्याख्या कर पाना सहज रहता है। किन्तु इन सभी व्याख्याओं H तथा I द्वारा बताई गई विशेषताओं के अतिरिक्त ग़रीबों के बीच में आय के वितरण के प्रति संवेदनशीलता भी सन्निहित रहती है।

एक अन्य स्वरूप यह हो सकता है कि हम औसत ग़रीबी अन्तर को ग़रीबी आय स्तर π के अनुपात प्रतिशत के स्थान पर उसे सारे समाज की आय के प्रतिशत के रूप में अभिव्यक्त कर अभाव का अनुमान लगा सकते हैं। समाज की औसत को H द्वारा व्यक्त करते हुए :

(C17) $$I^* = g^* / \mu$$

अब तो H I* स्पष्टतः समग्र गरीबी अन्तर और सकल घरेलू उत्पादन (GDP) का अनुपात ही बन जाता है :

(C18) $$H I^* = g / n \mu$$

* Anand. S. (1977) 'Aspects of Poverty in Malaysia' in *Review of Income and Wealth.*

वैकल्पिक संस्थितिकृत परम अभाव
(Alternative Normalized Absolute Deprivation Axiom)

सूक्ति-A*

यदि सभी $i \in T$ के लिए $Y_i = y^*$ तो फिर

$$P = HI^* \quad \text{(C19)}$$

अब तो सूक्तियों A* तथा R से एक परिवर्तित गरीबी मापन P_I की रचना हो सकती है। यह रचना सुधीर आनन्द ने की है। यह P से एक 'गुणक' से ही भिन्न है। यह गुणक राष्ट्रीय औसत आय की इकाइयों में व्यक्त किया गया है, न कि ग़रीबी रेखा आय के स्तर की,

$$P_I = P\pi / \mu \quad \text{(C20)}$$

P_I की विशेषता यह है कि ये ग़रीबों ही नहीं अन्य लोगों की आय के प्रति भी संवेदनशील है। सम्पन्न व्यक्तियों की आय में वृद्धि के कारण भी I में कमी आ सकती है, जिससे P_I का मान कम हो जाएगा। यदि किसी की भी आय में वृद्धि-ग़रीबी में कमी का प्रमाण माना जाए तो P_I निश्चित रूप से P से बेहतर माना जाएगा। क्योंकि P तो अमीरों की आय के प्रति संवेदनहीन ही रहता है। यह भी ध्यान देने योग्य बात है कि इस दशा में HI^* को हम राष्ट्रीय आय का वह अंश मान सकते हैं जिसके हस्तांतरण द्वारा ग़रीबी पूरी तरह से मिटायी जा सकती है। इस तरह से HI^* को राष्ट्रीय आय की तुलना में ग़रीबी का सापेक्ष बोझा भी माना जा सकता है।

दूसरी ओर यह तर्क भी दिया जा सकता है कि ग़रीबी के सापेक्ष बोझे का आकलन तो ग़रीबी की प्रचलित अभाव सम्बन्धी संकल्पनाओं के आधार पर व्याख्या करने से बहुत ही भिन्न प्रकार का कार्य होगा। फिर P_I में तो ग़रीबों की आय में गिरावट की अमीरों की आय में वृद्धि से 'भरपाई' भी हो सकती है। यहाँ आपत्ति यह होगी कि ग़रीबी तो ग़रीबों का लक्षण है, इसमें लक्षण के और गहरा होने पर तो गरीबी के माप में वृद्धि होनी चाहिए–अन्य लोगों की आय में बदलाव का इससे कुछ लेना-देना नहीं होना चाहिए। P इस बात पर खरा उतरता है जिसे हमने संकेंद्रण सूक्ति का नाम दिया था–पर P_I इसे सन्तुष्ट नहीं कर पाता।

किसी सूचक का चुनाव उसके चयन के उद्देश्य के अनुरूप ही होना चाहिए। गरीबों की दशा की व्याख्या के लिए P निश्चित रूप से P_I से बेहतर रहता है। किन्तु यदि ग़रीबी को चुनौती दे सकने की राष्ट्रीय सामर्थ्य का आकलन करना हो तो फिर निश्चय ही P_I बेहतर होगा। अतः हम कह सकते हैं क्रि ये दोनों निरूपण, P तथा P_I दो अलग-अलग बातों का खुलासा कर रहे हैं।

हम R-सूक्ति के भी अनेक पाठ्यान्तर कर सकते हैं। नानक काकवानी[1] ने सूक्ति-R के कई स्वरूपों का प्रयोग कर अलग-अलग ग़रीबी मापकों की रचना की है, जो सभी किसी-न-किसी रूप में P से जुड़े हैं। एक बहुत ही 'अच्छा' मापक P_2 है जिसमें भार v_i को ग़रीबों की संख्या नहीं बल्कि उस व्यक्ति से अधिक पाने वाले सभी ग़रीबों की आय पर निर्भर किया गया है। इस प्रकार i का सापेक्ष अभाव अपने से सम्पन्न अन्य ग़रीबों की वास्तविक आमदनी से जुड़ जाता है। P_2 भी इस बात पर ध्यान नहीं देता कि यह आय इन लोगों में किस प्रकार वितरित होती है। यही नहीं, इन अपेक्षतया सम्पन्न ग़रीबों की संख्या पर भी ध्यान नहीं दिया जाता। इस तरह से सापेक्ष अभाव का निराकरण अपेक्षया सम्पन्न ग़रीबों को प्राप्त समग्र आय के आधार पर हो जाता है, उस समग्र के विभाजन के लिए किसी अन्य जानकारी का प्रयोग आवश्यक नहीं समझा जाता।

अपनी एक अन्य रचना में काकवानी* ने सूक्ति-R के स्वरूप को और अधिक व्यापक बनाया है। इसमें भार v_i को व्यक्ति i के क्रम की k वीं शक्ति (घात) बना दिया जाता है :

सूक्ति-R* ग़रीबी का माप (C_7) की ही भाँति होता है, पर

(C21) $v_i = [r\ (i)]^k$

इस तरह से निर्दिष्ट ग़रीबी मापक-P_3 की गरीबों के बीच आय के वितरण के प्रति संवेदनशीलता k पर निर्भर करेगी। यदि $k = I$ तो यह मापक P_3 सभी स्तरों पर आय क हस्तांतरणों के प्रति समान रूप से संवेदनशील होगा। P_3 में निहित व्यापकता के कारण आय के वितरण के न्यूनतम स्तर पर हो रहे आय के हस्तांतरणों का महत्त्व कहीं अधिक हो जाता है।

ग़रीबी सूचक P की एक अन्य पुनः व्याख्या के आधार पर एक और सामान्यीकरण भी सुझाया गया है। इसके अनुसार P को H (व्यक्ति गणना अनुपात) और गरीबी रेखा आय π एवं एटकिंसन-कॉम विधि से गरीबों की आय के समता-पूर्वक वितरित समतुल्य आय (e^g) के बीच समानुपातिक अन्तर के गुणनफल का स्वरूप भी प्रदान किया जा सकता है। इसमें मूल्यांकन के लिए गिन्नी की सामाजिक मूल्यांकन फलन (Gini's Social Evaluation Function) का प्रयोग होगा।

(C22) $$P = H\ (\pi - e^g)\ (\pi \text{ जहाँ कि } e^g = y^*\ (I-G)$$

यदि सामाजिक मूल्यांकन फलन में बदलाव आता है, तो उसके अनुरूप एक

1. Nanak Kakwani (1980) 'Income Inequality and Poverty', New York: Oxford University Press.

* Nanak Kakwani (1980). 'On a Class of Poverty Measures', in *Econometrica*, p. 48.

नया P मापक बन जा जाएगा जो कि उस नयी सामाजिक मूल्यांकन फलन के अनुकूल समान रूप से वितरित समतुल्य आय पर निर्भर होगा। अतः

(C23) $$P_4 = H\,(\pi - e) / \pi$$

इस प्रकार से विश्लेषण करते हुए ब्लेकबीय एवं डोनाल्डसन (Blackorby and Donaldson)[1] ने गरीबी के मापन की नीतिशास्त्रीय व्याख्या की है। यहाँ e का मान आय के उस स्तर को दर्शाता है जिसे यदि सभी गरीबों में बाँट दिया जाए तो वह वितरण उनके बीच विद्यमान वास्तविक वितरण जैसा ही होगा। किन्तु यह बात भी स्पष्टतः देखी जा सकती है कि P_4 के इस निरूपण में विवरणात्मक व्याख्या भी सम्भव है। e द्वारा आय का वह स्तर निर्दिष्ट होगा जो ग़रीबों के बीच वास्तविक वितरण जितनी ही ग़रीबी का परिचायक हो। ग़रीबी विषयक नीतिशास्त्रीय एवं व्याख्यात्मक मुद्दों पर हम पहले ही अध्याय-2 एवं 3 में काफी चर्चा कर चुके हैं—यहाँ और विस्तार अनावश्यक-सा प्रतीत होता है। ग़रीबी के इन मापकों को गणितीय दृष्टि से दोनों ही तरह से समझा-समझाया जा सकता है। वास्तविक प्रश्न तो उस उद्देश्य में जुड़ा है जिससे प्रेरित होकर ग़रीबी को मापने का प्रयास किया जाता है।

ग़रीबी मापक P की एक व्याख्यात्मक विशेषता का तो विस्तारपूर्वक अध्ययन भी हुआ है। यह तो स्पष्ट ही है कि एक अधिक गरीब से अपेक्षाकृत सम्पन्न ग़रीब को हस्तांतरण से P के अनुमान में वृद्धि होती रहती है, जब तक कि वह लाभान्वित व्यक्ति गरीबी रेखा से नीचे ही बना रहे। किन्तु यदि वह व्यक्ति गरीबी रेखा का अतिक्रमण कर जाए तो परिणाम एकदम उलट हो सकता है। यह प्रश्न उठाया ही जा सकता है कि बेशक लाभान्वित व्यक्ति ग़रीबी रेखा को लाँघ जाए पर इस तरह के हस्तांतरण से ग़रीबी के मान में वृद्धि का क्रम तो अविछिन्न ही रहना चाहिए। इस प्रकार की एकदिष्टता दिखाने के लिए तो सूक्ति-R में कुछ परिवर्तन आवश्यक हो जाता है। यहाँ आय अन्तर g_i को भार v_i को व्यक्ति i के सारे समाज में आय क्रम $P(i)$ के समान करना पर्याप्त रहेगा—हमने पहले इस भार को व्यक्ति i के ग़रीबों के बीच आयक्रम r (i) के समान रखा था। अतः

सूक्ति-R** : ग़रीबी का मापन तो (C_7) विधि से ही होता है, पर भार v_i इस प्रकार होंगे

(C24) $$v_i = R\,(i)$$

इस प्रकार निर्दिष्ट भारों का प्रयोग कर हमें जिस ग़रीबी के मापक की प्राप्ति होती है उसे हम P_5 का नाम दे रहे हैं। यह मापक भी एकविष्टतापूर्ण होता है।

---

1. Blackorby and Donaldson (1980), 'Ethical Indices for Measurement of Poverty', *Econometrica* p. 48

अतः $$P_5 = \{2/(n+1)n\pi\} \sum_{r(i)=1}^{q} (\pi - y_i) R(i).$$

अभी भी यह मुद्दा तो बचा ही रहता है कि क्या सचमुच में एक ग़रीबी मापक में इस प्रकार के हस्तांतरण से वृद्धि की प्रवृत्ति होनी ही चाहिए। हालाँकि इससे ग़रीबों की संख्या में कमी भी आ सकती है। जहाँ तक यह सूचक ग़रीबों की दशा का अभिज्ञान कराता हो–अर्थात् कितने ग़रीब हैं और उनमें से प्रत्येक किस सीमा तक ग़रीब हैं–तब तक तो इसमें ग़रीबों की संख्या कम होने की ग़रीबी की गहनता में वृद्धि द्वारा प्रतिपूर्ति की सम्भावना को स्वीकार किया जा सकता है। हमारे पुराने माप P में यह सम्भव था पर P_5 में नहीं है। किन्तु यदि हमारा मंतव्य विषमता या जीवन स्तर के परिवर्तनों को समझना है–न कि ग़रीबी के नीचे की अवस्थामात्र को–तो फिर हस्तांतरण सूक्ति के अनिर्बाध स्वरूप R** का प्रयोग ही अधिक उपयोगी होगा। इसमें यदि कोई लाभान्वित व्यक्ति गरीबी रेखा को पार भी कर जाए तो उसका बहुत अधिक महत्त्व नहीं होता। यहाँ भी इस पाठ्यान्तर के गुणविशेष ग़रीबी मापन के निहित उद्देश्यों पर ही आश्रित रहते हैं।

ग़रीबी मापक P का ताकायामा[3] द्वारा सुझाया गया स्वरूप भी बहुत रोचक है। इस विधि में वास्तविक आय वितरण के आधार पर एक 'परिष्कृत' आय वितरण का प्रयोग होता है। इसमें गरीबी रेखा से अधिक आयों के स्थान पर ग़रीबी रेखा के *समान* आयों को प्रतिस्थापित कर दिया जाता है। फिर इस परिष्कृत आय वितरण का गिन्नी-गुणक G_c आकलित किया गया है। इसे ग़रीबी मापक P_6 कहा जा सकता है। विषमता के अन्य सूचकों का भी इस 'परिष्कृत' आय वितरण के साथ प्रयोग कर उनके अनुरूप 'ग़रीबी मान' बनाए जा सकते हैं।

इस विधि में भी कुछ विशेष ग्राह्यताएँ हैं। परिष्कृत आय वितरण का गिन्नी-गुणक बहुत ही साफ-सुथरे ढंग से विषमतामापी से ग़रीबी मापक बन जाता है। यहाँ तो वास्तविक आय वितरण को ही बदल डाला गया है–सम्पन्न लोगों की आय को भी ग़रीबी स्तर की आय ही मानकर गणना की गई है। ताकायामा ने अपनी इसी विधि G_c को सूक्तिकरण बहुत ही दिलचस्प तरीके से किया है। उन्होंने, हामादा के साथ मिलकर, अन्य विषमतासूचकों के आधार पर भी इसी तरह से ग़रीबी के सूचक बनाने का सुझाव दिया है।

1. Thon, D. (1979), 'On Measuring Poverty', *Review of Income and Wealth,* p. 25
2. Thon, D. (1980), 'A Contribution to Axiomatic Approach to Measurement of Income Inequality and Poverty,' Ph.D. Thesis, Toronto University.
3. Takayama (1979) : 'Poverty, Inequality and their Measurement : Prof. Sen's Approach Reconsidered' *Economerica,* p. 47.

इस विधि की सबसे बड़ी त्रुटि यही है कि यह भी एकदिष्टता सूक्ति का अनुपालन नहीं कर पाती। इस विधि के अनुसार परिष्कार के बाद भी ग़रीबी रेखा से नीचे का व्यक्ति वितरण के औसत एवं मध्य आय स्तर से ऊपर के अपेक्षाकृत सम्पन्न वर्ग में ही रहता है। उसकी आय में कमी से स्वाभाविक रूप से विषमता के स्तर में कमी आनी चाहिए—पर इसके साथ ही सारे समाज की ग़रीबी तो बढ़ जाएगी। अतः ताकायामा और हामादा के सूत्रों की सरलता लागत शून्य नहीं है—इनकी लागत है। ग़रीबी के माप तथा ग़रीबों के सदिश-प्राबल्य के बीच सम्बन्ध की एकदिष्टता का परित्याग !

यद्यपि सूक्तिकरण से P के अनेक गुण उजागर होते हैं, इसके पाठ्यान्तर भी ग़रीबी की सामान्य परिकल्पनाओं की व्याख्याओं के भेद के कारण सहज स्वीकार्य ही होंगे। इस बहुलता को सहजभाव से शिरोधार्य करने में किसी प्रकार की हार स्वीकार करने का बोध नहीं होना चाहिए क्योंकि जैसे हमने अध्याय-2 एवं 3 में भी कहा था कि बहुलता तो इस मापन प्रयास की सहज प्राकृतिक विशिष्टता ही है। सभी पाठ्यान्तरों में P की ही भाँति H तथा I से आगे बढ़कर ग़रीबों के बीच आय के आबंटन या वितरण पर अवश्य ध्यान दिया गया है।

परिशिष्ट-4

मृत्यु दर : बंगाल का अकाल

इस परिशिष्ट में हम बंगाल के भयावह अकाल (1943) में जनविनाशलीला के आकार एवं स्वरूप का अध्ययन कर रहे हैं। इसकी सामग्री मुख्यतः मेरी ही डेनियल थोर्नर (Daniel Thorner) की स्मृति में लिखी गई रचना पर आधारित है। बंगाल के अकाल के दौरान रही मृत्यु दर को लेकर उस समय से ही विवाद बना रहा है। उस मृत्यु दर के स्वरूप से भी हमें अकाल के चरित्र की अच्छी-ख़ासी झलक मिल सकती है। अकाल के सामान्य लक्षणों और उसके सम्भावित कारणों पर तो हम अध्याय-6 में चर्चा कर ही चुके हैं।

D.1 प्रति सप्ताह कितने लोग मृत्यु के शिकार हुए : 1000, 2000, 26000 अथवा 38,000 ?

16 अक्तूबर 1943 के समाचारपत्र 'स्टेट्समैन' ने लिखा था : 'भारत सचिव अत्यन्त भ्रमग्रस्त व्यक्ति हैं। तार-सन्देश उनके विषय में यदि ग़लत जानकारी नहीं दे रहे तो उन्होंने बृहस्पतिवार के दिन संसद को बताया है कि बंगाल के अकाल में, भूख के कारण, कलकत्ता सहित सारे प्रदेश में, प्रति सप्ताह लगभग 1000 मौतें हो रही हैं–इनकी संख्या थोड़ी-बहुत ज्यादा भी हो सकती है। किन्तु सारी व्यापक रूप से उपलब्ध जानकारियां तो यही बता रही हैं कि संख्या बहुत ही ज्यादा है–भारत सचिव के महान संसाधन-समर्थ कार्यालय के लिए उन्हें यह जानकारी दे पाना इतना कठिन तो नहीं होना चाहिए !'

'स्टेट्समैन' के इस सम्पादकीय के दो दिन बाद ही 18 अक्तूबर 1943 को बंगाल के गवर्नर सर टी. रदरफोर्ड ने भारत सचिव को लिखा : 'आपका अकाल के कारण मौतों से जुड़ा संसद में दिये गये वक्तव्य की, जो सम्भवतः वायसरॉय को भेजे गए मेरे सन्देशों पर आधारित था, व्यापक आलोचना हुई है। मेरे सन्देशों में उस समय तक सचिवालय द्वारा संग्रहीत जानकारी ही थी, जिसमें यह मानकर कुछ सुधार भी कर दिया गया था कि कलकत्ता में अत्यन्त भूखे-नंगे लोग जनपदों से चले आ रहे हैं–अतः यहाँ की मृत्यु दर तो कुछ ज्यादा ही होनी चाहिए। पर अब अनाज की कमी का पूरा असर दिखाई पड़ने लगा है और मैं इस मृत्यु दर को 2,000 प्रति

सप्ताह से कम नहीं मान पाऊँगा।'

क्या यह परिवर्धित आँकड़ा भी सत्य के निकट था ? अकाल जाँच आयोग (1945) ने दर्ज किया है कि पिछली पंचवर्षीय अवधि में तो जुलाई-दिसम्बर के महीनों में औसतन 626,048 व्यक्तियों की मौत हुई थी पर वर्ष 1943 के इन महीनों में 1,304,323 लोगों की जानें गईं ! इस प्रकार अकाल के कारण मरने वालों की संख्या 6,78,000 से अधिक बन जाती है ! इस तरह प्रति सप्ताह 26,000 लोगों के मरने की औसत आती है, 2,000 की नहीं !

अकाल जाँच आयोग ने यह नोट किया है कि भारत में सभी लोक स्वास्थ्य आँकड़े कुछ त्रुटिपूर्ण रहते हैं। सामान्य समय में भी कितनी ही मौतों को कोई रिकार्ड में दर्ज नहीं करता। बंगाल के ग्रामीण क्षेत्र में तो यह दायित्व भी 6-7 रुपए महीना पाने वाले अनपढ़ चौकीदारों के मत्थे ही मढ़ा गया था। अकाल के दौरान कितने ही चौकीदार तनख़्वाह नहीं मिलने के कारण गाँव छोड़कर सैनिक निर्माण-क्षेत्रों की ओर भाग गए थे—कितने ही स्वयं भी मौत के मुँह में पहुँच गए थे।

मृतक एवं भगोड़े चौकीदारों की स्थानपूर्ति सहज नहीं थी, इसमें तो सप्ताह नहीं, महीने लग जाते हैं। इस दौरान हुई मौतों का लेखा कौन रखता ? अकाल की पराकाष्ठा के समय तो हजारों लोग अन्न की तलाश में घर-बार छोड़ भटकते फिर रहे थे। अकाल समाप्त हो जाने के महीनों बाद तक सड़कों के किनारे लगे अस्थियों और नर-पिंजरों के ढेर मृत्यु के ताण्डव की साक्षी दे रहे थे। पर इनके आँकड़े शायद ही जनस्वास्थ्य निर्देशक के खातों में दर्ज हुए होंगे।

इन सब बातों पर ध्यान देकर जाँच आयोग इस निष्कर्ष पर पहुँचा कि 1943 के उत्तरार्द्ध में औसत से लगभग 10,00,000 अधिक मौतें हुई थीं। इस गणना के अनुसार 1943 के दूसरे 6 महीनों में औसतन 38,000 लोगों के प्रति सप्ताह अकाल की भेंट चढ़ जाने का अनुमान है।

D.2 पर वास्तव में कितने लोग मरे ?

आयोग ने अपने परिमार्जित अनुपात के लिए कोई कारण नहीं बताया—बस, इतना ही कहा कि सभी उपलब्ध तथ्यों पर विचार करने के बाद उसका यह निष्कर्ष रहा है। इस दस लाख में आयोग ने वर्ष 1944 के पूर्वार्द्ध में औसत से अधिक मृत्युओं की संख्या को बिना किसी परिमार्जन के जोड़ दिया क्योंकि उसका विश्वास था कि 1943 के अन्त से नागरिक एवं सैनिक चिकित्साधिकारियों ने मृत्यु के आँकड़ों के संग्रह में बहुत कुशलता एवं तत्परता दिखाई है। वर्ष 1944 के पूर्वार्द्ध में 4,22,371 औसत से अधिक मौतें दर्ज कराई गईं थीं। इन्हें मिलाकर आयोग का विचार था कि यह अकाल लगभग 15 लाख लोगों को लील गया। इसमें अकाल के कारण फैली बीमारियों का योगदान भी सम्मिलित रहा है।

आयोग के मृत्यु दर अनुमानकर्ता एवं प्रसिद्ध पोषणशास्त्री डॉ. एक्रोयड की स्वीकारोक्ति कि 'यह अनुमान वास्तव में अल्प-अनुमान ही था—पर इतना ही जितना कि 30-40 लाख लोगों की मौत की बात करने वाले लोग कहते हैं' का उद्धरण हमने अध्याय-6 में ही दिया था। पर आयोग के अनुमान के आलोचक वे कौन हैं और उन्होंने अपने अनुमान किस प्रकार तैयार किए थे ?

सबसे अधिक चर्चा कलकत्ता विश्वविद्यालय के मानव विज्ञान (Anthropology) विभाग द्वारा प्रतिदर्श सर्वेक्षण के आधार पर तैयार किए अनुमान की रही है। ये अनुमान तो 21 फरवरी 1944 को ही आ गए थे, तब तक अकाल जाँच आयोग का गठन भी नहीं हुआ था।

कलकत्ता विश्वविद्यालय के मानवशास्त्र विभाग ने अकाल से प्रभावित 10 जनपदों का प्रतिदर्श सर्वेक्षण आयोजित किया था और उनकी जानकारी तालिकाबद्ध हो चुकी है। इनमें 816 परिवार जिनकी सदस्य संख्या 3,080 थी, शामिल हैं। इनमें से 386 लोग जून-जुलाई 1943 से नवम्बर-दिसम्बर की अवधि में मर गए—यह मृत्यु दर 10 प्रतिशत प्रति छमाह बनती है, प्रति हजार तो यह 100 बन जाती है। पर सारे बंगाल में मृत्यु दर 30 प्रति हजार प्रतिवर्ष से अधिक कभी नहीं रही। किन्तु यह अधिकता (100-15=85) अर्थात् 85 प्रति हजार अथवा 8.5 प्रतिशत निश्चित रूप से अकाल के कारण ही रही है। यह सत्य है कि उत्तर बंगाल एवं पूर्वी क्षेत्र के कुछ भागों में अकाल की चपत इतनी गहरी नहीं रही जितनी कि पश्चिमी एवं केन्द्रीय बंगाल में रही। अतः पूरे प्रदेशव्यापी आँकड़ों के निर्धारण में हमें इस मृत्यु दर को कुछ कम करना पड़ेगा। पर यह कहना भी अति न्यूनांकन ही होगा कि बंगाल की दो तिहाई जनसंख्या तो अकाल में फँस ही गई थी। इन आधारों पर अकाल के कारण सामान्य से अधिक मृतकों की संख्या 35 लाख से अधिक पहुँच जाती है।

इस प्रकार अकाल से सर्वाधिक पीड़ित क्षेत्र में आकलित अधिक मृत्यु दर—8½ प्रतिशत के आधार पर बंगाल की दो तिहाई आबादी में से मृतक गणना का प्रयास केवल अटकलबाज़ी ही कहा जाएगा—यह पूरी तरह से अवैध भी है। बाद में इस अध्ययन दल के नेता प्रो. के. पी. चट्टोपाध्याय ने स्वयं स्वीकार भी किया है कि इस अनुमान में कुछ त्रुटियाँ थीं एवं वास्तव में ये आँकड़े 20 से 22 लाख होने चाहिए थे। अकाल जाँच आयोग द्वारा जोड़े गए 5 लाख (सन् 1944) को मिलाकर चट्टोपाध्याय का विचार है कि कम-से-कम 27 लाख लोग अकाल के कारण अवश्य मर गए थे।

नई दिल्ली और लन्दन के सरकारी अनुमानों को छोड़ भी दें तो अकाल जाँच आयोग के 15 लाख एवं चट्टोपाध्याय के 27 लाख के बीच का अन्तर भी बहुत बड़ा है। यदि चट्टोपाध्याय के संदर्श के प्रतिनिधि स्वरूप को लेकर सन्देह है तो अकाल

जाँच आयोग के परिमार्जन अनुपात के मनमाने निर्धारण के कारण ये दोनों ही अनुमान मूल्यांकन के अधिक उपयुक्त नहीं रह जाते। एक अन्य महत्त्वपूर्ण पक्ष है इन आँकड़ों के समय-सोपान का। इन दोनों ही आँकड़ों ने जून 1944 तक के समय का विचार किया है। यद्यपि अकाल के कारण अत्यन्त भूख का दौर तो दिसम्बर 1943 के आस-पास ही समाप्त हो गया था किन्तु 1944 के अधिकांश में मृत्यु दर सामान्य से अधिक ही बनी रही। पर अकाल जाँच आयोग ने इस प्रश्न का उत्तर नहीं दिया कि मृत्यु दर अपने सामान्य स्तर पर कब वापस पहुँची।

आयोग इस प्रश्न का उत्तर दे ही नहीं सकता था। जब 1945 में इसने अपनी रिपोर्ट प्रस्तुत की उस समय तक मृत्यु दर सामान्य नहीं हो पाई थी। तो फिर कब हो पाई, यह जानना बहुत जरूरी है। जिन कारणों के आधार पर आयोग ने 1944 के पूर्वार्द्ध की अतिरिक्त मृत्युओं को अनुमानों में शामिल किया था वे कारण तो वर्षों तक बने ही रहे। अन्य किसी भी वर्ष-दर-वर्ष अध्ययन के लिए हमें मृत्यु-पंजीकरण आँकड़ों का कुछ परिमार्जनों के साथ प्रयोग करना ही पड़ता है। भारत की 1951 की जनगणना में पश्चिम बंगाल की महत्त्वपूर्ण दरों (Vital Statistics) (1941 से 1950) की चर्चा करते हुए कहा गया है कि पंजीकरण में कुछ-न-कुछ त्रुटियां रहती हैं पर 'कम पंजीकरण' (Under-registration) में वर्ष-दर-वर्ष किसी भारी उछाल के संकेत नहीं मिलते। यह सम्भव है कि 1943 में पंजीकरण अनुपात में कुछ कमी आई हो और उसमें 1944 में पुनः सुधार हो गया हो पर 1944 के बाद पंजीकरण अनुपात 1943 के पूर्व से बहुत भिन्न रहने की सम्भावना बहुत कम ही है।

पश्चिम बंगाल के लिए एस. पी. जैन ने 'विपरीत जीवन विधि' (Reverse Survival Method) का प्रयोग कर 1941-50 में 33.9 प्रतिशत कम-पंजीकरण का अनुमान लगाया है।[1] इसके आधार पर वास्तविक विनाशिता (Actual Mortality) पंजीकृत विनाशिता से 51 प्रतिशत अधिक हो जाएगी। मैं इसी 'परिमार्जन अनुपात' (Correction Ratio) का प्रयोग करूँगा—यद्यपि इसमें अकाल मृत्यु दर के कुछ न्यूनांकन की ही सम्भावना रहेगी, क्योंकि वर्ष 1943 में पंजीकरण कम ही हो पाए थे। अतः हमारे अकाल-मृत्यु के आँकड़ों में न्यूनतम की प्रवृत्ति रहेगी।

पश्चिम बंगाल में 1941-50 तक पंजीकृत मृत्यु संख्याएँ तालिका 4.1 में संकलित हैं। इसमें 1943 के उछाल को छोड़ दें तो अधोमुखी एकदिष्टता की प्रवृत्ति ही दिखाई पड़ रही है। यहाँ तक कि 1943 से निरन्तर गिरावट आती रहने पर भी

1. यह बात ध्यान देने योग्य है कि पंजीकृत मृत्युओं और अनुमानित मृत्युओं के अनुपात का जैन ने 1941-50 की अवधि में 0.73 होने का अनुमान किया है जबकि 1931-40 के दौरान यही अनुपात 0.74 रहा है। किंग्सले डेविस ने 1931-40 के लिए 0.74, 1921-30 में 0.72 और 1911-20 में 0.70 अनुमान किया था।

विनाशिता स्तर दशक के अन्त तक 1942 के स्तर पर वापस नहीं पहुँच पाया था। विनाशिता में निरन्तर गिरावट रही है। इस कारण भी पूर्ववर्ती पाँच वर्षों की औसत को समान विनाशिता का 'मान' मान लेने के कारण अकाल जाँच आयोग ने 1943 में हुई जनहानि का कुछ 'कम' आकलन ही किया था। मैं दो अनुमान तैयार कर रहा हूँ। पहले अनुमान क में 1941 और 1942 की मृत्यु दर के औसत को सामान्य माना है तथा अनुमान ख में केवल 1942 की मृत्यु दर को ही सामान्य मान कर आकलन किया है। स्पष्ट है कि अनुमान ख के अनुसार 1943-50 की अवधि में सामान्य से अधिक मौतों की संख्या कुछ ज्यादा ही रही है। तालिका-D.1 के आँकड़ों को ही चित्र-D.1 में भी अंकित किया गया है।

यहाँ तक कि किसी सीमा तक तो अनुमान ख को भी न्यून आकलन कहा जा सकता है—यहाँ अकालपूर्व वर्ष से तुलना इतनी प्रासंगिक नहीं है—वास्तव में तो पिछले वर्षों से चली आ रही गिरावट की प्रवृत्ति के आधार पर सामान्यतः 1943 एवं उसके बाद के वर्षों में मृत्यु दर घट कर जितनी रह जाती, उससे तुलना होनी चाहिए थी।

तालिका-D.1

पश्चिम बंगाल में पंजीकृत मृत्युएं—1941-50

		अधिक मृत्युएँ	
	मृत्युएँ	*क*	*ख*
1941	384,220	—	—
1942	347,886	—	—
1941-2 औसत	366,053	—	—
1943	624,266	258,213	276,380
1944	577,375	211,322	229,489
1945	448,600	82,547	100,714
1946	414,687	48,634	66,801
1947	387,165	21,112	39,279
1948	385,278	19,225	37,392
1949	372,559	6,506	24,673
1950	356,843	−9,210	8,957

स्रोत : भारत की जनगणना, 1951, खण्ड VI, भाग I B, तालिका-6 पर आधारित

क तथा ख की मान्यताओं के आधार पर अतिरिक्त मृत्युओं की संख्याएं तालिका D.1 में दर्ज की गई हैं। सन् 1950 के बाद अनुमान क की यह 'अतिरिक्तता'

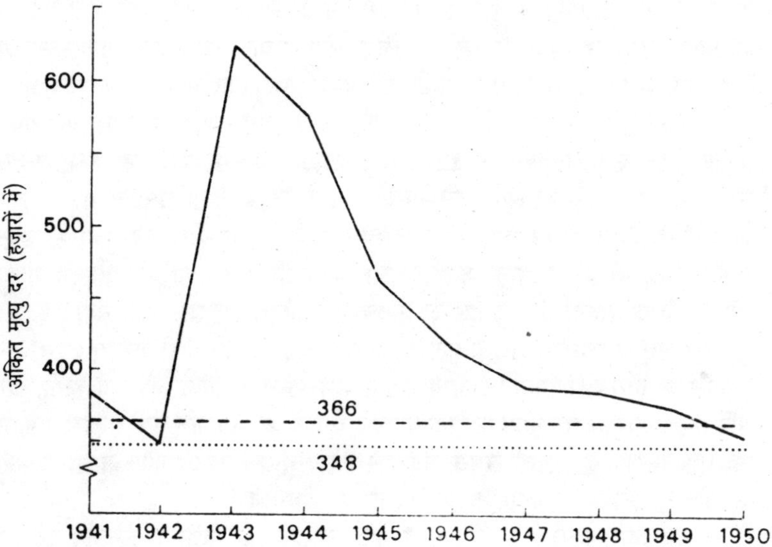

चित्र-D.1, पश्चिम बंगाल में 1941-50 की पंजीकृत मृत्युएँ

ऋणात्मक हो जाती है—अनुमान ख में यह प्रवृत्ति अगले वर्ष ही आ पाती है—किन्तु यह स्थिर सकल मृत्यु स्तर के आधार पर ही हो पाता है। हम अभी-अभी उल्लेख कर चुके हैं कि यह स्थिरता वस्तुतः न्यून आकलन के लिए उत्तरदायी हो सकती है।

अतिरिक्त विनाशिता के अन्त तक हुई जनहानि के आँकड़ों को जोड़कर हम पाते हैं कि अनुमान क के अनुसार यह 6,48,000 रही, जबकि अनुमान ख के अनुसार 7,84,000 रही। यदि हम 1947 में देश के विभाजन और जनविस्थापन के कारण आई अस्थिरता का प्रभाव भी समाप्त करना चाहें तो 1946 तक की अतिरिक्त मृत्युओं को तो निश्चित रूप से अकाल का ही प्रभाव माना जाएगा। अतः, आइए, 1943-46 तक के आँकड़ों का ही योग करें। यहाँ भी क=6,01,000 तथा ख=6,73,000.

यदि जैन द्वारा 1941-50 में रही न्यून-पंजीकरण दर का हिसाब भी लगाएँ तो इन आँकड़ों में 51 प्रतिशत वृद्धि करनी होगी। उस दशा में ये अनुमान 9,08,000 तथा, 10,16,000 तक पहुँच जाएँगे।

यह भी ध्यान देने की बात है कि ये आँकड़े केवल पश्चिम बंगाल के हैं। पूर्वी बंगाल, जो बाद में पूर्वी पाकिस्तान कहलाया और अब बंगलादेश कहा जाता

है, में भी अकाल कम भीषण नहीं था। पर जैन के आकलन की भाँति कोई 'विपरीत जीवनता अनुमान' पूर्वी बंगाल के लिए नहीं तैयार हुए। हाँ, पाकिस्तान की जनगणना-1951 में सरकारी आँकड़ों के आधार पर (जो मुख्यतः अनुमान ही है) 17,14,000 लोगों के मरने की बात दर्ज की गई है। हमारे पश्चिम बंगाल के आँकड़ों को जोड़कर कुल जनहानि 26,22,000 से 27,30,000 के बीच रहने का अनुमान बनता है। यहाँ यह भी ध्यान देने योग्य बात है कि पूर्वी पाकिस्तान के जनगणना आँकड़ों में केवल 1944 तक की अतिरिक्त जनहानि का आकलन हुआ है, 1946 तक नहीं। अभी इन अनुमानों के और सुधारे जाने की सम्भावनाएँ हैं। एक तो पश्चिम बंगाल की जनसंख्या पूर्वी बंगाल से केवल एक तिहाई ही थी, अतः यहाँ 1943 से पूर्व दर्ज मृत्यु संख्या भी शेष बंगाल की एक तिहाई ही रही होनी चाहिए। इसी तरह अकाल के दौरान भी यहाँ की मृत्यु संख्या शेष प्रान्त से तिहाई ही रही होगी, अतः यदि हम साहसकर यह दावा करें कि पश्चिम बंगाल की जनहानि पूरी अकाल जनहानि की एक तिहाई ही थी तो समग्र जनहानि का अनुमान 27,24,000 से 30,48,000 के बीच (मान्यता क तथा ख के आधार पर) बनता है।

हम तालिका-D.2 में अकाल से हुई जनहानि के विभिन्न अनुमान संकलित कर रहे हैं। ये अनुमान अकाल जाँच आयोग, के. पी. चट्टोपाध्याय तथा हमारे आकलन क एवं ख पर आधारित हैं। पहले दो अनुमानों में 1943 की जनहानि अलग से भी आकलित हुई है। हमने भी अपने अनुमानों को पूरा बंगालव्यापी स्वरूप देकर ये आँकड़े बनाने का प्रयास किया है। यह ध्यान देने योग्य बात है कि हमारे आंकड़ों और चट्टोपाध्याय के आकलन में काफी साम्य लगता है—पर उनके आकलन में तो

तालिका-D.2

बंगाल का अकाल-मृत्यु दर के अनुमान

	अतिरिक्त मृत्युएँ	*अकाल के कारण कुल अतिरिक्त मौतें (दस लाखों में)*
अकाल जाँच आयोग	1.00	1.50
के. पी. चट्टोपाध्याय	2.20	2.70
मान्यता क + पाकिस्तान जनगणना	—	2.62
मान्यता ख + पाकिस्तान जनगणना	—	2.73
सारे बंगाल पर मान्यता क का विस्तार करने पर	1.17	2.72
सारे बंगाल पर मान्यता ख का विस्तार करने पर	1.25	3.05

1944 तक की जनहानि ही दर्ज की गई थी। हमारे 1943 के आँकड़े अकाल आयोग के बहुत निकट हैं। मेरे आँकड़ों और अकाल आयोग के आँकड़ों के अन्तर के मुख्य कारण ये हैं : (1) अकाल के उपरान्त हुई मौतों में भी अकाल की ही छाया देखने के अकाल आयोग की विधि का मैंने कुछ और समय तक अनुसरण किया है। (2) 1943 के बाद पंजीकरण की न्यूनता का हिसाब भी हमने विपरीत जीवनता के आधार पर लगाया है।

हमारी अनुमान आकलन विधि में अनेक न्यूनताकारी प्रभाव भी सक्रिय रहे हैं अतः हम सहज ही बंगाल के अकाल की समग्र जनहानि 30 लाख के लगभग रहने का अनुमान कर सकते हैं। इस आकलन से सबसे अधिक महत्त्वपूर्ण जानकारी जनहानि का अनुमान नहीं है--वस्तुतः अकाल के बाद भी अनेक वर्षों तक मृत्यु का ताण्डव का जारी रहने के संकेत कहीं अधिक महत्त्वपूर्ण हैं। इसका मुख्य कारण अकालजनित महामारियाँ ही रही हैं—अगले खण्ड में हम उन्हीं पर विचार करेंगे।

D.3 यह जनहानि कैसे हुई ?

दिसम्बर 1943 में बंगाल में अभूतपूर्व फ़सल हुई थी। पर इसी माह वहाँ मृत्यु दर भी पूरे सौ वर्षों में सर्वाधिक रही। तब तक भुखमरी के रूप में तो अकाल समाप्त हो चुका था—भूख से जनहानि का भीषणतम काल सितम्बर से अक्तूबर तक ही रहा था। हैज़ा भी अक्तूबर-नवम्बर तक रहा। मलेरिये का प्रकोप दिसम्बर में बहुत बढ़ा और अगले पूरे वर्ष तक छाया रहा। चेचक का भयंकर दौर मार्च-अप्रैल 1944 में आरम्भ होकर अगले एक वर्ष तक चलता रहा। स्पष्ट है भुखमरी के बाद बीमारियों का ताण्डव आरम्भ हो गया था।

तालिका-D.3 में हमने मुख्य कारणों के आधार पर पंजीकृत जनहानि का वर्गीकरण किया है। 1943 में ही हैज़ा, मलेरिया, बुख़ार, पेचिश, दस्त आदि के कारण मृत्यु दर का उछाल स्पष्ट दिखाई पड़ रहा है। यदि इनमें चेचक का प्रभाव नहीं दिखाई पड़ रहा तो उसका मुख्य कारण मौसम ही है—इस रोग का उफान सामान्यतः वसन्त में ही आता है। प्रत्येक रोग के कारण 1941-42 में हुई जनहानि को सामान्य मानकर 1943-46 की अवधि की अतिरिक्त जनहानि का आंकलन किया गया है। अन्तिम पंक्ति में अतिरिक्त जनहानि का रोगानुसार विभाजन किया गया है।

इस अतिरिक्त जनहानि के रोग-स्वरूप की व्याख्या से पूर्व यह ध्यान देने योग्य बात है कि इस भीषण अकाल के दौरान भूख से मरने का कारण कहीं भी दर्ज नहीं किया गया। इसका एक तो कारण यही है कि भूख को मृत्यु का पृथक् कारण कहीं लिखा ही नहीं गया था। दूसरे, परम्परागत ढंग से मृत्यु के कारणों में सामान्यतः बीमारियों के नाम ही लिए जाते हैं और फिर भूख के मारे मरने वाला व्यक्ति भी अन्ततः किसी-न-किसी रोग के लक्षण तो दिखा ही जाता है। यही लक्षण किसी-न-किसी

तालिका-D.3

पश्चिम बंगाल में बीमारियाँ और मौतें, *1941-46* की अवधि के पंजीकरण

	दस्त, पेचिश एवं इसी वर्ग के ज्वर	हैज़ा	मलेरिया	अन्य ज्वर	चेचक	तपेदिक	अन्य श्वास रोग	योग
1941	25,321	15,612	85,505	109,912	9,286	7,989	34,345	384,220
1942	23,234	11,427	85,078	97,764	1,023	6,734	32,847	347,886
1941-2 औसत	24,278	13,519	85,291	104,838	5,155	7,362	33,596	366,053
1943	41,067	58,230	168,592	159,398	2,261	6,830	35,140	624,266
1944	36,040	20,128,	166,897	176,824	19,198	7,318	37,052,	577,375
1945	24,463	8,315	123,834	122,549	23,974	6,951	33,839	448,600
1946	25,651	9,774	102,339	121,391	4,971	7,227	31,926	414,687
अंश								
1943-6	30,109	42,371	220,498	164,810	29,784	−1,122	3,623	600,716
कुल अधिकता का अंश	5.0	7.1	36.7	27.4	5.0	−0.2	0.6	100.0

स्रोत : भारत की जनगणना, 1951, खण्ड VI, भाग IB में निहित तात्कालिक पंजीकरण आँकड़ों पर आधारित। ध्यान दें कि अन्य ज्वर में आंत्रशोथ से जुड़े ज्वर भी सम्मिलित हैं, पर यह संख्या बहुत छोटी ही है।

'परम्परागत' श्रेणी या वर्ग में उस मृत्यु को दर्ज करने में सहायक हो जाते हैं। भूखे व्यक्ति का दस्तों के कारण मरना बहुत ही सामान्य बात है (वस्तुतः 'अकाल दस्त' तो रोग की एक विशेष श्रेणी ही है)। अकाल में भी अभक्ष्य पदार्थों को खा जाने के कारण ही पेचिश होती है। अतः कितने ही व्यक्ति जो भूख के कारण मर गए थे, उन्हें दस्त, पेचिश या आंत्रशोथ-जन्य ज्वर आदि के वर्गों में अंकित किया गया होगा। सामान्य बुखार के कारण मरे लोगों में भी कितने ही भूख के रोगी रहे होंगे।

यदि हम ज्वर, जिसमें इन्फ्लुएंजा, मोतीझरा, मस्तिष्क ज्वर, काला अज़र आदि अनेक बीमारियाँ सम्मिलित हैं, को अलग रखें तो अन्य महामारियाँ (ह्रासमान क्रम से) रहीं : मलेरिया, हैज़ा, पेचिश, दस्त, आंत्रशोथ-ज्वर एवं चेचक। इन रोगों के विवरण आदि से पता चलता है कि इनके पीछे केवल भूख और कुपोषण ही नहीं वरन् अकाल के कारण पैदा हुई अनेक समस्याएँ भी थीं। ये समस्याएँ रहीं : सफाई व्यवस्था का बिखराव, पानी की आपूर्ति कम रह जाना, अन्य नागरिक सेवाएँ बिखर जाना, भोजन की तलाश में भटकने के दौरान धूप, गरमी आदि झेलना, दरिद्रता और जनस्वास्थ्य व्यवस्था छिन्न-भिन्न हो जाने के कारण चिकित्सा सुविधाएँ प्राप्त करने में व्यापक असमर्थता आदि। यही नहीं, संक्रामक रोग तो अन्य लोगों को भी अपनी चपेट में ले लेते हैं। फिर महामारियों के अपने ही दौर चलते हैं—एक महामारी यदि झेल जाए तो इसकी अनुगूँज वर्षों तक चलती रहती है।

अकाल ने तो बंगाल को दो प्रकार की महामारियों के मुँह में झोंक दिया था—कुछ तो वे जो किसी भी अकाल के बाद हो जाती हैं—दूसरी वे जो बंगाल क्षेत्र की अपनी विशेषता ही हैं। मलेरिया तो 19वीं शताब्दी से ही भारतीय अकालों के साथ जुड़ा हुआ है, बंगाल के 1770 के अकाल तक में हैज़ा और चेचक का फैलाव देखा गया था। पेचिश और दस्त मुख्यतः अकाल के रोग माने जाते हैं। यही बात मलेरिया के अतिरिक्त अन्य ज्वरों के समूह पर भी लागू होती है। किन्तु ये सभी बीमारियाँ वैसे भी इस क्षेत्र की अपनी धरोहर जैसी ही हैं। अकालपूर्व वर्षों में भी मलेरिया एवं ज्वर इस क्षेत्र में सबसे बड़े मृत्युकारक रहे हैं—अन्य रोगों जैसे पेचिश, दस्त, आंत्रशोथ ज्वर, हैज़ा, चेचक आदि की बारी तो बहुत पीछे आती रही है। अकाल जनहानि में भी इनके योगदान का क्रम पूर्ववत् ही बना रहा है। सबसे महत्त्वपूर्ण तो वह व्याधियाँ हैं जो शान्त रहीं—इनमें श्वास रोग एवं तपेदिक शामिल हैं। इन बीमारियों से अकाल पूर्व तो बहुत लोग मरते रहे थे, पर तालिका-D.3 की जानकारी से लगता है कि अकाल के दौरान इनका प्रभाव विशेष संवर्धित नहीं हुआ। भारत के अन्य अकालों में ऐसा ही होता रहा है—पर यह बात एक पहेली-सी ही बनी हुई है। तपेदिक एवं अन्य श्वास रोगों का कुपोषण से बहुत गहरा सम्बन्ध रहता है, इस बात को वे भी स्वीकार करते हैं जो संक्रामक रोगों के प्रसार में भूख के योगदान से सहमत नहीं हैं।

तपेदिक तो बहुत धीरे-धीरे विकसित होती है। इसका सम्बन्ध स्थाई कुपोषण से है--अचानक पोषण स्तर में आई गिरावट से नहीं। अतः अकाल के कारण इसमें वृद्धि न होना समझ में आ सकता है पर अकाल के कारण व्यापक आवागमन और सफाई व्यवस्था के बिखराव के कारण संक्रमण फैलने की सम्भावना तो रहती ही है। फिर इन रोगों का फैलाव वैसे ही बहुत अधिक व्यापक रहा है, अतः भूख के कारण तो इनसे पीड़ितों की मरणशीलता बहुत बढ़ जानी चाहिए थी। पर ऐसा नहीं हुआ। इस 'अस्वाभाविक' लक्षण को 'ग़लत कारण दर्ज' करने के मत्थे मढ़कर छुट्टी पाई जा सकती है–किन्तु उसके कुछ प्रमाण तो मिलने ही चाहिए। पर जैसा हम जानते हैं, भारत के अकालों में श्वास रोगों का जनहानि में बहुत योगदान नहीं रहता रहा–अतः केवल बंगाल में विशेष कारण की खोज भी अधिक तर्कसंगत नहीं लगती।

अतः हम कह सकते हैं कि बंगाल के अकाल में भी अकालपूर्व की मृत्युकारी बीमारियाँ ही और अधिक भयावह रूप धारण कर गयीं थीं। बस, इस आन्तरिक एवं महामारी स्वरूपों के बीच 'सर्वमान्य' सम्बन्ध पर केवल तपेदिक एवं श्वास रोग ही कुछ 'बेरुख़ी' का संकेत दे रहे हैं। विश्व के अकालजनित रोगों से जुड़े साहित्य से भी इस 'बेरुख़ी' का टकराव कुछ अधिक ही लगता है।

D.4 मृत्युताण्डव का क्षेत्रीय आबंटन

भारत की जनगणना-1951, खण्ड VI भाग 1B के आधार पर पश्चिम बंगाल के प्रत्येक जिले में अकाल के कारण अतिरिक्त जनहानि का आकलन हो सकता है। यही कार्य तालिका-D.4 में किया गया है। सामान्य जनहानि का मानक स्तर 1941 एवं 1942 की औसत ही है। 1943 एवं 1943-46 तक की प्रतिशत अधिकता अलग से दिखाई गई है। अंतर्जनपद वैषम्य बहुत भारी है–हालांकि सभी जनपदों में 1943 एवं 1943-46 की अवधियों में आधिक्य ही रहा है।

पर इन दो अवधियों के अनुसार क्रम निर्धारण में कुछ अन्तर भी आए हैं। मालदा, जो कुल मिलाकर अत्यन्त प्रभावित जनपद रहा है, अकाल वर्ष में इतनी बुरी तरह पीड़ित नहीं प्रतीत होता। इसी तरह मिदनापुर अकालवर्ष में तो बहुत बुरी तरह से प्रभावित रहा पर पूरी अवधि में इसकी दशा इतनी बुरी नहीं लगती। अकाल-पश्चात् महामारियों के स्वरूप ने जनपदों के जनहानि क्रम को काफ़ी बदल दिया है। फिर भी इन दोनों क्रमिकताओं में स्पीयरमैन के क्रमिकता सहसम्बन्ध का मान 0.60 रहा है। अतः हम निःसंकोच कह सकते हैं कि ये दोनों क्रमिकताएँ एक-दूसरी से स्वतन्त्र नहीं थीं।

एक और बात भी बहुत महत्त्वपूर्ण है। बंगाल सरकार के विभिन्न जनपदों में अकाल की गहनता के अनुमान वहाँ पर हुई जनहानि से बहुत ही अलग रहे हैं। यह बात 1943 तथा 1943-46 दोनों अवधियों पर लागू रही है। सरकार के राजस्व

तालिका-D.4

पश्चिम बंगाल में ज़िलेवार अतिरिक्त मरणशीलता

ज़िला	औसत मरणशीलता	अतिरिक्त मरणशीलता	अतिरिक्त मरणशीलता	प्रतिशत अधिकता	प्रतिशत अधिकता	अतिरिक्त क्रमांक	अतिरिक्त क्रमांक	बंगाल के राजस्व विभाग के अनुसार गहनता	बंगाल के उद्योग विभाग के अनुसार गहनता
मालदा	8,237	+3,080	+45,512	+37.4	+129.0	9	1	हल्की	हल्की
हावड़ा	18,842	+15,832	+52,444	+84.0	+69.6	3	2	हल्की	हल्की
मुर्शिदाबाद	32,382	+32,691	+87,869	+101.0	+67.8	2	3	हल्की	हल्की
बीरभूम	23,007	+17,482	+51,369	+76.0	+55.5	5	4	हल्की	हल्की
कलकत्ता	30,385	+21,883	+61,588	+72.0	+50.7	6	5	—	—
मिदनापुर	52,489	+72,250	+104,747	+137.6	+49.9	1	6	भारी	भारी
वेस्ट दिनाजपुर	10,858	+1,600	+20,281	+14.7	+46.7	13	7	हल्की	हल्की
नादिया	21,819	+17,021	+31,914	+78.0	+36.6	4	8	हल्की	हल्की
24-परगना	54,062	+37,151	+65,501	68.7	+30.3	7	9	भारी	भारी
जलपाईगुड़ी	20,171	+6,633	+21,062	+32.9	+26.1	11	10	हल्की	मध्यम
हुगली	21,688	+5,808	+18,299	+26.8	+21.1	12	11	मध्यम	हल्की
वर्दवान	35,401	+12,057	+26,382	+34.1	+18.6	10	12	मध्यम	हल्की
बांकुड़ा	26,212	+13,958	+15,953	+53.5	+15.2	8	13	मध्यम	हल्की
दार्जिलिंग	10,495	+763	+1,779	+7.3	+4.2	14	14	हल्की	मध्यम

स्रोत : भारत की जनगणना 1951, खण्ड VI भाग IB पर आधारित

विभाग ने 1944 में पंचवर्गीय एवं उद्योग विभाग ने चतुष्वर्गीय विभाजन किए थे। प्रत्येक जनपद में उपसंभागों के वर्गीकरण के आधार पर मैंने एक त्रिवर्गीय आबंटन वनाया है–जोकि विभिन्न जनपदों में अकाल की विभीषिका के प्रति सरकारी रवैये की झलक देता है (तालिका D.4)। दोनों रवैये अन्ततः अति प्रभावित रहे मालदा ज़िले को न्यूनतम गहनता वर्ग में ही रखते हैं। मुर्शिदाबाद एवं बीरभूम के साथ भी सरकारी विभागों का यही व्यवहार रहा। इसके विपरीत 24-परगना, जहाँ से भारी पैमाने पर लोग कलकत्ता जा पहुँचे थे, दोनों ही विभागों ने अति प्रभावित जनपद माना है। अकालवर्ष एवं बाद में भी वहाँ जनहानि का स्तर मध्यम ही रहा था। वैसे कहा जा सकता है कि बहुत से 24-परगनावासी सम्भवतः कलकत्ता की सड़कों पर दम तोड़ बैठे होंगे और उनकी मृत्यु को 24-परगना की जनहानि में ही जोड़ना चाहिए। इस प्रकार का परिमार्जन सहज सम्भव नहीं है--पर फिर भी यह तो स्पष्ट है कि कलकत्ता के निकट होने के कारण 'कष्ट' सहज ही सरकार को दिखाई पड़ जाता था। सरकार के आकलन के इसी 'दर्शन' का उसके द्वारा राहतकार्यों की व्यवस्था पर भी बहुत गहरा प्रभाव रहा था। इसी कारण इन आकलनों में अन्तर व्यावहारिक दृष्टि से बहुत महत्त्वपूर्ण हो जाते हैं।

इसी सन्दर्भ में एक अन्तिम बात। कलकत्ता में जनहानि मुख्यतः वहाँ आ गए दरिद्रनारायण तक ही सीमित रही। कलकत्ता के सामान्य नागरिक अनेक सरकारी, अर्धसरकारी योजनाओं के चलते भुखमरी से बच निकले। इसी आधार पर कहा जाता है कि कलकत्ता अकाल से अप्रभावित रहा। पर यह बात केवल भुखमरी तक ही सत्य रही है। कलकत्तावासी भी महामारियों से तो नहीं बच पाए। अकाल के बाद रही जनहानि में कलकत्तावासियों की संख्या भी काफी थी जबकि उस समय तक बाहर से आए सभी दीनहीन व्यक्ति वापस भेजे जा चुके थे।

D.5 अकाल मृतकों का व्यवसायी आबंटन

मृत्यु पंजीकरण में मृतक के व्यवसाय को कहीं भी दर्ज नहीं किया जाता पर पृथक आय वर्गो की दरिद्रता दर के आधार पर लोगों के व्यवसाय बर्ग का कुछ अनुमान कर सकते हैं। महालनोबीस, मुकर्जी एवं घोष के संदर्श सर्वेक्षण पर आधारित जानकारी, जिसे हम अध्याय-6 में भी प्रयोग कर चुके हैं एक बार फिर तालिका-D.5 में प्रस्तुत की जा रही है। यह तालिका-6.7 पर ही आधारित है। दूसरे स्तम्भ में धानदराई के पेशे में शामिल होने को दरिद्रता का ही प्रमाण माना गया था। इस कार्य में सामान्यतः बच्चों के पालन का बोझ अकेले ढोने वाली ग्रामीण महिलाएँ ही होती थीं। इस आधार पर सर्वाधिक प्रभावित वर्ग मछुआरे, परिवहनकर्मी, तथा कृषिमजदूर रहे। यदि केवल संख्या को देखें तो सर्वाधिक जनहानि कृषिमजदूरों में से ही हुई थी।

तालिका-D.5

बंगाल में व्यवसायानुसार दरिद्रता

(जनवरी 1943 से मई 1944)

	दरिद्रतानुपात	*दरिद्रता अनुपात एवं धानदराई में पदार्पण*
कृषक एवं बँटाईदार	1.3	1.5
अंशकालिक किसान	1.4	2.0
कृषिश्रमिक	4.6	6.1
अकृषक भू:स्वामी	1.6	2.4
मछुआरे	9.6	10.5
कारीगर	3.8	4.3
धानदराई	4.7	—
परिवहन	6.0	6.9
व्यापार	2.2	2.6
मध्य सेवाएँ	2.1	2.6
गैर-कृषिश्रमिक	3.7	4.5
अन्य उत्पादक सेवाएँ	4.6	4.6

स्रोत : तालिका-6.7 से संकलित

अकाल मृतकों के पैरों से जुड़ी जानकारी का एक सर्वेक्षण पूर्वी बंगाल के फ़रीदपुर ज़िले के पाँच गाँवों में मुकर्जी ने 1944 में किया था। उसके निष्कर्ष तालिका D.6 में प्रस्तुत हैं। इन गाँवों में भी अधिकतम मृत्यु दर कृषिमजदूर वर्ग में ही रही। टी. दास द्वारा कलकत्ता में आए दरिद्रों के सर्वेक्षण (1943) में भी इसी बात की पुष्टि हुई थी।

अकाल मृत्यु के इस पक्ष के विषय में हमारी जानकारी आधी-अधूरी ही है। अकाल के पश्चात् महामारियों के शिकारों के व्यवसाय के विषय में हमारे पास कोई भी जानकारी नहीं है।

D.6 अकाल मरणशीलता : सामान्य मरणशीलता में वर्धन

अकाल मरणशीलता की विशेषताओं में सामान्य की तुलना में विलक्षणताओं पर बहुत समय से चर्चा होती रही है। भारत में महिलाओं पर अकाल के अपेक्षाकृत कम प्रभाव की ओर भी लोगों का ध्यान गया है। मैसूर के 1876 के अकाल आयुक्त एवं भारत के 1881 के जनगणना आयुक्त सर चार्ल्स इलियट ने 19वीं सदी के अकालों से जुड़ी सामान्य धारणा को व्यक्त करते हुए कहा था कि सभी विद्वान मानते हैं कि महिलाएँ अकाल के कारण पुरुषों जितनी जल्दी मर नहीं जातीं।

तालिका-D.6

फ़रीदपुर के पाँच गाँवों में दरिद्रता

1/1/43	*अ*	*ब*
कृषक एवं बटाईदार	18.4	6.4
कृषिश्रमिक	52.4	40.3
कारीगर	35.0	10.0
छोटे दुकानदार	31.8	14.0
हिस्सा पाने वाले भूस्वामी	6.3	0.0
पुरोहित एवं नौकर	27.3	27.3
दफ़्तर के कर्मचारी	10.0	0.0
भूस्वामी	0.0	0.0
अनुत्पादक कर्मी	44.4	16.7
योग	28.5	15.2

स्रोत : तालिका-6.8

क्या यही बात बंगाल के अकाल में भी ठीक रही ? दास ने पाया था कि प्रत्येक दरिद्र मृतक महिला के पीछे दो मृतक पुरुष गिने जा सकते थे। अकाल जाँच आयोग ने भी दास की उस समय तक अप्रकाशित जानकारी का हवाला दिया है और अपनी ओर से पुष्टि की है कि मृतकों में पुरुषों का अनुपात महिलाओं से कहीं अधिक रहा। आयोग ने महालनोबीस के 2622 परिवारों के उस सर्वेक्षण का भी हवाला दिया है जिसमें महिला मृतक अनुपात अधिक रहा था, और कहा है कि इस अध्ययन में विभिन्न उपवर्गों की रचना में काफी 'विसंगतियाँ' रहीं हैं।

हम तालिका-D.7 में अकालपूर्व सामान्य मृत्यु दरों (1941 एवं 42 की औसत) तथा 1943 एवं 1943-46 की अतिरिक्त मृत्यु दर की तुलना में स्त्री-पुरुष विभाजन भी स्पष्ट कर रहे हैं। ये आँकड़े मृत्यु पंजीकरण पर आधारित हैं। स्त्री-पुरुष अनुपात में अकाल के दौरान भी किसी विशेष परिवर्तन के संकेत नहीं हैं। यद्यपि 1943 की अतिरिक्त जनहानि में पुरुषों का अनुपात मामूली-सा अधिक रहा है पर लम्बी अवधि में तो इस जनहानि का अनुपात भी अकालपूर्व की स्थिति से ही मेल खाता है।

पंजीकरण व्यवस्था में कुछ पूर्वाग्रह हो सकते हैं पर वे पूर्वाग्रह तो अकाल से पहले भी रहे होंगे। इस बात की सम्भावना अधिक है कि दास का कलकत्तावाला सर्वेक्षण पूर्वाग्रहों से कहीं अधिक ग्रस्त रहा हो—क्योंकि वहाँ आए दरिद्रों के समूह

तालिका-D.7

पुरुषों, महिलाओं, बच्चों एवं वृद्धों की अतिरिक्त जनहानि

	औसत मृत्यु दर 1941-42		अतिरिक्त मृत्यु दर 1943		अतिरिक्त मृत्युदर 1943-6	
	संख्या	कुल का प्रतिशत	संख्या	कुल का प्रतिशत	संख्या	कुल का प्रतिशत
पुरुष	191,943	52	140,439	54	315,282	52
महिला	174,310	48	117,774	46	285,434	48
5 वर्ष से कम आयु के बच्चे	106,080	29	74,838	29	174,058	29
60 वर्ष से अधिक आयु के वृद्ध	57,044	16	40,212	16	93,600	16

स्रोत : भारत की जनगणना, 1951, खण्ड VI, भाग 1B पर आधारित पुरुष एवं महिला वर्गों में सभी आयु वर्ग सम्मिलित हैं। बच्चों एवं वृद्धों में दोनों लिंग शामिल हैं।

में उन परिवारों की बहुलता की चर्चा रही है जिनके कमाऊ पुरुष पहले ही अकाल की चपेट में आ चुके थे। यही पूर्वाग्रह उस सर्वेक्षण में भी झलकता है जिसमें परिवार के मृतकों के नाम पूछे जाते हों। यह तो नहीं मालूम की 19वीं सदी के अकालों के आंकड़े इस प्रकार के पूर्वाग्रह से कहाँ तक प्रभावित हुए थे पर 1943 के अकाल को लेकर व्यर्थ की ऊटपटाँग तरीके से स्त्री-पुरुष अनुपात की व्याख्या करने की कोई आवश्यकता ही प्रतीत नहीं होती।

दास (1949) ने मृतकों में बच्चों की भारी संख्या को देखकर यह भी कहा था कि इससे तो बंगालियों की अगली पीढ़ी ही पंगु हो जाएगी। कलकत्ता विश्वविद्यालय के मानविकी विभाग ने भी अपने प्रेस वक्तव्य में इसी प्रकार की धारणा व्यक्त की थी।

पर क्या पंजीकरण के आँकड़ों से इनकी पुष्टि हो जाती है ? यहाँ भी हमारा उत्तर नकारात्मक ही है। आँकड़े तालिका-D.7 में उपलब्ध हैं। अकालपूर्व 5 वर्ष से कम आयु के मृतकों का अनुपात 29 प्रतिशत था—अतिरिक्त जनहानि में भी यह अनुपात रहा है। बच्चों की उच्च मृत्यु दर बहुत ही कष्टकर होती है—पर अकाल नहीं होने पर भी विश्व के इस भाग में यही प्रवृत्ति पाई जाती है।

इसी तालिका-D.7 में 60 वर्ष से अधिक वर्ग की मृत्यु दर भी अंकित है। यह भी अकालपूर्व स्तर पर ही रही है।

इस खण्ड के अन्त में अकाल की पराकाष्ठा के समय मृत्यु के *मासिक* स्वरूप पर एक टिप्पणी। तालिका-4.8 में जून-जुलाई 1943-44 के मासिक मृत्यु पंजीकरण के आँकड़े दिए गए हैं। उस समय मृत्यु दर भी अपने उच्चतम स्तर पर थी। साथ ही पिछले पाँच वर्षों के मृत्यु पंजीकरण आँकड़े भी दिए गए हैं। दोनों आँकड़ों में संमान लक्षणों की विद्यमानता सहज ही ध्यान खींचती है। इसी बात को चित्र D.2 बख़ूबी उजागर करता है। जिन्हें सूझता ही नहीं हो, उन्हें यह बात कुछ इस तरह से भी बताई जा सकती है। यदि अकाल के दौरान मासिक जनहानि की अकालपूर्व की जनहानि पर 'न्यूनतम वर्ग' (Least Squares) विधि से परणति (Regression) ज्ञात की जाए तो इस विश्लेषण में r^2 (जो कि व्याख्यायित उतार-चढ़ाव का अनुपात है) बहुत ही अधिक मान प्राप्त कर जाता है। वास्तव में यह परणति समीकरण है : $y=3175x—122,535$ तथा $r^2=0.95$। ऐसा लगता है कि अकाल ने प्रत्येक मास में सामान्य मरणशीलता के स्वरूप को ही अधिक बढ़ा-चढ़ा दिया था।

तालिका-D.8

मासिक मृत्यु दर–जुलाई, 1943–जून, 1944, पूर्ववर्ती पंचवर्षीय औसत की तुलना में

	अवधि में मृत्यु	*पंचवर्षीय औसत मृत्यु*
जुलाई	126,437	78,816
अगस्त	151,126	83,968
सितम्बर	171,755	85,253
अक्तूबर	236,754	105,529
नवम्बर	289,723	128,454
दिसम्बर	328,708	142,033
जनवरी	228,128	112,263
फरवरी	170,955	89,594
मार्च	162,933	98,428
अप्रैल	167,368	98,615
मई	145,812	85,176
जून	106,032	74,774

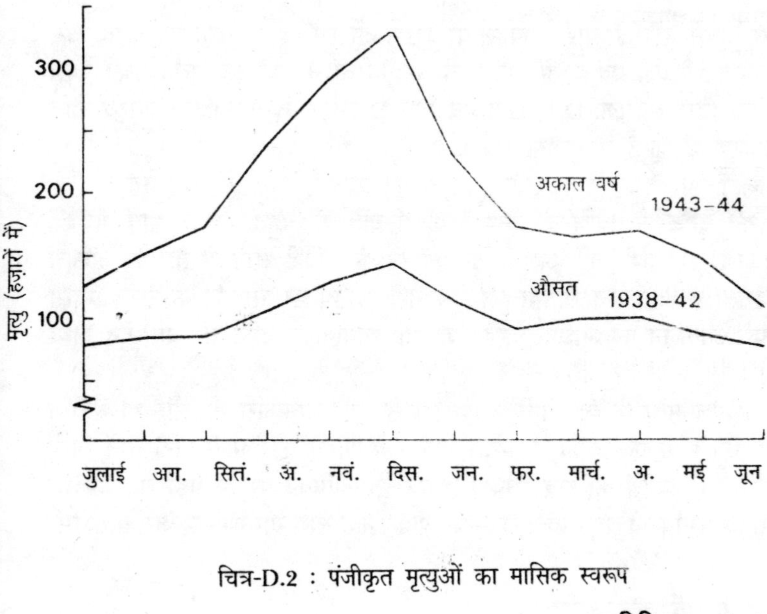

चित्र-D.2 : पंजीकृत मृत्युओं का मासिक स्वरूप

D.7 निष्कर्ष

यह कह पाना सम्भव नहीं है कि 1943 के अकाल में वास्तव में कितने व्यक्ति मरे, पर अकाल जाँच आयोग के 15 लाख के अनुमान की अपेक्षा 30 लाख की जनहानि का अनुमान अधिक तर्कसंगत लगता है। इस अन्तर के कई कारण रहे हैं : (1) अकाल के कई वर्ष बाद तक मृत्यु दर में अधिकता बनी रही, इसके लिए अकालजनित महामारियाँ उत्तरदायी थीं। दूसरे, आयोग ने केवल जून 1944 तक की जनजाति का ही आकलन किया था; (2) आयोग ने सरकारी रिकार्ड में पंजीकरण की त्रुटियों का सही अनुमान नहीं लगाया था।

इन्हीं कारणों से उस समय आयोगों को उपलब्ध आँकड़ों एवं अब सुलभ जानकारी में बहुत अन्तर आ गए हैं। 1944 के अन्त से 1945 के आरम्भ तक कार्यरत रहा आयोग 1944 के पूर्वार्द्ध से आगे की जनहानि का अनुमान कैसे लगा सकता था ? दूसरे, न्यून-पंजीकरण के विषय में सार्थक जानकारी के अभाव में उसके पास अन्दाज़ा लगाने के अतिरिक्त विकल्प भी क्या था ? इसके विपरीत आज हमारे पास 'विपरीत जीवनता' विश्लेषण द्वारा 1941 एवं 1951 की जनगणना के आधार पर तैयार आँकड़े उपलब्ध हैं। अतः यहाँ झगड़ा कोई नहीं है, बात इतनी-सी है कि हमारे अनुमान आयोग की अपेक्षा अधिक विस्तृत जानकारी पर आधारित हैं।

अकाल पर आरोपित हो सकने वाली अतिरिक्त जनहानि से कम महत्त्वपूर्ण बात इस जनहानि का समय-सोपान भी नहीं है। आधी से अधिक अकालजन्य जनहानि 1943 के बाद ही हुई है। मृत्यु दर अकाल के अनेक वर्ष बाद तक अपने पुराने स्तर पर वापस नहीं आ पाई। अकाल के कारण आरम्भ हुई मलेरिया एवं अन्य ज्वर, हैज़ा, चेचक, पेचिश एवं दस्तों आदि की महामारियों ने वर्षों तक समाज का पीछा नहीं छोड़ा (देखें तालिका-D.1, D.3 एवं चित्र-D.1) इस तथ्य का जनस्वास्थ्य नीति के निर्धारण में बहुत महत्त्व हो सकता है।

जहाँ तक जनहानि के क्षेत्रीय स्वरूप का प्रश्न है, भूख से मृत्यु एवं बाद के समय की दृष्टि से विभिन्न जनपदों की स्थिति में बहुत अन्तर पाए गए हैं (तालिका-D.4)। यही नहीं, अतिरिक्त जनहानि के आँकड़े सरकारी तौर पर अकाल की गहनता के आकलन से बिल्कुल मेल नहीं खाते। पर सरकार के राहत प्रयास तो अपने आकलन पर आधारित रहे—यह भी व्यावहारिक दृष्टि से ध्यान देने योग्य बात है।

अकाल मृत्यु के व्यावसायिक वितरण से जुड़ी जानकारी तो और भी सीमित है। पर 1944 के एक व्यापक आधार वाले सर्वेक्षण से कुछ मोटी-मोटी बातें स्पष्ट हो जाती हैं। अकाल का सबसे गहन प्रभाव कृषिश्रमिकों पर ही पड़ा था, उन पर पड़ा सापेक्ष प्रभाव भी बहुत उच्च रहा—पर यहाँ उनके साथ ग्रामीण मछुआरे, परिवहन-

कर्मी और ग़ैरकृषिमज़दूर भी आ जुड़े हैं। अध्याय-6 में हमने दरिद्रता के पेशेवर स्वरूप के कारणों एवं प्रकृति के बारे में भी चर्चा की थी और उन्हें समाज की उत्पादन एवं विनिमय व्यवस्था की संरचना के सन्दर्भ में समझने का प्रयास किया था।

जिन महामारियों ने सर्वाधिक जनहानि की वे (1) इस क्षेत्र में सदा ही विद्यमान रहती हैं तथा (2) अकालजन्य महामारियाँ भी कही जाती हैं। अकाल विशाल तो था ही, इसने इन बीमारियों की भट्टी में और ईंधन झोंक दिया तथा इस क्षेत्र में जनहानि और विस्तृत हो गई। शायद इसी कारण अकाल के दौरान मृत्यु का ऋतु-चक्र अकालपूर्व से भिन्न नहीं हो पाया) बस, ऊपर जरूर उठ गया था (तालिका-D.8, चित्र-D.2)। अकालमृत्यु के आयु एवं लिंगानुसार आबंटन भी बंगाल के अकाल-पूर्व आबंटनों से भिन्न नहीं रहे (तालिका-D.7)।

●●●

शब्दावली (Glossary)

अधिकारिता (Entitlement) : अपने पास उपलब्ध आय-सम्पत्ति आदि के आधार पर हम जो कुछ प्राप्त कर सकते हैं, उसे 'अधिकारिता' कहा गया है।

अभाव, वंचना (Deprivation) : सामान्यतः आवश्यक समझी जाने वाली चीज़ों से वंचित रह जाना।

समृद्धिकालिक अकाल (Boom Famines) : समाज में आर्थिक गतिविधियों में उछाल के समय भी अकाल की अवस्था का जन्म लेना।

व्युत्पन्न दरिद्रता (Derived Destitution) : किसी अन्य घटना के कारण पैदा हुई दरिद्रता– व्यक्ति का अपना उत्पादन तो पूर्ववत् हो पर बाजार में उन चीज़ों का कोई ग्राहक न बचे तो इसका निर्वाह भी सम्भव नहीं होगा।

समतुल्य आय (Equivalent Scales) : परिवार के सदस्यों की उपभोग आवश्यकता को पूरा कर पाने योग्य आय।

ग़रीबी का व्यक्ति गणना अनुपात मापक (Head-count Ratio Measure of Poverty) : गरीबों की संख्या एवं कुल जनसंख्या का अनुपात।

बाज़ार व्यवस्था (Market Mechanism) : बाज़ार में वस्तुओं आदि की सामान्य क्रय-विक्रय व्यवस्था।

सदावर्त दायित्व (Parish Allowances) : ब्रिटेन में सरकार अपने ग़रीबी कानूनों के अन्तर्गत सम्पन्न व्यक्तियों को ग़रीबों की सहायतार्थ चर्च को चन्दा देने के लिए बाध्य करती थी। वही चन्दा 'सदावर्त दायित्व' था।

आबंटन/वितरण के प्रति संवेदनशील मापक (Distribution Sensitive Measurement) : ऐसी मापन विधि जिस पर आय-सम्पत्ति के वितरण का प्रभाव पड़ता हो।

विनिमय आव्यूह (Transactions Matrices) : व्यक्तियों द्वारा किए गए क्रय-विक्रय का तालिकाबद्ध चित्रण, जिसमें किसने, किससे क्या ख़रीदा एवं किसने, किसको क्या बेचा, स्पष्ट हो जाता है।

गिनी गुणक (Gini Coefficient) : यह आय आदि के बँटवारे में विषमता का एक मापक है।

चयन विफलताएँ (Choice Failures) : व्यक्ति का उचित चयन कर पाने में विफल होना।

वस्तु-संयोजन (Commodity Bundles) : व्यक्ति प्रत्येक अवस्था में अनेक वस्तुओं की किन्हीं मात्राओं के समूहों का ही प्रयोग करता है। ऐसे प्रत्येक समूह को एक वस्तु-संयोजन कहा जाता है।

बाज़ार निपटान सन्तुलन (Market Clearing Equilibrium) : वह सन्तुलन अवस्था जिसमें बाज़ार में उपलब्ध सारी मात्रा बिक जाती है।

अऋणात्मक बहुपदीय (Non-negative Orthant) : गणित में हम कई बार एक अक्षर को

ही अनेक विभिन्न आयामों या पदों वाला मान लेते हैं। यदि इसका कोई भी पद ऋणात्मक न हो तो इसे हम अऋणात्मक बहुपदीय कहेंगे। उदाहरण—किसी वस्तु-संयोजन में अनेक वस्तुओं की धनात्मक मात्राएँ ही होंगी, अतः प्रत्येक वस्तु-संयोजन एक अऋणात्मक बहुपदीय होगा।

सदिश (Vector) : यह भी गणित से ही ली गई संकल्पना है—इसमें प्रत्येक सदस्य से जुड़ी किसी एक आयाम सम्बन्धी जानकारी रहती है।

भुखमरी समुच्चय (Starvation Set) : उन वस्तु-संयोजनों का समुच्चय जिनमें किसी भी संयोजन में आवश्यक मात्रा में आहार सामग्री शामिल न हो।

कारण होना (Causation) : किसी घटना या बात के जन्म के लिए उत्तरदायी होना।

समूहन की समस्याएँ (Problems of Aggregation) : अनेक व्यक्तियों से जुड़ी विशेषताओं या अभिलक्षणों को एक सामूहिक स्वरूप प्रदान करने से जुड़ी समस्याएं। उदाहरण : एक व्यक्ति भूखा है पर अनेक ऐसे व्यक्ति जो भूखे हों, उनकी दशा को समानरूप से अभिव्यक्ति प्रदान करने वाले शब्द या वाक्यांश की रचना सहज नहीं होगी—इसमें कौन, कब से भूखा है, कितना भूखा है—आदि प्रश्नों का निदान भी आवश्यक हो जाएगा।

प्राथमिक ग़रीबी (Primary Poverty) : रोटी, कपड़ा, मकान आदि के अभाव को प्राथमिक स्तर की ग़रीबी कहा गया है।

सापेक्ष अभाव या वंचना (Relative Deprivation) : अन्य व्यक्तियों की तुलना में अभाव होना।

समतुल्य वयस्क (संख्या) (Equivalent Adults) : परिवार की समग्र उपभोग आवश्यकता को इस प्रकार व्यक्त करना कि इस सामग्री से कितने वयस्कों का भरण हो सकता है। इस प्रकार विभिन्न परिवारों की उपभोग की आवश्यकताओं की तुलना हो सकती है, चाहे उनके सदस्यों की आयु आदि में समानता नहीं भी हो।

क्रमिकता मान (Rank Value) : यदि किसी समूह के सदस्यों को किसी अभिलक्षण विशेष के आधार पर वृद्धि या ह्रास क्रमानुसार आयोजित कर दिया जाए तो प्रत्येक के क्रमांक को क्रमिकता मान कहेंगे।

क्रमित सापेक्ष अभाव (Ranked Relative Deprivation) : व्यक्तियों का सापेक्ष अभाव के अनुसार अनुक्रम।

संस्थितिकृत परम अभाव (Normalised Absolute Deprivation) : किसी मानक के आधार पर (की तुलना में) अभाव का निरूपण।

विनिमय अधिकारिता (Exchange/Trade Entitlement) : अपनी सम्पत्ति—श्रम— बेचकर व्यक्ति जो कुछ ख़रीदने का अधिकारी हो सकता है, उसे उसकी विनिमय अथवा व्यापार अधिकारिता कहते हैं।

आत्मोत्पादन अधिकारिता (Own Production Entitlement) : अपने उत्पादन पर व्यक्ति का अधिकार।

ग़ैर-अधिकारिता हस्तान्तरण (Non-entitlement Transfers) : किसी वस्तु पर अधिकार सिद्ध न होने पर भी उसे हस्तगत करना—लूटमार, चोरी आदि द्वारा।

विषय संदर्भ